KB214578

"우매함은…사악함보다 훨씬 위험하다"는 본회퍼 목사님의 글을 인용하며 시작하는 이 특이한 제목의 책을 궁금한 마음과 기대하는 마음을 섞어가며 읽었다. 공학을 전공한 전문 엔지니어인 저자가 자신의 삶에서 맞닥뜨리는 많은 예화를 들어가며 펼쳐내는 논증들은 어떤 복잡한 수사 없이도 힘 있고 설득력 있게 다가온다. 현학적인 재주를 부리지 않아 읽기에 어렵지 않고, 친절하면서 합리적인 논증이 마음 깊이 와 닿는 것이 마치 아버지나 형이 진심으로 해주는 이야기를 흥미진진하게 듣는 그런 좋은 느낌이 드는 책이다. 특히 GPS를 이용한 내비게이션, 메시와 호날두의 축구 실력 등 우리 주변에서 너무나 자연스럽게 대하는 예들을 들어가며 설명하는 것을 읽노라니 "아, 기독교 신앙인에게 필요한 합리적 이성에 의한 판단"은 이런 것이구나 하는 생각이 저절로 든다. 오랜만에 요즘 말로 사이다같이 시원한 책을 대하니 마음이 뿌듯하다. 참으로 다사다난했던 2016년을 마무리하는 계절에 이 책이 귀한 성탄 선물이 되는 듯 느껴져 기분이 좋다. 진지한 신앙인으로 현대 과학이 발견한 내용을 어떻게 기독교 신앙과 갈등을 일으키지 않으며 받아들일지 고민하는 분들에게 일독을 권한다.

권영준 연세대학교 물리학과 교수

창조과학은 하나님의 역사를 인간의 과학 지식으로 해석할 수 있다는 오만으로 똘똘 뭉친 정체불명의 사이비 과학이다. 정통 학문이 사이비 학문을 이기기는 쉽지 않다. 대화가 되지 않기 때문이다. 창조과학이 사이비 과학임을 『아론의 송아지』만큼 조곤조곤 깨우쳐주는 책은 처음이다. 이 책으로도 깨우치지 못할 사람이라면 신발의 먼지를 탈탈 털고 그 사람에게서 떠나야 한다.

이정모 서울시립과학관장

젊은 지구론같이 현대 과학을 신앙의 이름으로 부정하는 움직임이 창조과학회를 중심으로 기독교계에 전파되어왔다. 이러한 움직임은 기독교인들로 하여금 과학에 대해 왜곡된 시각을 갖게 한다. 그뿐 아니라 기독교 신앙 자체를 "내가 믿는 것은 옳다. 왜냐하면 내가 믿기 때문이다"라는 식의 순환적이고 동어 반복적인 틀 안에 가두는 폐쇄적 사고방식으로 물들여 건강하고 건전한 성장을 이루지 못하게 하는 데에 그 폐해의 심각성이 있다. 이제 젊은 지구론자에 의해 무차별적인 상처를 입어온 기독교계에 빛을 비추는 또 하나의 강력하고도 유쾌하며 재치가 번뜩이는 책을 만나게 되어 반갑기 그지없다. 책을 읽다 보면 저자의 풍부하고도 유려한 이야기에 귀 기울이게 되니, 이 책의 독자들은 거부감 없이 그동안 쌓아온 신앙과 과학에 대한 오해를 극복하는 데 도움을 얻을 것이다. 이러한 책이 왜 지금 나오게 되었을까 하는 안타까움이 느껴질 만큼 유익한 책이다. 신앙과 과학의 관계에 대해 고민하는 모든 분께 기꺼이 추천한다.

장승순 미국 조지아공과대학교 재료공학과 교수

『아론의 송아지』가 이 책의 제목이다. 인간은 약하기에 무엇인가 확실한 것을 잡고자 한다. 그러나 하나님은 인간이 그분 이외에 다른 것을 잡는 것을 원하지 않으신다. 그래서 눈에 보이는 무엇인가를 붙잡고 싶은 인간은 불안해진다. 창조과학을 신봉하는 이들도 이런 이들의 모습과 다르지 않다. 나는 30년 전부터 창조과학 지지자들을 상대해왔다. 나는 이 책을 접하면서 아주 반가웠지만 씁쓸했다. 저자가 나와 같은 생각을 하고 있었기에 반가웠고, 아직도 창조과학이 교회에서 퇴치되지 않았다는 사실에 씁쓸했다. 나는 결과에만 신경을 썼지만 저자는 자신이 알아가는 과정을 경험과 지적 사고를 통해 그려내고 있다. 나는 교회에서 창조과학으로 인해 불안한 믿음 생활을 하는 모든 성도가 이 책을 일독하기를 강력히 추천한다.

최승언 서울대학교 사범대학 지구과학교육과 교수

아론의 송아지

아론의 송아지

젊은 지구론에 대한 합리적 비판

임택규 지음

Holy
WavePlus

차 례

I. 신앙의 눈으로 바라본 과학

II. 과학의 눈으로 바라본 신앙

프롤로그
우매함은 악보다 훨씬 위험하다

"내가 여름 수련회를 십 년도 넘게 다녀봤지만, 너 같은 경우는 처음 본다."
이 말은 주일학교에서 교사로 봉사했던 한 권사님이 뜨거운 물에 데어 입
술이 퉁퉁 부어오른 6학년 남학생을 쳐다보시며 걱정스럽게 내뱉으셨던
탄식이었다. 그때가 정확히 언제였는지는 기억이 가물가물하다. 내가 교
사로 섬겼던 교회의 주일학교 여름 수련회에서 일어났던 사건이었는데
아마 1990년 아니면 1991년에 벌어졌던 사건으로 기억한다. 그해 주일학
교 여름 수련회가 열렸던 장소에서 하필 어떤 기업체가 임직원 세미나를
개최했었다. 그 세미나가 열렸던 강의실 앞에 보온이 잘되는 스테인리스
로 된 큰 물통이 비치되어 있었다. 당연히 그 물통에는 세미나를 진행하
고 있는 기업체 임직원들이 인스턴트 커피를 마실 수 있도록 뜨거운 물이
잔뜩 담겨 있었다.

그런데 보온통 안에 뜨거운 물이 가득하다는 사실을 까맣게 몰랐던
한 말썽꾸러기 남학생이 야외 활동을 마치고 실내로 돌아오자마자 스테
인리스 물통을 보곤 당연히 찬물이 들어 있을 것이라고 생각하고 물통에
달린 수도꼭지에 입을 갖다댄 다음 곧장 밸브를 열어버린 것이었다. 그
학생은 전화를 받고 깜짝 놀라 한걸음에 달려온 어머니 곁에서 자신이 참

으로 어이없는 짓을 했다는 걸 깨달았는지 쓰라린 통증을 참아내며 퉁퉁 부르튼 입술로 어색하게 웃고 있었는데 나는 그 남학생이 지금도 가끔 생각난다.

그렇지만 나는 이런 기상천외한 말썽을 일으키는 주일학교 아이들이 좋았다. 중학교에 다닐 무렵부터 대학에 가면 꼭 주일학교에서 교사로 섬기고 싶다고 생각했고, 대학 합격 통보를 받자마자 시작한 주일학교 교사 봉사는 대학을 졸업한 이후 직장을 잡고서도 계속되었다.

입사 7년차가 되던 해, 나는 직장을 사직하고 늦깎이 나이에 유학길에 올랐다. 대학원 공부를 마친 다음 미국에서 직장을 잡고 살아가면서는 주일학교에서 교사로 섬길 엄두를 내지 못했었다. 물론 늦은 나이에 유학을 왔던 탓에 능숙하지 못한 영어 실력도 그 이유 중 하나였다. 어린 시절 영어권 문화를 접할 기회가 없었던 데다 성인이 되어 늦게 미국에서 공부하고 직장을 다니던 나는 어른들이 사용하는 어려운 영어를 어린아이들이 사용하는 쉬운 영어보다 더 잘 이해하는 기이한 영어 청해 능력을 갖게 됐다. 하지만 내가 주일학교 교사를 지원하지 못한 결정적인 이유는 미국에서 출생해 성장한 주일학교 아이들과 정서적으로 완벽하게 공감할 자신이 없었기 때문이다.

내가 태어나고 자랐던 한국 땅에서는 비록 몇십 년의 시차는 있지만 주일학교 아이들과 정서적인 접촉점을 만들 수 있다는 자신감이 있었다. 하지만 한국의 문화와는 완전히 이질적인 미국에서 태어나 자라난 아이들과 공감대를 이루며 신앙의 기틀을 만들어줄 교사 역할을 수행할 자신이 도저히 없었다.

그러던 어느 해, 나는 드디어 주일학교 고등부에서 교사로 봉사하기로 결심했다. 철이 든 고등부 학생들을 상대하는 것은 상대적으로 용이하지 않겠냐는 판단에서였다. 하지만 이 역시도 곧 생각지 못했던 난관에 부닥치게 됐다. 교사 생활을 시작한 바로 그 학기에 고등부에서 색다른 시도를 하기로 결정했다. 선생님들이 교회에서 선정한 성경 공부 교재를 가지고 학생들을 가르치는 것이 아니라 직접 주제를 정하고 연구해서 강좌를 개설하는, 마치 대학교 강의식의 완전히 새로운 공과 공부 스타일을 고안해냈던 것이었다. "도대체 어쩌다 이런 아이디어가 나왔을까? 고등부 학생들을 대상으로 어떤 강의를 개설해야 흥미를 끌 수가 있을까? 흥미도 흥미지만 한두 주일도 아니고 한 학기 동안 진행할 수 있는 강의 내용이 과연 무엇이 있을까?"

머릿속이 복잡했다. 그래서 다른 선생님들에게 물어보았다. 당시 교사들 사이에서 가장 인기가 있었던 강의 아이템은 "큐티"였다.

"그렇지. 큐티하는 법을 강의하면 7-8주는 족히 나올테고 나머지 주는 학생들과 돌아가면서 실제로 큐티한 내용을 나눈다면 한 학기 분량은 충분히 뽑을 수가 있겠구먼. 과연 나는 무얼 해야 할까? 학생들이 느끼기에 따분한 주제를 선정한다면 아예 학생들이 등록도 안해서 강좌 자체도 열리지 않을 텐데."

곰곰이 생각한 끝에 "아! 그거다" 하고 아이디어가 떠올랐다. 바로 "신앙과 과학"이라는 주제였다. 신비한 우주의 장관이나 아름다운 지구의 비경들, 그리고 다양한 자연의 모습들을 설명하고 이러한 경이로운 자연 현상들을 창조주 하나님의 경륜과 연결해서 학생들에게 설명해준다면 과학에 관심이 많은 학생과 머리를 맞대고 괜찮은 수업을 할 수 있을 것 같았다. 또한 나의 직업이 엔지니어인만큼 이 주제가 일차적으로 나에게 편하고, 더 나아가 고등부 아이들에게도 알찬 수업을 제공할 수 있을 것 같았다.

"과연 창조주 하나님의 경륜과 연결할 수 있는 과학적 설명에는 어떤 것이 있을까?"를 숙고하다가 1986년 대학교 입학했을 당시 교회에서 들었던 강의를 떠올렸다.

그것은 한동대학교 전 총장인 김영길 박사가 진행했던 "창조과학" 특강이었다. 경상도 억양이 섞인 김영길 박사 특유의 카랑카랑한 목소리로 전해졌던 창조과학 특강은 이제 막 대학에 입학했던 공대생 새내기에게 어떻게 받아들여졌을까? 솔직히 말하자면 나는 그분의 강의에서 별다른 감흥을 받지 못했다. "저런 입장도 있구나" 하는 정도의 느낌만 받았다. 창조과학 특강은 대학에 갓 입학했던 햇병아리 공대생이 가지고 있었던 수준의 과학적 상식을 통해서도 비약과 과장이 심하다고 느낄 수 있었던 조악한 수준이었다. 그 이듬해인 1987년 내가 출석하던 교회 대학부에서 창조과학 특강을 개최한 적이 있었다. 강사가 젊었는데 아마 대학원 박사 과정에 다니던 학생인 것 같았다. 강사가 노아 홍수 이후로 족장들의 수명 감소 이야기를 하며 그 수명 감소가 지수함수적으로 이루어졌다는 것을 그래프로 보여줬던 기억이 떠오른다. 솔직히 지수함수적 수명 감소는 기발하다고 생각했다. 하지만 그뿐이었다. 홍수를 일으킨 궁창 위의 물이 우주에서 날아오는 유해 광선을 차단했기 때문에 노아 홍수 이전에는 인류의 수명이 천 년 가까이 됐다가, 홍수 이후에는 궁창 위의 물이 수행했던 유해 광선 차단 효과가 없어졌기 때문에 수명이 십 분의 일로 줄었다는 설명은 충분히 실험으로 재현할 수 있는데도 실험조차 하지 않는 것에 대해 이해할 수 없었다. "초파리같이 수명이 짧은 생명체를 수층이 감싸고 있는 '계'(System) 속에 집어넣고 수명이 길어지나 안 길어지나 충분히 실험할 수 있지 않은가!" 그 이후로 더 이상 창조과학에 대해서는 접할 기회가 없어 새까맣게 잊어버리고 지냈다.

고등부 교사로 봉사하게 되면서 다시 창조과학에 대해 떠올리자 이것저것 궁금해졌다. "지금은 창조과학이 어떻게 변했을까? 그 이후로 20년이 더 넘게 흘렀으니 많이 개선되고 진일보했겠지"라고 막연하게 생각하고 창조과학회의 홈페이지에 들어가 보았다. 그리고 크게 실망했다. 내가 처음 창조과학을 접한 1986년도는 한국에 창조과학이 막 전파된 초창기였다. 따라서 창조과학이 이론적으로 엉성하고 억지스러운 점이 있을 수도 있었겠지만, 그 이후로 20년이 더 넘은 세월이 흘렀으니 필경 의미 있는 진전이 이루어졌을 것이라는 기대감이 솔직히 있었다. 20년이 넘는 세월 동안 창조과학에 대해 전혀 관심을 갖지 않았던 나조차도 창조과학회라는 단체가 한국의 기독교계에 지대한 영향력을 발휘하고 있는 기관으로 성장했다는 사실 정도는 알고 있었다. 따라서 나는 이런 영향력이 큰 단체가 현대 과학에서 설명하는 자연에 대한 이해를 바탕으로 하나님의 창조가 지니고 있는 다양하고 심오한 함의를 연구해서 올바른 창조 신앙의 정립을 위해 헌신하는 모습을 기대했다. 더 나아가 현대 과학의 영향을 받은 자연주의 성향의 무신론 운동에 대응하는 건전한 기독교 세계관의 정립에 기여하는 모습을 희망했다. 하지만 한국창조과학회는 하루가 다르게 발전하고 있는 현대 과학의 성과를 도외시한 채 20년 전과 똑같은 주장들을 철석같이 고수하고 있는 교조적인 모습만 보여주고 있었다.

창조과학회의 홈페이지를 살펴보면서 내가 가진 느낌을 한 마디로 요약하면 다음과 같다. "성경의 문자적 해석에 근거해서 현대 과학의 성과를 흠집내는 것." 한 가지 예를 들자면 내가 고등학교를 다니던 1980년 초만 해도 빅뱅(Big Bang) 이론은 우주의 기원을 설명하던 강력한 가설 중 하나였다. 내 기억으로 당시 지구과학 교과서는 지금처럼 138억 년 전에 일어났던 빅뱅 사건을 우주의 기원을 설명하는 확증된 이론으로 가르치지 않았다. 물론 빅뱅 이론은 1965년에 아노 펜지어스(Arno Penzias)와 로버트 윌슨(Robert Wilson)이라는 미국의 전파 천문학자들이 최초로 발견했던 우주 배경 복사라는 강력한 증거가 있었지만, 빅뱅이 우주의 기원을 설명하는 완벽한 이론으로 인정을 받게 된 계기는 1989년에 발사된 코비(COBE) 인공위성을 통한 우주 배경 복사의 정밀 관측이었다고 생각한다. 따라서 나는 현재 한국의 과학 교과서가 이 빅뱅을 우주의 기원을 설명하는 이론으로 심도 있게 다루고 있을 것이라고 생각한다.

하지만 창조과학회는 이러한 과학적 성과들을 바탕으로 창조신앙을 설득력 있게 발전시키기는커녕 오히려 성경의 문자적 표현을 고수하는 것과 이에 비례해서 현대 과학의 성과를 흠집 내는 일에만 총력을 기울이는 모습을 보여주고 있었다. 당연히 이러한 창조과학회의 주장에 함몰된 많은 신실한 그리스도인들은 21세기 첨단 과학 문명 시대를 살아가면서도 "과학 문맹자"가 될 수밖에 없고, 따라서 세상 사람들의 조소와 웃음거리가 되어버린 모습은 이루 말할 수 없이 실망스럽고 착잡한 감정을 나에게 불러일으켰다.

한편 고등부 교사들이 직접 강좌를 열고 학생들이 등록해 수강하는 대학교식의 강의를 한다는 계획은 백지화되었다. 자연히 나는 더 이상 현대 과학에 대해서, 또한 창조과학에 대해서 공부할 필요가 없어졌다. 하지만 그대로 멈출 수가 없었다.

현대 과학이 밝혀낸 과학적 성과들에 관해서, 나는 한편으로 그러한 과학계의 정론과는 정반대의 주장을 하고 있는 창조과학에 관한 공부라면 공부라고 할 수도 있고, 연구라면 연구라고 할 수도 있는 작업을 하고자 수많은 서적과 논문 및 그 외 자료들을 찾아서 읽었다. 창조과학이 태동할 수 있었던 결정적 이유가 문자적인 성서 해석 때문이었기에, 하나님의 창조 기사에 대한 바른 이해와 해석, 그리고 그 창조 기사가 갖는 신학적 함의들을 이해하기 위해서 많은 신학자의 서적들을 뒤적여가며 공부했다.

"건전하지 못한 신학에서 야기된 잘못된 과학"(Wrong Science, Bad Theology). 나는 창조과학과 창조과학을 태동시킨 문자주의적 성경 해석을 지적한 이 표현에 전적으로 공감한다. 나는 인터넷을 검색하면서 이러한 잘못된 과학에 천착하는 그리스도인들의 모습이 일반인들의 눈에 얼마나 우둔하게 비치는가를 적나라하게 살펴볼 수 있었다. 짐작은 했지만 인터넷이란 현대 문명이 초래하는 파급 효과는 어마어마했다. 창조과학의 왜곡된 과학 정보는 개인 홈페이지와 블로그를 통해 사람들에게 전파되며 점점 더 큰 왜곡을 낳고, 또한 이에 맞서 점점 더 많은 안티 기독교인들을 양산하고 있다.

글을 시작하며 지금까지 주섬주섬 풀어낸 잔소리는 바로 이 글을 쓸 수밖에 없었던 이유를 설명하기 위함이었다. 내가 낼 수 있는 목소리는 아주 작고 미약하다. 하지만 틀린 것을 지적해내는 작은 울림이라도 만들어볼 요량으로 이 글을 쓴다. 당연히 나도 하나님의 창조를 믿는다. 그러나 창조과학은 하나님의 창조를 증거하는 올바른 방식이 아니다. 현대 과학과 배치되지 않는 방식으로 하나님의 창조를 설명할 수 있는 다른 방식이 분명히 존재한다. 그런 의미에서 나는 주님의 몸 된 교회의 소중한 지체들이 창조주 하나님께서 만드신 자연에 대한 이해를 조금이나마 더 넓히고, 또한 그 자연을 만드신 창조주 하나님의 탁월한 경륜에 대한 경외감이 약간이나마 더 깊어지기를 진심으로 소망하며 몸글을 펼쳐가도록 하겠다.

마지막으로 디트리히 본회퍼 목사님이 쓴 『옥중서신』의 한 구절을 인용하며 서론 격의 글을 마무리짓고자 한다.

> 우매함은 선의 적으로서 사악함보다 훨씬 위험하다. 우리는 악에 맞서 항거할 수도 있고, 악을 웃음거리로 만들 수도 있으며, 부득이한 경우에는 힘으로 저지할 수도 있다. 악은 자멸의 싹을 지니고 있다. 최소한 사람 속에 불쾌감을 남기기 때문이다. 그러나 우매함에는 백약이 무효다. 우매함에는 저항도 힘도 소용이 없고, 기본 지식도 쓸모가 없다. 우매한 자는 제 선입견에 어긋나는 사실들을 곧이곧대로 믿지 않는다.[1]

---

1   Dietrich Bonhoeffer, 김순현 옮김, 『옥중서신』(서울: 복있는사람, 2016), 33.

신앙의 눈으로 바라본 과학.

I

신앙의 눈으로
바라본 과학

1. 아메리카와 캐나다, 그리고 파자놀이

아메리카와 캐나다라는 국명을 지으신 분이 우리 민족사에서 최고의 성군으로 추앙받는 세종대왕이라는 것을 알고 있는가? 이는 많이 알려지지 않은 진실이지만, 한국인이라면 반드시 알아야 할 자랑스러운 역사적 사실이다.

영국으로부터 신대륙의 독립을 이끌어낸 조지 워싱턴, 토머스 제퍼슨, 제임스 매디슨, 벤자민 프랭클린 등 미국 건국의 아버지들(Founding Fathers of the United States)은 머나먼 극동의 조선이라는 나라에 세종대왕이라는 성군이 있다는 소식을 듣고 새로 건국한 나라의 이름을 작명해달라는 청을 하기 위해서 사절단을 보낸다.

하지만 그 당시 세종대왕은 한글 창제로 한창 골머리를 앓던 때였다. 그는 훈민정음 창제가 제대로 진척되지 않아서 머리가 아프던 터에 생면부지의 양인들로부터 나라 이름을 지어달라는 청을 받게 된 것이다. 성군으로 이름을 날리던 세종대왕이지만 한글 창제로 골치 아프던 터라서, 그냥 "아무렇게나 해라"는 퉁명스러운 답과 함께 빈손으로 사절단을 돌려보냈다.

이 "아무렇게나 해라"라는 말이 미국 사절단 귀에는 "아메리카로 해라"로 들렸으며 이 이름을 전달받은 미국의 초대 대통령인 조지 워싱턴은 "참으로 미래의 초강대국을 이룰 수 있는 훌륭한 이름을 하사받았다"고 감탄하면서 국호로 삼게 되었다고 한다.

한편 미국과 국경을 맞대고 있던 신대륙의 북부 지방도 영국과 프랑스로부터 독립해 하나의 연방 국가를 이룩하게 되었다. 이들은 자신들과 남쪽 국경을 맞대고 있는 미국이 아메리카라는 정말 기가 막히게 좋은 이름을 짓게 된 경위를 전해 듣고 역시 조선으로 사절단을 보냈다.

그 당시는 세종대왕께서 훈민정음을 반포하시고 상당히 기분이 좋은 때였다. 공교롭게 그러한 때에 다른 양인 무리가 알현을 청하고 나라 이름을 지어달라고 간청하니, 세종대왕께서 얼마나 기특하게 생각하셨겠는가! 그렇기에 세종대왕께서는 친히 "가나다"라는 글을 따다가 그들에게 국호를 하사하신다. 사절단은 이 휘호를 소중히 간직한 채 긴 항해를 거쳐 자신의 나라로 돌아가서 국명으로 삼는다. 하지만 악센트가 없는 한국어와는 달리 영어를 모국어로 쓰는 이들이 "가나다"를 발음하려면 첫음절인 "가"에 악센트를 집어넣어야 하고, 또 한국말의 "ㄱ"은 무성음이지만 영어의 "g"는 유성음이므로 무성음인 "c"를 사용해서 "ㄱ"을 표기했기 때문에, 우리말의 아름다운 "가나다"를 "캐나다"라고 억세게 발음하게 되었다.

이 책을 읽는 독자 중 행여 윗글이 진실이라고 생각하는 분이 있을까? 역사적으로 한글 창제는 1443년의 일이며 미국이 독립을 선언한 것은 1776년 7월 4일이라는 것, 그리고 캐나다의 독립은 1867년 7월 1일이라는 사실은 누구나 인터넷을 검색해보면 쉽게 찾아볼 수 있다. 따라서 독자들은 윗글이 300년에서 400년의 시간을 넘나드는 판타지 소설과 같은 허구라는 것을 즉각 알아차릴 수 있을 것이다.

그렇다면 윗글을 판타지 소설이라고 즉각 알아차릴 수 있는 많은 그리스도인이 왜 윗글보다 더욱 판타지 소설과 같은 창조과학의 한자 해석은 아무런 의심 없이 받아들이고 있는지 참으로 의아스러울 따름이다. 이러한 그릇된 한자 해석 중 가장 대표적인 것이 바로 船(배 선)자다. 창조과학회에 의하면 船(배 선)자는 舟(배 주)자에다가 八(여덟 팔)자와 口(입 구)자가 합해서 이루어진 글자다. 따라서 창조과학회에서는 이 船(배 선)자의 구조가 바로 노아의 방주를 의미한다고 주장한다. 왜냐하면 "여덟 개의 입"은 바로 방주에 승선한 노아의 여덟 식구를 뜻하는 것이기 때문이다. 즉 창조과학회는 한자를 만든 중국 사람들의 선조들이 가지고 있던 대홍수에 대한 아련한 기억이 현재 사용되는 船(배 선)자에 담겨 있다고 주장한다.

한자의 형성과 어원에 대한 연구는 갑골문이나 금문, 그리고 후한(後漢) 시대에 편찬된 세계 최초의 어원 사전인 설문해자(說文解字) 같은 고문헌을 고고학, 판본학, 문자학 등등의 엄밀한 인문학적 해석 방법들을 종합적으로 활용해서 해석해야만 엄밀한 성과를 이룰 수 있다.[1] 기독교 서점에 가보면 창조과학회의 한자 해석에 관한 서적들이 여럿 나와 있는 것을 볼 수 있다. 창조과학식 한자 해석에 관한 서적들이 비록 설문해자 같은 고문헌을 참고 문헌으로 언급한다고 하더라도 학계에서 통용되는 엄밀한

---

[1] 창조과학의 한자 해석에 대한 비판으로는 윤철민, 『개혁신학 vs 창조과학』(서울: CLC, 2013)을 추천한다.

인문학적 해석 방법을 무시한 채 한자의 구조를 제멋대로 분해해서 아전
인수격으로 짜깁기하는 식의 한자 어원 해석 방법은, 마치 한글의 "가나
다"와 국가 이름인 "캐나다"가 발음이 유사하므로 국명인 캐나다는 한글
에서 유래되었다고 주장하는 모습과 하등 다를 바가 없다.

이러한 船(배 선)자를 비롯해 창조과학회의 아전인수식 한자 해석을
마주할 때, 나는 조선 중기에 개혁 정치를 주도했던 조광조를 숙청시켰던
주초위왕(走肖爲王)의 "파자(破字)놀이"가 떠오른다. 나뭇잎에 꿀로 주초위
왕(走肖爲王)이라는 글씨를 써서 벌레가 파먹게 한 다음 조광조의 역심을
하늘이 알려주셨다고 모함해서 조광조를 제거했던 일화가 있다. 주초위
왕(走肖爲王), 즉 주(走) 와 초(肖)를 합하면 趙(조)라는 글자가 되며 그럴 경
우 趙爲王(조위왕), 즉 "조씨가 왕이 된다"라고 해석된다. 趙(조)라는 글자
를 쪼개서(파자, 破字) 주초(走肖)라는 두 글자를 만들어 마치 역성혁명으로
부터 왕권을 지키기 위해 하늘이 내려주신 신령한 계시처럼 간주되게 만
든 것이었다.

이렇듯 창조과학회의 파자놀이 식의 한자 쪼개기 해석 방법은 세종대
왕이 아메리카와 캐나다의 이름을 지으셨다는 것만큼이나 황당무계한 결
론을 도출해낸다는 데 그 심각성이 있다. 한번은 나와 같은 회사에 근무
하는 중국계 직원 몇 명에게 船(배 선)자를 써주면서 이 글자가 노아의 방
주와 여덟 식구를 의미하는가를 물어본 적이 있다. 모두들 황당하다는 표
정을 지으며 핀잔을 늘어놓았다. 중국계 동료들이 창조과학식 한자 풀이
를 듣자마자 즉각적으로 지적했던 것은 船(배 선)자를 형성하는 几자는
八(여덟 팔)자가 아니라는 것이었다. 几은 바로 "몇 기"자라는 것이다(안석
이라는 의미를 가질 때는 궤라고 발음된다). 그들은 几와 八는 분명히 다른 글자

인데 어떻게 저런 식으로 해석할 수 있느냐면서 황당해했다. 베이징, 하얼빈, 대만, 홍콩 등 다양한 출신 배경을 가진 중국계 동료들이 모두 어이없게 생각하는 잘못된 정보들이 지금도 창조과학을 증거하는 인기 자료로 시중에 돌아다니고 있다. 이런 모습에서 우리는 창조과학회의 주장에 문제가 많다는 사실을 엿볼 수 있다.

주초위왕의 파자놀이는 대쪽같은 기개를 지녔던 조광조와 유교적 이상 정치를 구현하려던 젊은 선비들을 몰살시켰다. 오늘날의 창조과학회가 범하는 배 선(船)자 같은 파자놀이가 또 다른 안타까운 일을 만들지는 않을지 하는 염려가 나만의 기우는 아닌 듯 싶다.

2. 도푸강과 성경 무오

혹시 독자들께서는 "도푸강"이라는 말을 들어본 적이 있는지 궁금하다. 내가 이 말을 처음 접했던 것은 지금부터 약 20여 년 전 일본에 머물 때였다. 나는 1995년부터 1996년까지 만 1년 동안 일본 회사에 파견 근무를 나갈 기회가 있었다.

동경만 횡단도로(東京灣 橫斷道路)는 1990년대 중반 일본 정부가 심혈을 기울여 발주했던 대표적인 대형 토목 건설 프로젝트였다. 동경만 횡단도로는 약 10km에 걸친 해저 터널과 바다 위를 가로지르는 5km가량의 교량으로 구성된 복합 구조물로 이루어져 있다. 당시 나는 해저 터널 부분이 가와사키(川崎)라는 도시 연안에 조성된 인공 섬에 접속되는 구조물을 축조하는 현장에서 근무했었다. 물론 나를 제외하고는 주변 사람 모두가 다 일본인 엔지니어들뿐이었다.

나는 결혼 전이었기에 비슷한 나이 또래의 일본인 총각 직원들하고 친하게 어울려 지냈다. 햇살이 따뜻했던 어느 늦가을 오후였다. 평소에는 각자가 담당하던 공사 구역들이 달라서 여럿이 동시에 만나기가 어려웠지만 그날은 다소 한가해서 가을 햇살을 잔뜩 머금고 비릿한 갯내음 물씬

나는 뻘 위에 모여 이런저런 잡담을 나눌 기회를 가졌다. 대화 중 영화 이야기로 주제가 바뀌었다. 한 일본인 엔지니어가 나에게 질문했다.

"임상(林樣)은 영화 좋아해요?"

"물론 좋아하지요."

"그렇다면 도푸강을 보셨나요?"

순간 나는 말문이 막혔다. "'도푸강'이라니? 도대체 그게 어떤 영화지?" 도푸강이라는 이름이 너무 생소해서 그저 구로자와 아키라 감독의 "라쇼몽"이나 "란"(亂) 같은 고전 일본 영화이겠거니 생각할 수밖에 없었다.

"도푸강이라니요? 금시초문인데, 일본 영화인가요?"

"에이 임상, 영화 좋아한다면서 도푸강도 모르고. 영화 좋아하는 사람이 전혀 아니네! 그걸 어떻게 일본 영화로 착각하나, 아주 유명한 하리웃또(할리우드) 영화인데."

"일본 영화가 아니라 할리우드 영화라니." 머릿속이 점점 더 헷갈리기 시작했다. 할리우드 영화인데 이름이 도푸강이라… 할 수 없이 다시 물어볼 수밖에 없었다.

"누가 출현하나요?"

"도무 쿠루주(탐 크루즈, Tom Cruise)가 나와요."

그와 동시에 나의 입에서는 반사적으로 영화 제목이 튀어나왔다.

"아하, 탑건(Top Gun)!"

내 기억으로는 나 이외에 일본 엔지니어가 세 명 더 있었던 것으로 기억한다. 세 명 다 이구동성으로 말했다.

"와! 임상, 발음 죽이는데요! 다시 한 번 발음해봐요."

"탑건!"

"도푸간?"

"아니, 도푸가 아니고 탑! 탑건!"

"다푸간?"

"…."

특정 언어와 문자권에서 태어나 그 문자를 통해 자신의 언어를 표현하던 사람이 다른 언어를 접했을 때는 자신이 사용하던 원래 문자로 다른 언어를 표기해서 그 언어의 발음을 담아내려고 한다. 위의 사례는 영어가 일본어를 통해서 표현될 때, 일본 문자가 담아낼 수 있는 발음의 제약성 때문에 영어 고유의 발음이 제대로 전달되지 못하는 예를 보여주는 경우다.

이것은 성경 무오설에 대해 더 깊이 생각하도록 만든다. 우리가 고백하듯이 하나님은 무소부재하시고 전지전능하신 분이시다. 이렇듯 무소부재하시고 전지전능하신 하나님께서 우리 인간들에게 말씀을 주셨다. 그것이 바로 성경이다. 성경은 지금 이곳에 살고 있는 우리뿐만이 아니라 우리 이전 역사 속에 살았던 모든 인류와 우리 뒤에 이 땅에서 살게 될 후손 모두에게 하나님이 주신 구원의 메시지다. 또한 성경은 원래 쓰였던 히브리어, 아람어, 그리스어 같은 언어뿐 아니라 수천 가지의 인류가 쓰고 있는 모든 언어를 관통하는 하나님의 메시지이기도 하다.

그러한 장엄한 메시지를 인간의 유한한 언어와 문자 체계가 하나도 빠짐없이 담아낼 수 있다고 주장한다면, 너무 지나친 주장이 아닐까? 물론 이 주장은 하나님의 메시지에 오류가 있다는 말이 아니다. 다만 하나님의 메시지를 담아내는 인간의 언어와 문자가 갖고 있는 한계를 지적하고자 함이다.

따라서 인류 역사 전체와 모든 인간의 언어를 포괄하는 하나님의 메시지를 지극히 제한적인 인간의 언어와 문자에 담아낼 수 있다고 주장하는 것은 마치 우리가 쓰는 숭늉 사발에 내가 일했던 동경만 자락으로부터 미국 서해안에 이르는 광활한 태평양 바닷물을 전부 담아낼 수 있다고 주장하는 것만큼 무모한 객기라고 생각한다. 그러므로 성경이 무오하다는 것은 문자 하나하나가 무오하다는 것이 아니라, 하나님이 우리에게 주시는 메시지로서의 성경이 무오하고 완전하다는 것이 성경 무오설의 올바른 이해일 것이다.[1]

문자적 성경 무오설에 입각해 성경에서 과학적 사실성을 찾아내려는 창조과학의 노력이야말로 "살았고 운동력이 있어 좌우에 날선 어떤 검보다 예리한" 하나님의 말씀을 좁디좁은 인간의 한계 속에 가두는 일이 될 수밖에 없을 것이다. 이것이 바로 하나님의 무한성(Divine Infinity)을 인간의 유한한 틀 속에 집어넣는 작업이라고 할 수 있다.

무한하신 하나님을 인간의 유한한 틀 속에 넣고 가두는 것, 우리는 이와 동일한 사건을 어디서 찾아볼 수 있을까? 바로 출애굽기 32장에서 찾아볼 수 있다. 시내 산 정상으로 십계명을 받기 위해 올라간 모세가 사십 일이 지나도록 내려오지 않자, 그를 기다리던 이스라엘 백성들은 더 이상 참지 못하고 아론을 강요해서 금송아지 우상을 만들었다. 애굽에서부터 자신들을 이끌었던 모세가 사라진 불안감이 결국 우상을 만드는 큰 죄악으로 귀결된 것이다. 지금부터 3,500백 년 전, 시내 산에서 돌아오지 않

---

1   김동건, 『신학이 있는 묵상 2』(서울: 대한기독교서회, 2013), 109-111. 이 책은 성경 무오에 대해 이해하기 쉽게 소개한다.

던 모세를 신뢰하지 못했던 이스라엘 백성들이 금송아지 우상을 만들었듯이, 우주와 지구의 기원과 관련해 성경의 문자적 표현과는 다른 설명을 제공하는 현대 과학에 대해 위기의식과 불안감을 가진 사람들이 만들어 낸 "창조과학"이라는 것도 결국 아론의 송아지의 현대적 변형일 것이다.[2]

물론 이렇듯 극단적인 문자주의를 주창하는 창조과학회의 동기 자체는 기독교의 창조 신앙을 변증하려는 선한 의도에서 출발한 것이 사실이다. 창조과학을 받아들일 수 없다는 뜻이 그 선한 의도 자체까지 부정하겠다는 의미는 아니다. 다만 그 의도가 초래하는 부정적인 결과를 정직하게 직시하고 그것을 바로잡지 못하면 결과적으로 교회가 큰 혼란과 타격을 입을 수밖에 없기 때문에 부득이하게 이 문제를 논하지 않을 수 없는 것이다.

---

2   김균진, 『기독교 신학 1』(서울: 새물결플러스, 2014), 291. 이 책은 극단적인 문자주의에 입각한 성경 무오설이 성경 속에 있는 하나님의 계시를 찾는 것이 아니라 성경 자체를 우상화하는 것임을 설명한다.

3. 일치주의

이슬람의 경전인 코란은 우리 기독교의 성경과는 달리 권수의 구별이 없이 총 114장으로 이루어져 있다. 장이라는 말은 아랍어로 "수라"라고 하는데, 성경처럼 1장, 2장 같은 숫자로 불리지 않으며 각 수라마다 고유한 이름이 있다. 첫번째 수라는 "알파티하", 두번째 수라는 "바까라", 세번째 수라는 "이믈란"이라고 불리며 이러한 고유한 이름들은 마지막 114번째 수라인 "나쓰"까지 계속된다.

　내가 근무하는 회사에는 중동 및 북부 아프리카, 파키스탄 및 방글라데시 출신의 직원들이 있으며 이들은 모두 이슬람교 신자들이다. 이들 중에서 특별히 나와 가깝게 지내는 몇 사람이 있는데, 점심 때 같이 식사하러 나갈 때면 종종 곤란한 경우가 발생한다. 아시다시피 이들은 코란의 계율을 따라 돼지고기를 먹지 않고 또 어떤 사람은 소고기라도 율법에 따라 도축한 고기(Halal meat) 이외에는 먹지 않으므로, 이런저런 것들을 다 제하고 나면 선택할 수 있는 식당이 많지 않기 때문이다. 돼지고기를 금하는 코란의 계율은 2번째 수라인 "바까라"에 처음으로 명시되어 있다.

죽은 고기와 피와 돼지고기를 먹지 마라. 또한 알라의 이름으로 도살되지 아니한 고기도 먹지 마라. 그러나 고의가 아니고 어쩔 수 없이 먹을 경우는 죄악이 아니라 했거늘.[1]

구약성경 레위기에도 돼지고기를 먹지 말고 심지어는 그 주검도 만지지 말라고 나와 있다(레 11:7-8). 하지만 오늘날 그리스도인들 가운데 레위기에 언급된 것처럼 돼지고기를 먹지 않는 사람은 극히 드물 것이다. 한편 사도행전 10장에 나오는 베드로가 기도 중에 받은 계시를 통해서 구약과 유대교의 음식법에서 자유롭게 되었다고 주장하는 이들도 있을 것이다. 어쨌거나 기독교는 이슬람보다 돼지고기를 먹는 부분에 대해서 성경의 말씀을 유연하게 해석하고 적용하는 것만은 분명하다.

시편 137편에는 나라를 잃고 적국에 끌려온 유대인들의 비통한 감정이 적나라하게 묘사되어 있다. 시편 137편 저자는 바빌론 강가의 버드나무에 수금을 걸어놓고 앉아서 시온을 그리며 구슬프게 울고 있었다(시 137:1-2). 바빌론 사람들이 와서 시온의 노래를 불러보라고 청을 한다(시 137:3). 그 말을 듣고 시편 저자는 이렇게 되뇐다. "우리가 이방 땅에서 어찌 여호와의 노래를 부를까! 내가 예루살렘을 기억하지 아니한다면…내 혀가 입천정에 붙을지로다"(시 137:4, 6). 감정이 점점 더 격해지다가 137편은 결국 이렇게 끝을 맺는다. "멸망할 딸 바벨론아, 네가 우리에게 행한 대로 네가 갚는 자가 복이 있으리로다. 네 어린 것들을 바위에 메어치는 자

---

1 코란의 두 번째 수라(장)인 바까라의 173절 일부를 발췌했다. "하나님의 이름으로"라고 되어 있는 한글 번역을 "알라"로 수정했다.

는 복이 있으리로다"(시 137:8-9).

이 시편에 대해서 어떤 해석이 가능할까? 여기 나오는 바빌론에 대한 증오의 표현은 우리를 하나님의 구속으로부터 멀어지게 만드는 원수에 대한 거룩한 분노를 표현한 것이라고 해석할 수 있다. 아니면 하나님의 공법과 공의를 훼파하는 악한 권력 내지는 외세에 대한 공의로운 분노라고 해석할 수도 있다. 하지만 분명한 것은 그 누구도 이 말씀을 온전히 실천한답시고 저 시편 저자의 격정대로 하나님의 선교를 방해하는 국가에 들어가서 젊은 엄마들에게서 어린아이들을 뺏어다가 바위에 내려치는 사람은 없을 것이다.

대다수 그리스도인은 성경의 배경을 이루는 역사적 정황, 사회적 관습, 제도 및 문화 등은 성경이 기록된 시대의 것들이기 때문에 오늘날 그것을 문자 그대로 따라 지킬 필요가 없으며 현시대에 맞게 합리적으로 적용해도 된다고 생각할 것이다. 하지만 성경과 과학의 관계에 대해서는 어떠한가? 많은 그리스도인은 성경이 과학적 정보를 전해주는 책이 아니기 때문에 성경에서 과학적인 내용을 찾으려는 시도는 무의미하다고 생각한다. 하지만 성경의 본문 속에 반드시 "과학적인 사실성"(scientific factuality)이 담겨 있다고 믿는 그리스도인들이 있다. 이런 관점을 지닌 그리스도인들은 성경 본문과 현대 과학을 문자적으로 일치시키려고 하는데 그것을 우리는 "일치주의"[2](Concordism)라고 부른다.

창조과학은 크게 두 가지 범주로 구분될 수 있다. 첫 번째 범주는 성경

---

2   John Haught, 신재식 옮김, 『신과 진화에 관한 101가지 질문』(서울: 지성사, 2004)의 5번째 질문(28쪽)에는 일치주의에 관한 설명과 문제점이 잘 소개되어 있다.

본문과 현대 과학을 일치시키려는 일치주의적 해석이다. 또 다른 범주는 성경 본문이 현대 과학의 성과를 포함해야만 한다는 강박에서 상대적으로 자유로운 비일치적 해석이다. 아래 그림은 일치주의적 견해와 비일치주의적 견해, 두 가지 범주에 속하는 다양한 창조과학의 종류들을 정리한 것이다.

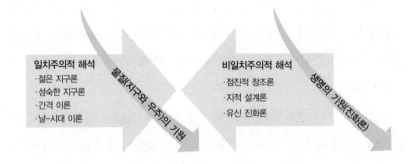

일치주의적 견해를 따르는 창조과학은 물질의 기원, 즉 지구와 우주의 나이에 관한 현대 과학의 이론을 얼마나 수용하느냐에 따라서 4가지로 구분될 수 있다. 젊은 지구론으로부터 날-시대 이론으로 내려갈수록 문자주의적 경직성은 완화되고 물질의 기원에 관한 현대 과학의 설명을 더 많이 수용한다.

비일치주의적 해석에 의거한 창조과학은 물질의 기원에 대해서는 이견이 없다. 이들은 물질의 기원에 관한 현대 과학 이론을 전적으로 수용한다. 다만 생명의 기원에 관한 과학적 설명, 즉 진화론[3]에 대한 수용 여

---

3   진화론은 최초의 생명 탄생보다는 변이를 수반한 유전을 통해서 새로운 종이 분화되고
    생명 현상이 다양화되는 자연 현상을 설명하는 이론이다.

부에 따라서 비일치주의적인 창조과학은 크게 3가지 다른 입장으로 나뉜다.

한국창조과학회에서 공식적으로 "젊은 지구론"을 지지하고 있으므로 많은 기독교인들은 젊은 지구론만이 창조과학의 유일한 견해라고 생각하고 있다. 젊은 지구론이란 창세기에 나와 있는 문자적인 표현에 의거해서 아담으로부터 아브라함, 이삭 및 야곱에 이르는 모든 족장들의 나이를 전부 더해서 지구와 우주의 탄생이 6천 년 전에 문자적인 6일에 걸쳐서 이루어졌다고 주장하는 창조과학의 형태다. 이 입장은 다양한 종류의 창조과학 중 하나이며, 가장 극단적인 문자주의적 경직성을 가지고 성경 본문과 현대 과학을 일치시키려는 시도를 하고 있다.

반면 유신 진화론은 다른 창조과학들과는 확연하게 구별되는 차이점을 보여주고 있다. 유신 진화론을 제외한 창조과학들은 교조주의적인 경직성에 의거해서 정도의 차이를 두고 현대 과학의 성과를 제한적으로 수용하거나, 혹은 과학 그 자체의 정의를 바꾸려고 시도하고 있다. 하지만 유신 진화론은 다르다. 모든 진리는 다 하나님의 진리라고 한다면, 과학을 통해서 밝혀진 자연에 대한 합리적인 설명 역시 하나님께서 인간에게 허락하신 진리임이 틀림없을 것이다. 이러한 관점에서 유신 진화론은 현대 과학의 모든 성과를 하나님께서 이 세상을 창조하시고 다스리시는 방법으로 100% 수용하고 있다. 나는 유신 진화론 입장에서 이 책을 썼고 따라서 이 책에서 시도되는 창조과학에 대한 비판적 논조는 그런 바탕에서 이루어지는 것임을 전제하고 글을 읽어가기를 독자들에게 당부드린다.

4. 일치주의적 창조과학

3장에서 설명했듯이 창조과학은 일치주의적 성경 해석을 따르는 창조과학과 비일치주의적 성경 해석을 따르는 창조과학, 크게 두 가지 범주로 구분할 수 있다. 일치주의적 성경 해석을 따르는 창조과학은 다음과 같이 분류된다.

    1) 젊은 지구론(Young Earth Creation)
    2) 성숙한 지구론(Creation with the Appearance of Age)
    3) 간격 이론(Gap Interpretation)
    4) 날-시대 이론(Day-Age Interpretation)

젊은 지구론에서 날-시대 이론으로 옮겨갈수록 성경 해석에서 문자주의적 극단성은 감소하며 물질의 기원, 즉 지구와 우주의 기원에 관한 과학적 설명을 받아들이는 수용성이 더 커진다. 아래 그림을 참고하길 바란다.

일치주의적 해석
· 젊은 지구론
· 성숙한 지구론
· 간격 이론
· 날-시대 이론

물질(지구와 우주)의 기원

이제부터 일치주의적 성경 해석을 따르는 창조과학에 대해서 구체적으로 살펴보도록 하자.

1) 젊은 지구론: "100층 빌딩의 주춧돌을 뽑아버려라"

3장에서 이미 소개한 것처럼 젊은 지구론(Young Earth Creation)은 창세기에 나오는 족장들의 나이를 전부 더해서 지구와 우주의 나이가 6천 년 정도 되었다고 주장하는 문자주의적 경직성이 가장 심한 극단적 형태의 창조과학이다. 젊은 지구론에 따르면 지금부터 6천 년 전 하나님께서는 창세기 1장에 기록된 바와 같이 문자적인 24시간에 따라,[1] 총 6일에 걸쳐서 우주와 지구 그리고 인류를 포함한 지구상의 모든 생물들을 창조하셨다.

젊은 지구론이 가지고 있는 가장 큰 문제점은 현대 과학의 거의 모든

---

1   Bonhoeffer, 강성영 옮김, 『창조와 타락』(서울: 대한기독교서회, 2013), Bonhoeffer는 66에서 창세기 1장의 하루가 물리적인 지구의 자전이 아닌 하나님의 창조의 웅장한 리듬이라고 설명한다.

성과를 부정해야만 한다는 점이다. 뒤에서 더 자세히 설명하겠지만, 지구와 우주의 기원에 대해서는 젊은 지구론이 주장하고 있는 6천 년과는 비교도 할 수 없이 오래되었다는 과학적인 증거들이 넘쳐나고 있다. 이러한 증거에도 불구하고 지구와 우주의 기원이 6천 년 전이라는 주장은 마치 지구가 편평하고 태양은 지구를 중심으로 돌고 있다는 천동설을 주장하는 것과 같다.

또한 오래된 우주와 지구에 대한 과학적인 증거들은 과학계 안에서만 논의되는 그저 음풍농월식의 담론으로 끝나는 것이 아니다. 이 이론은 우리의 실생활에 직접적으로 응용되어 인류에게 막대한 편익을 선사하고 있다. 예를 들면 오래된 지구를 증거하는 지질학적 성과들을 통해 우리는 자원을 개발하고 석유를 시추하여 우리의 문명과 사회를 유지할 수 있는 에너지를 창출하고 있다. 이러한 지질학적인 성과가 없었다면 인류는 자동차를 움직일 가솔린도, 해외에 나갈 때 타고 가는 비행기를 운용할 항공유도 얻을 수 없었을 것이다. 문제는 젊은 지구론이 한국창조과학회의 공식적인 입장이고 많은 그리스도인이 젊은 지구론만을 창조과학의 유일한 형태로 알고 있다는 사실이다.

하지만 현대 과학이 제공하는 알토란 같은 편익을 향유하면서도 정작 현대 과학의 성과를 부정하는 젊은 지구론의 모습은 마치 100층짜리 빌딩의 스카이라운지에서 쾌적하고 안락한 생활을 하는 사람이 그 빌딩의 주춧돌을 뽑아내려고 안달하는 모습과 별 차이가 없다.

2) 성숙한 지구론: "인공 지능, 알파고 하나님"

45억 년에 이르는 지구의 나이, 그리고 138억 년에 이르는 우주의 나이, 이렇듯 지구와 우주의 오랜 나이에 대한 과학적 증거를 젊은 지구론자들은 성경의 문자적 표현에 근거한 6천 년 나이를 고수하고자 무시해왔다. 하지만 압도적으로 넘쳐나는 과학적 증거들을 언제까지나 계속 외면할 수가 없어서 고안해낸 것이 바로 "성숙한 지구론"(Creation with the Appearance of Age)이다. 성숙한 지구론자들은 지구와 우주의 나이에 대해서 다음과 같이 주장한다.

> 현재 지구와 우주가 오래됐다는 과학적 증거는 넘쳐나고 있다. 하지만 하나님께서 창세기를 통해서 주신 말씀대로 지구와 우주는 6천 년 전에 창조된 것임이 분명하다. 곧 하나님께서는 6천 년 전에 지구와 우주를 창조하셨지만 단지 지구와 우주가 오래된 것처럼 보이게 창조하셨을 것임이 분명하다.

이러한 주장 앞에서 일부 기독인들은 솔깃할지도 모른다. 하지만 나에게는 전혀 그럴듯하게 들리지 않는다. 우리의 죄를 대속하기 위해서 십자가에서 상하시고 찢기신 예수 그리스도의 몸속 체세포에는 어머니 마리아에게서 받은 염색체와 상동 염색체를 이루고 아버지 요셉에게서 받아야하는 부계 염색체를 대신하는 23벌의 염색체가 성령에 의해서 잉태될 적에 어떤 생화학적 메커니즘을 통해서 발현되었는가에 대한 설명은 복음서에 전혀 나와 있지 않다. 복음서는 예수께서 성령으로 잉태되신 하나님의 아들이라는 것을 선언한다. 복음서는 예수의 수태 과정에서 성령이 어떻게 부계 염색체를 대체하는 23벌의 염색체를 만드셨는지에 대한 분자 생물학적인 설명을 일절 제공하지 않는다. 창세기의 창조 기사도 마찬가지다. 창세기에는 하나님께서 창조주시라는 놀라운 선포가 담겨 있을 따름이지, 창조 과정에 대한 구체적인 과학적 정보를 제공해주지 않는다.

어찌됐든 하나님께서는 6천 년밖에는 안 되는 가까운 과거에 지구와 우주를 창조하셨지만, 지구가 45억 년처럼 보이고 우주가 138억 년처럼 보이는 세상을 만드셨다는 이 주장을 과학적으로 반박할 방법은 없다. 왜냐하면 이 주장대로라면 모든 과학적인 증거와 결론들을 다 받아들일 수 있고 그 위에 덧칠된 실제로는 6천 년 전이지만 마치 오래된 것처럼 보이도록 창조하셨다는 신학적인 주장은 과학으로 파악할 수 없는 초월적인 영역이기 때문이다. 결국 이 성숙한 지구론은 현재의 과학적 증거들은 다 수용하면서도 초월의 영역에 계신 하나님을 끌어들여서 창세기의 문자적 표현인 6천 년 전 창조를 주장한다.

영화 "매트릭스"에서 주인공이 긴 트렌치코트를 입고 검은 선글라스를 쓴 채로 허리를 뒤로 180도 젖혀서 날아오는 총알을 피하는 장면은 지금도 곧잘 패러디되는 명장면 중 하나다. 하지만 "매트릭스"를 떠올릴 때 이런 명장면만 연상하고 영화의 줄거리는 전혀 기억하지 못하는 사람들이 많이 있다. 영화 "매트릭스"는 인공 지능이 인간을 사육하는 22세기 말의 기괴한 분위기를 그려낸 작품이다. 인공 지능 "알파고"가 인간 바둑 챔피언을 이겼던 최근의 사건에 대한 기억을 끄집어낸다면 이 영화를 더 쉽게 이해할 수 있다.

영화 속 22세기에는 인공 지능이 인간을 사육하고 있다. 그 시대의 인간들은 인공 지능이 만든 인공 자궁 안에 갇혀 있고 인간의 뇌에 이식된 매트릭스라는 프로그램에 의해서 1999년이라는 시대를 살아간다는 가상 현실의 착각 속에 빠져 있다. 그 가상 현실 속에 빠져 있는 인간은 인공 자궁 속에 갇힌 채로 인공 지능의 에너지원으로 이용당하는 삶을 살아갈 뿐이다.

성숙한 지구론에서 과학의 역할이란 고작 매트릭스 속과 같은 가상 현실을 만들어내는, 결코 존재하지 않는 허상과 환영만을 제공할 뿐이다. 하나님께서 우주 빅뱅의 증거, 그리고 지구상에서 실제로 살지도 않았던 수천만 년 전의 공룡 화석 등등, 온갖 과학적 증거들을 손수 조작하셔서 우주와 지구라는 책갈피 속에 끼워놓으셨으며 따라서 실제로는 6천 년밖에 안 된 젊은 지구와 우주지만 우리 인류의 눈에 마치 그것이 45억 년과 138억 년으로 보이게 하셨다는 성숙한 지구론의 주장은 하나님을 영화 "매트릭스"의 인공 지능같이 "인간을 기만하는 신"으로 만들어버린다. 이렇듯 성숙한 지구론은 하나님에 대한 바른 지식을 저해하는 신학적 취약성을 지니고 있다.

3) 간격 이론: "창세기 1:1과 1:2 사이에 놓여 있는 크레바스"

"태초에 하나님이 천지를 창조하시니라." 성경 66권을 여는 창세기 1:1을 모르는 그리스도인은 없을 것이다. 창세기 1:1 바로 뒤에 나오는 2절에는 다음과 같은 구절이 기록되어 있다.

땅이 혼돈하고 공허하며 흑암이 깊음 위에 있고 하나님의 영은 수면 위에 운행하시니라.

간격 이론(Gap Interpretation)을 주창하는 이들은 창세기 1:1과 창세기 1:2 사이에 큰 간격이 있다고 주장한다. 즉 우주와 지구의 태동은 까마득한 과거에 일어났던 사건이지만, 그 후 우리가 알 수 없는 대파국이 일어나서 창세기 1:2의 표현대로 혼돈하고 공허한 지구에 하나님께서 새로운 창조의 역사를 일으키셨다는 것이다. 간격 이론을 주창하는 사람들은 대파국이 왜 일어났는지는 알려지지 않았지만 타락한 천사장의 반란을 제압하는 과정과 연관이 있을 것이라고 말한다.

남극 대륙이나 히말라야 산맥 같은 빙하 지역을 등반하다 보면 빙하가 갈라져서 생긴 크레바스(Cravasse)라는 간극들이 존재한다. 빙하 아래서 얼지 않은 물의 흐름이 일으킨 응력 또는 다른 여러 가지 전단력이 가해져서 빙하 표면이 쪼개지며 생긴 이러한 크레바스는 그 깊이가 때로는 수백 미터에 달하기도 한다. 빙하 지역을 등반하는 탐험가들에게 치명적인 위험 요소인 크레바스 같은 어마어마한 시간적인 틈새가 창세기 1:1과 1:2 사이에 존재하고 있다는 것이 바로 이 간격 이론의 요체다.

이 간격 이론은 오래된 지구와 오래된 우주라는 과학 이론들을 상당히 제한적으로 받아들이는 창조과학의 한 형태라고 말할 수 있다.

4) 날-시대 이론: "프로크루스테스의 침대"

창세기는 하나님께서 6일 동안 천지만물을 창조하시고 7일째 되는 날에 안식을 취하신 기사를 창세기 1장과 2장 전반부에 걸쳐 소개하고 있다. 히브리어 성경에서 사용된 하루를 뜻하는 "욤"이라는 단어는 단순히 하루를 의미하기도 하지만 종종 정해지지 않은 긴 기간을 뜻하는 경우도 있다.[2] 따라서 창조 기사를 설명하는 최초의 7일에 쓰인 히브리어 욤이라는 단어는 물리적인 24시간이 아니라 굉장히 긴 시간대를 의미한다는 것이 바로 날-시대 이론(Day-Age Interpretation)에서 주장하는 핵심 내용이다.

이 해석을 지지하는 대표적 인물 중 한 사람인 제럴드 슈뢰더(Gerald L. Schroeder)는 아인슈타인의 상대성 이론을 이용해서 날-시대 이론을 논증하려고 한다. 상대성 이론에 따르면 시간의 흐름은 항상 일정한 것이 아니라 상태에 따라서 변한다. 빠른 속도로 운동하고 있는 상태에서는 시간의 흐름이 느려지고 더 나아가 빛의 속도로 운동하게 되면 시간은 정지한다. 그리고 중력의 크기가 강해지면 시간의 흐름은 점점 느려지면서 영화 "인터스텔라"에 등장하는 거대 블랙홀 근처의 사건의 지평선에 이르러서는 완전히 정지한다.

따라서 제럴드 슈뢰더는 빅뱅 직후의 우주가 현재 우주를 이루는 모든 물질과 에너지가 좁은 공간에 모여 있는 거대 중력이 작용하는 상태였고, 이러한 거대 중력계에서 "하루"는 현재의 지구와 같은 약한 중력계의 시간으로 환산하면 수십억 년에 이를 수도 있다고 설명한다. 따라서 창조가 진행된 6일이 실상은 100억 년 이상의 긴 시간에 해당한다고 주장한다.[3]

하지만 창세기 1장의 천지창조에 등장하는 날들이 슈뢰더의 해석대로 수십억 년이 될 수도 있다면 셋째 날 창조된 지구상의 식물들은 태양이

---

2 John Walton, *The Lost World of Genesis One* (Downers Grove: IVP, 2009), 91.
3 Gerald L. Schroeder는 그의 책 *The Science of God* (New York: Broadway, 1994)에서 이러한 느슨한 일치주의에 의한 늙은 지구론을 주장한다.

창조된 넷째 날이 될 때까지 수십억 년이나 태양이 없는 상태에서 생존해야만 한다. 에너지원인 태양이 없는 곳에서 수십억 년을 생존할 수 있는 식물들을 과학적으로 어떻게 설명할 수 있을까?

날-시대 이론은 "프로크루스테스의 침대"라는 고대 그리스 신화의 이야기 한 토막을 생각나게 한다. 프로크루스테스는 잔혹하게 사람을 죽이는 강도였다. 그는 아테네의 언덕에 집을 지어놓고 집안에는 쇠로 만든 침대를 놓아두었다. 그리고 지나가는 나그네를 붙잡아서 쇠로 만든 침대에 강제로 눕힌 다음 침대 길이보다 키가 작은 사람은 침대 크기와 맞게 잡아 늘려서 죽이고, 침대 길이보다 키가 큰 사람은 침대 길이에 맞게 몸을 잘라 죽인 잔인한 강도였다.

"프로크루스테스의 침대"는 올바르지 않은 기준에 무언가를 억지로 맞추려는 것을 풍자하는 말로 사용된다. 날-시대 이론은 프로크루스테스의 침대를 떠올리게 한다. 창세기가 선포하는 하나님의 장엄한 천지창조를 현대 과학이라는 견고한 쇠침대에 억지로 욱여넣고 있다는 생각을 지울 수가 없다.

5) 일치주의적 창조과학의 한계

지금까지 다양한 일치주의적 창조과학의 견해에 대해서 살펴보았다. 여기에는 젊은 지구론 같은 극단적 형태의 일치주의도 있고, 간격 이론이나 날-시대 이론과 같이 다소 느슨한 형태의 일치주의적 견해도 있다. 그러나 극단적 형태든지, 느슨한 형태든지, 모든 일치주의는 성경의 진실성이 어떻게든 현대 과학의 기준에 부합해야 한다는 강박 관념에 사로잡혀 있다고 할 수 있다.

과연 성경의 창조 기사가 함의하는 진리의 영역 속에는 과학적인 내용이 포함되어야 하는 것일까? 성경이 선포하는 진리는 "하나님이 세상을 창조하셨다는 것"(창 1:1), "모든 사람이 죄를 범하여 하나님의 영광에 이르지 못했다는 것"(롬 3:23), 하지만 "하나님께서 세상을 지극히 사랑하셔서 독생자를 보내셨다는 것"(요 3:16), 그러므로 "예수 안에 있는 생명의 성령의 법이 죄와 사망에서 우리를 해방시켰으므로 주 예수 그리스도 안에 있는 사람에게는 결코 정죄함 없다는 것"(롬 8:1), 따라서 "우리는 하나님을 사랑하고 이웃을 내 몸과 같이 사랑하라"(막 12:28-34)는 하나님의 계명을 실천하여, "하나님 안에서 모든 피조물들이 화해를 이룬"(사 11:1-10) "궁극적인 하나님 나라의 완성인 새 하늘과 새 땅"(사 65:17; 벧후 3:13; 계 21:1)을 이루시는 하나님의 사역에 동역자가 되어야 한다는 것이다. 성경은 결코 물리학적인 지식, 생물학적인 정보, 지질학적인 내용, 천문학적인 상식 등을 가르치기 위해 우리에게 주어진 것이 아니다.[4]

일치주의자들은 성경의 절대성을 매우 소중히 여기는 것처럼 보인다. 그러나 일치주의자들이 추구하는 그 성경의 절대성이란 것은 따지고 보면 반드시 과학에서 확보돼야 한다. 이것은 결국 성경의 권위를 과학의 권위 아래 종속시키는 것이다. 성경이 쓰일 당시의 고대 근동 사람들이 가지고 있었던 과학적 지식을 바탕으로 성경이 기록되면 안 되고 반드시 현대 과학의 성과가 들어 있어야만 성경이 하나님의 계시가 되는가? 과

---

4   Stanley J. Grenz, 신옥수 옮김, 『조직신학』(서울: 크리스천다이제스트, 2003), 582.

학적인 사실성만이 성경이 하나님의 계시임을 밝혀줄 유일무이한 증거인가? 그래서 성경이 21세기를 살아가는 인류가 이해하는 첨단 과학을 소개한다면, 지금부터 100년이 지난 22세기가 도래하면 과연 어떻게 될까? 과학은 진보하기 마련이니 22세기를 살아가는 인류는 성경은 시대에 뒤떨어진 낡은 과학 지식을 제공한다고 생각할 것이다.

또한 성경에는 일부다처라든지 노예제도 같은, 지금 우리 시대에는 불합리한 것으로 간주하는 고대의 관습과 제도들이 별다른 비판 없이 서술되어 있다. 그렇다면 그러한 불합리한 가치와 관습에 대해서 아무런 비판의 목소리를 내지 못하는 성경이 하나님의 말씀이 될 수 있을까? 성경이 하나님의 계시라서 현대 과학의 성과물이 꼭 언급되어 있어야 한다면, 같은 맥락에서 고대의 불합리한 제도와 관습들에 대한 비판과 함께 대안으로서 더욱 인도적인 현대적 사회 체제 및 가치들이 반드시 성경에 있어야만 한다. 현대의 과학적 사실성을 담아내는 성경이 어째서 고대 사회에 비해서 더욱 하나님의 뜻에 가까워진 현대 사회의 숭고한 가치 체계에 대해서는 일언반구의 언급도 없는가? 만일 성경이 지구의 지질학적 역사가 6천 년이라는 과학적 성과를 담고 있기에 하나님의 말씀이 될 수가 있다고 어떤 그리스도인이 주장한다면 그는 노예제도 같은 비인간적인 제도에 대해서 하등의 비판도 하고 있지 않은 성경에 대해서는 그것이 어떻게 하나님의 말씀임을 변증할 수 있을까? 과학적 사실성은 성경의 경전성을 증명할 만큼 가치가 있으나, 이웃을 내 몸과 같이 사랑해야 하기에 노예제도 같은 비인간적인 제도는 폐지되어야 한다는 예언자적인 외침은 과학적 사실성에 비하면 하등의 가치도 없는 쓸데없는 것인가? 그러므로 우리는 일치주의적 창조과학을 지향하는 사람들이 심각한 과학 우월주의에 빠진 것으로 진단할 수 있다. 이들은 과학적 사실성만이 객관적인 진리이고 인류가 역사의 흐름 속에서 찾아낸, 하나님 나라를 지향하는 가치나 체제 등은 시대에 따라 변하는 상대적인 것들이라고 여기는 과학 우월주의에 경도되어 있다.

성경에는 성경 저자들이 가지고 있었던 우주와 자연에 대한 이해 같은 고대의 과학적 상식이 표현되어 있다. 그뿐만 아니라 성경 저자들의 삶의 전반적인 배경, 즉 문화, 관습 그리고 역사적인 상황 등도 역시 투영되어 있다. 우리는 성경이 쓰일 당시의 고대 세계의 관습, 제도, 문화 등은 현대인이 추구하는 가치와 맞지 않듯이 성경이 쓰일 당시의 과학적 상식과 우주관이 현대의 첨단과학 내지는 우주관과 일치하지 않는다는 점을 간과해서는 안 될 것이다.

우리가 근본 하나님의 본체이신 예수 그리스도께서 하나님과 동등됨을 취할 것으로 여기지 아니하시고 오히려 자기를 비워 한계를 가진 인간의 육신을 입고 2천 년 전에 로마의 식민지였던 팔레스타인이라는 특정한 지역에 찾아오셨다는 것을 믿는다면, 성경의 표현들이 수천 년 전의 고대 근동 지역의 과학적 상식, 역사적 상황, 문화적 배경 및 사회적 가치를 반영할 수밖에 없다는 사실을 받아들이는 것도 그다지 어려운 일이 아닐 것이다. 성경의 문자적인 표현이 제한적이라는 사실은 하나님의 능력의 한계를 보여주는 것이 아니다. 오히려 이것은 하나님이 진리의 말씀을 전달하는 과정에서 고대 이스라엘의 성경 저자들의 수준에 맞추어 자신을 낮추신 그분의 겸손을 보여주는 것이다.[5]

---

5   Matthew Barrett & Ardel B. Caneday 엮음, 김광남 옮김, 『아담의 역사성 논쟁』(서울: 새물결플러스, 2015), 57.

극단적인 형태든지, 느슨한 형태든지, 형태를 막론하고 과학적 사실성만이 성경을 하나님의 말씀으로 만드는 절대적인 조건이라고 여기는 일치주의는 성경의 권위를 진짜로 존중하는 행위가 될 수 없다. 이러한 해석 방법은 오히려 성경의 권위를 과학의 권위 아래 종속시키는 행위이며, 과학의 도움 없이는 복음을 전할 수 없다고 생각하는, 즉 복음의 능력을 과소평가하는 우를 범하고 있는 것이다.

5. 비일치주의적 창조과학

일치주의적 해석에 기초한 창조과학은 현대 과학이 제공하는 물질의 기원, 지구와 우주의 기원에 대한 설명을 수용하는 정도에 따라서 다양한 스펙트럼이 존재하는 것을 살펴보았다. 이번 장에서 살펴볼 비일치주의적 해석을 따르는 창조과학도 몇 가지 입장으로 나눌 수 있는데, 비일치주의적 해석에 의한 창조과학에서는 지구와 우주의 기원, 즉 물질의 기원에 관해서는 아무런 이견 없이 오래된 우주와 오래된 지구라는 과학적인 설명을 전부 수용한다. 앞서 설명한 것처럼 비일치적 해석에 의한 창조과학은 생명의 기원과 다양성을 설명하는 현대 생물학의 "진화론"을 어느 정도까지 수용하는가에 따라서 3가지로 분류된다. 즉 물질의 기원에 관해서는 이견이 없지만 생명의 기원에 대한 입장의 차이에 따라 서로 다른 형태의 비일치론적 견해들이 생겨났다. 아래 그림은 진화론의 수용 정도에 따른 비일치론적 해석에 의한 창조과학의 스펙트럼을 도식화한 것이다.

비일치주의적 해석

·점진적 창조론
·지적 설계론
·유신 진화론

생명의 기원 (진화론)

    점진적 창조론에서 유신 진화론으로 옮겨갈수록 생명의 기원과 다양성을 설명하는 과학 이론, 즉 진화에 대한 수용성이 커진다. 앞장에서 설명했던 일치론적 해석의 간격 이론과 날-시대 이론은 제한적이긴 하지만 지구와 우주가 오래되었다는 과학적 결과를 수용한다. 따라서 일치론적 해석의 간격 이론과 날-시대 이론, 그리고 비일치론적 해석의 점진적 창조론을 묶어서 오랜 지구론이라고 부르겠다. 지금부터 비일치주의적 성경 해석에 기초한 창조과학의 종류를 하나씩 살펴보도록 하자.

1) 점진적 창조론: 반복되는 하나님의 생명 창조 사역

앞서 언급했던 것처럼 점진적 창조론(Progressive Creationism)은 우주와 물질의 기원에 관한 현대 과학 이론들을 모두 수용한다. 그것은 138억 년 전 우주를 태동시킨 빅뱅이 있었고 제1세대 별들이 소멸되며 중원소들이 만들어졌으며, 태양은 제3세대 별로서 약 45억 년 전에 탄생했다는 현대 과학의 설명을 수용한다.

지구의 나이는 태양의 나이와 같은 45억 년이고 이 장구한 지구의 나이와 더불어 펼쳐졌던 화산 활동, 지각 변동, 침식, 퇴적 및 대륙의 이동 등, 지구 역사의 다양한 사건들이 지구를 형성하는 지층 속에 기록되어 있다는 사실도 받아들인다.

점진적 창조론은 화석이 포함된 지각의 형성 시기를 추정하는 현대 지질학의 설명 역시 수용한다. 따라서 화석상의 기록이 지구상에서 발생하고 멸종했던 생명의 역사를 바르게 설명하고 있다고 받아들인다. 예를 들면 점진적 창조론은 약 5억 4천만 년 전 캄브리아기의 절지동물인 삼엽충이 고대 바다에서 최초로 출현했고 3억 년 가까운 긴 세월 동안 지구상에서 생명의 역사를 이어오다가 약 2억 5천만 년 전 완전히 멸종되어 지구상에서 사라졌다는 화석 기록과, 2억 3천만 년 전 최초로 지구상에 등장한 공룡은 6천 5백만 년 전 대멸절 시기(Extinction Event)에 멸종했다는 모든 화석상의 증거들이 지구상의 생명 역사의 변화를 잘 보여준다고 믿는다.

하지만 점진적 창조론은 화석 기록이 지구상에서 전개되었던 생명 현상의 변화를 잘 보여준다는 고생물학의 설명을 받아들이면서도 생명의 진화라는 생물학적 설명은 수용하지 않는다. 지구상에서 심원한 세월에 걸쳐 새로운 종이 끊임없이 등장하고 소멸되어간 역동적인 생명의 역사를 받아들이면서, 생명의 진화를 수용하는 것을 거부하는 점진적 창조론의 해석은 상당히 이율배반적이고 모순되어 보인다. 과연 점진적 창조론에서는 진화라는 과학적 이론을 거부하면서 어떻게 지구상에서 전개된 생명 현상의 변화를 설명할 수 있을까?

점진적 창조론은 "하나님의 생명 창조 행위가 일회적인 것이 아니었다"는 해법을 제시한다. 이 이론은 하나님께서 심원한 지구 역사에 여러 번 개입하셔서 새로운 생명을 창조하셨다고 주장한다. 따라서 특정 지질 시대의 지층에서 이전 시대의 지층에서는 결코 발견되지 않았던 새로운 종류의 생명체 화석이 발견되는 것은, 그 특정 지질 시대에 하나님께서 지구 역사에 개입하셔서 그 새로운 종류의 생명체를 특별히 창조하셨다는 것이 바로 점진적 창조론에서 설명하는 지구상의 다양한 생명 현상에 대한 해석이다.

그렇지만 이런 점진적 창조론은 과학적 일관성이 떨어지는 설명일 수밖에 없다. 자연 속에 존재하는 인과 관계를 밝혀내어 그 자연 현상을 설명하는 과학의 방법론은 언제나 자연주의적이다. 무신론 과학자는 물론이고 불교, 이슬람, 또는 기독교 신자 등등 어떤 세계관을 가지고 있는 과학자들도 최소한 과학 활동을 수행할 때만은 초월적인 신의 개입이나 조절을 배제한 채, 순수하게 자연 속에서의 인과 관계를 규명하여 자연의 모습을 설명해낸다. 예를 들면 의사들은 환자를 치료할 때 임상적으로 검증된 과학적 데이터를 바탕으로 약을 처방하고 필요할 경우 수술을 통해서 병이나 상처를 직접 고친다. 아무리 신앙심이 깊은 의사라 할지라도 검증된 약이나 수술을 통하지 않고, 매번 기도를 통해 신의 초월적인 개입을 끌어내어 환자를 치료하지는 않을 것이다. 또한 토목 엔지니어는 교량을 설계할 때 사용 하중을 감당할 수 있는 정확한 구조를 설계해야 한다. 아무리 신앙심이 돈독한 엔지니어라고 할지라도 구조 계산을 등한시하고 신의 초월적인 개입을 통해 교량의 구조적 안정성을 확보하지는 않을 것이다. 이렇듯 방법적 자연주의는 과학을 수행하는 데 있어 가장 근본이 되는 수단이다.

점진적 창조론은 생명 진화론을 제외한 모든 과학적 과업을 수행할 때는 방법적 자연주의를 수용한다. 하지만 오직 생명 진화론에 있어서는 방법적 자연주의를 부정하고 하나님의 초월적인 개입을 주장하고 있다. 이러한 과학적 일관성의 부재는 과학 이론으로서 점진적 창조론의 한계를 드러낸다.

2) 지적 설계론: 틈새의 신

지적 설계론(Intelligent Design)은 이 세상에 존재하는 생명체들의 엄청나게 정교하고 복잡한 구조는 결코 우연적이고 자연적인 과정의 산물일 수가 없으며 따라서 지적인 설계자의 통제 내지 조절이 필요하다고 주장한다. 리하이 대학교 생화학과 마이클 비히 교수가 『다윈의 블랙박스』라는 저서에서 주장한 환원불가능한 복잡성[1](Irreducible Complexity)은 이 개념을 잘 보여준다. 마이클 비히는 쥐덫의 예를 들어 환원불가능한 복잡성을 설명했다. 간단한 구조의 쥐덫이라도 다음과 같은 여러 부품들로 구성되어 있다.[2]

(1) 받침으로 사용되는 나무 판자
(2) 실제로 쥐를 잡는 일을 하는 금속 해머

---

1   Michael Behe, 김창완 옮김, 『다윈의 블랙박스』(서울: 풀빛, 2001), 67-74.
2   Michael Behe, 『다윈의 블랙박스』, 71.

(3) 덫이 장치될 수 있도록 해주는 스프링

(4) 조그만 흔들림에도 풀리는 민감한 걸쇠

(5) 덫이 장치되어 있을 때 뒤로 제껴진 해머를 지지해주는 금속 막대

(6) 이 모든 장치들을 제 위치에 고정시키는 꺾쇠

이렇듯 쥐덫은 여러 다양한 부품이 모여야만 제 기능을 발휘할 수 있고, 이 중 어느 한 부분이라도 결여되면 제 기능을 발휘할 수가 없을 것이다. 간단한 쥐덫조차도 여러 부품이 결합해야 제 기능을 발휘할 수 있는데 이것보다 수천 배, 수만 배나 더 복잡한 생명체를 형성하는 분자 기계들이 진화에 의해 점진적으로 만들어졌다는 것은 있을 수 없다는 것이다. 생명체가 현재의 모습을 갖추기 이전의 진화적 전 단계의 선구체(Predecessor)의 모습은 부품이 몇 개 빠져 있는 상태이기 때문에 우연한 과정을 통한 진화가 아닌, 지적 설계자의 통제와 조절이 반드시 필요하다는 것이 이 환원불가능한 복잡성의 핵심을 이루는 개념이다.

그런데 사실상 이 환원불가능한 복잡성은 다름 아닌 "틈새의 하나님"(God of the Gaps)[3]에게 호소하는 방식이다. 틈새의 하나님이란 과학 기술로 설명할 수 없는 부분을 통해서 하나님이 존재한다는 증거를 논증하려는 방식이다. 다시 말하자면 지적 설계론은 분자 수준의 미시적인 세계에서 이루어지는 생명 현상의 메커니즘은 너무도 정교하고 복잡하기 때문에 현대의 과학 기술로는 도저히 그 기원과 형성 과정을 설명할 수 없

---

3   Deborah B. Haarsma & Loren D. Haarsma, 한국기독과학자회 옮김, 『오리진』(서울: IVP, 2012), 56을 참조하라. 이 책은 과학과 신앙에 관한 균형잡힌 시각을 가질 수 있게 하는 탁월한 저서다.

으므로 하나님, 즉 지적 설계자의 개입이 반드시 필요하다는 주장이다. 이렇듯 현대 과학의 설명이 미치지 못하는 틈새에 하나님이란 존재를 놓아두는 전략이 바로 지적설계론이다.

지적 설계론의 일차적 관심은 과학의 영역에 지적 설계자의 존재를 끌어들일 수 있느냐는 것이다. 자연에 대한 가장 합리적인 설명을 제공하는 것이 과학이고, 지적 설계자의 존재 여부가 매우 복잡한 자연에 대한 가장 합리적인 설명이기 때문에 과학의 영역 속에 지적 설계자의 존재를 집어넣어야만 한다는 것이 지적 설계론의 핵심적인 주장이다. 따라서 지적 설계론의 주된 관심은 "지적 설계자"에게 집중되었고 "창조의 방법"인 생명의 진화에 대한 관심은 이차적일 수밖에 없다. 마이클 비히 같은 지적 설계론자의 경우는 공통 조상의 타당성과 진화를 수용하는 유연한 입장을 보이고 있다.[4]

하지만 초월적 존재인 지적 설계자가 존재하는지 여부를 과연 어떻게 증명할 수 있을까? 지적 설계론에 따르면 초월적 설계자의 존재 여부를 증명할 수 있는 유일한 방법이 틈새의 신 외에는 없다. 이것은 심각한 문제를 야기할 수밖에 없다.

우리가 사용하는 콘크리트 구조물 중에 프리스트레스트 콘크리트 (Prestressed Concrete)라는 것이 있다. 이 프리스트레스트 콘크리트라는 것은 구조물이 사용될 때 압축받는 부분을 시공할 당시에 아예 강한 힘으로 잡아당겨 놓는 것이다. 그럼 이 구조물이 사용된다면 어떤 일이 벌어질까? 그 구조물 위로 자동차가 지나다니고 사람이 지나다닐 때 미리 잡아

---

4 Michael Behe, *The Edge of Evolution* (New York: Free Press, 2007), 72, 83.

당겨서 인장력이 가해진 부분은 사용 중에 받는 압축력과 상쇄되어 결국 콘크리트가 아무런 부담을 받지 않는다. 마치 우리가 격렬한 운동을 하기 전에 미리 스트레칭해줌으로써 근육이 뭉치지 않게끔 방지하는 것과 같은 이치다.

사용 중에 압축력을 받게 되는 콘크리트 부재에 강한 힘으로 잡아당기는 인장력을 가해줄 때, 콘크리트 부재는 미세하게 갈라져서 틈새들(hair cracks)이 생기게 된다. 일반적인 경우 이러한 틈새는 콘크리트 구조물에 치명적인 약점으로 작용한다. 일반적인 콘크리트 구조물에 이러한 틈새가 생긴다면 시간이 지나면서 그 틈새는 더욱 벌어져 깨지고, 그 틈새로 철근이라도 노출된다면 녹이 슬어 결국에는 구조물이 파괴될 수도 있다. 하지만 프리스트레스트 콘크리트 구조물에서 구조물이 압축 하중을 받게 되면 이 틈새들은 자연스럽게 아물어서 그 간극이 점점 더 좁혀지고 결국은 완벽하게 봉합된다.

"틈새의 신" 전략에 의거해서 지적 설계자, 즉 하나님을 논증하는 방법은 이러한 한계를 안고 있다. 틈새가 넓어지면 넓어질수록 하나님을 논증하기가 수월할 것이다. 반대로 틈새가 좁아지면 좁아질수록 하나님을 논증할 수 있는 입지는 점점 더 줄어들게 될 것이다. 그런데 이 틈새는 하나님의 창조하신 창조세계 자체에 존재하는 것이 아니라 그 창조세계를 이해하는 과학적 지식 속에 담겨 있다. 따라서 현대 과학이 발달하면 발달할수록 하나님을 논증할 수 있는 틈새는 차츰차츰 더 줄어들 수밖에 없을 것이다.

프리스트레스트 콘크리트에서 틈새가 봉합되고 닫히는 것은 좋은 현상이지만, 과학 기술이 발달하면 발달할수록 하나님을 논증할 수 있는 틈새가 점점 줄어든다는 것은 틈새의 신 전략을 채택한 사람들에게는 치명적인 약점으로 작용할 수밖에 없다. 겉보기에는 꽤 일리가 있어 보이는 이 틈새의 신 논증이 갖고 있는 치명적인 약점이 바로 여기에 있다. 과학기술은 계속해서 진보할 수밖에 없고 따라서 하나님의 입지는 계속 축소되는 결정적인 허점을 바로 이 틈새의 신 전략은 노출할 수밖에 없다. 마이클 비히 교수는 1995년에 출간된 그의 저서 『다윈의 블랙박스』에서 박테리아의 편모와 동물 혈액의 응고 과정의 복잡하고 정교한 메커니즘을 근거로 지적 초월자의 존재를 논증했다. 하지만 불과 20여 년밖에 지나지 않은 지금, 박테리아의 편모 및 혈액의 응고 과정에 대해 진화적 측면에서의 메커니즘이 훨씬 더 많이 밝혀졌다.[5] 이렇듯 과학적 지식의 진보는 틈새의 하나님을 이용해서 무지에 호소하는 논증의 치명적인 약점을 여실히 드러내고 있다.

이러한 틈새의 하나님에 대한 비판은 본회퍼 목사님의 『옥중서간』에서도 찾아볼 수 있다.

하나님을 우리의 불완전한 인식을 메워주는 미봉책으로 삼아선 안 된다는 것이 분명해지더군. 사실상 불가피하기는 하지만, 인식의 한계들이 계속 밀려나면 이로 말미암아 하나님도 계속 밀려나고, 결국에는 끊임없이 퇴각하고 말 것이네. 우리가 인식할 수 있는 것 안에서 하나님을 찾아야지, 인식할 수 없는

---

5   Michael Behe 교수의 환원불가능한 복잡성에 대한 반론은 브라운 대학교의 생물학과 교수인 Kenneth R. Miller의 *Finding Darwin's God* (New York: Harper, 1999)와 *Only a Theory* (New York: Penguin, 2004)에서 상세히 다루어지고 있다. Kenneth R. Miller는 신실한 가톨릭 신자다. 그는 하나님의 창조를 믿지만 과학의 방법론에 초월적인 지적 설계자를 끌어들이는 것은 반대한다.

것 안에서 하나님을 찾아선 안 되네. 하나님은 해결되지 않은 문제가 아니라 해결된 문제 속에서 우리에게 파악되기를 바라시네. 이것은 하나님과 과학적 인식의 관계에 유효한 말이지만, 죽음과 고난과 죄책에 관한 인간의 일반적인 물음에도 유효한 말이라고 할 수 있네.[6]

"하나님을 우리들의 불완전한 인식을 메워주는 미봉책으로 삼아선 안된다"는 것, 1945년 5월 25일에 나치 독일의 테겔(Tegel) 수용소에서 친구 베트게(Bethge)에게 보낸 본회퍼의 서신 속에 나오는 이 말씀은 정말로 시대를 앞섰던 탁월한 통찰이 아닐 수 없다.

3) 유신 진화론: 하나님의 계속적 창조

일반적으로 유신 진화론(Theistic Evolution)이라는 용어가 많이 쓰이고 있지만 엄밀히 따지자면 이 용어는 적절치 못하다. 진화론이란 종교적인 신념과는 무관한 과학 이론이므로 그 앞에 "유신"(有神)이란 접두어가 붙는 것은 타당하지 않다. 유신 진화론은 객관적인 과학 이론이 아니라 하나님의 창조를 설명하는 신학적 설명이다. 그러므로 나는 "유신 진화론"보다는 "진화적 유신론"(Evolutionary Theism) 내지는 "진화적 창조론"(Evolutionary Creationism)이라는 용어를 사용하는 것이 신학적 입장을

---

6   Ditrich Bonhoeffer, 고범서 옮김, 『옥중서간』(서울: 복있는사람, 2016), 290-291.

설명하는 데 더욱 타당하다고 생각한다.[7] 진화적 유신론 혹은 진화적 창조론이라는 더욱 적합한 이름이 있지만 이 책에서는 기존의 용어와 관련해서 독자들이 혼동하지 않도록 유신 진화론이란 이름을 사용할 것이다. 하지만 독자들은 유신 진화론이란 이름은 과학의 가치중립성에 부합하지 않으므로 진화적 유신론 내지는 진화적 창조론이란 명칭이 더 적합하다는 사실을 염두에 두고서 앞으로 논의되는 내용을 읽어나가길 바란다.

하나님의 창조를 해석하는 데 있어 다양한 비일치주의적 견해를 만들어내는 진화란 과연 무엇일까? 진화는 우주의 진화, 항성의 진화 등과 같이 정체되어 있지 않고 역동적으로 변화하는 물리적 현상을 표현하는 용어로 많이 사용되지만 기본적으로는 생물학 용어다. 이 용어는 본질적으로 생명체가 오랜 세월에 걸쳐서 여러 종(species)들로 다양하게 분화되는 과정에서 관찰되는 자연 현상을 설명한다.

이러한 생물학 용어인 진화를 젊은 지구 창조론자들은 상당히 다른 의미로 사용하고 있다. 젊은 지구 창조론자들은 6천 년짜리 지구 나이와 부합하지 않는 모든 현대 과학을 지칭하는 의미로 진화라는 용어를 사용한다. 따라서 그들에게는 진화의 본래적 의미인 생물학적 진화는 물론이고 지구와 우주의 오랜 역사를 증명하는 지구 물리학 및 천체 물리학을 망라한 현대 과학의 독립적인 성과들이 전부 진화론이란 단어로 환원된다. 젊은 지구론이 이해하는 진화 개념에는 이렇듯 자의적인 왜곡이 내포되어 있다.

---

7   칼빈 대학교의 물리학자 Howard J. Van Til은 유신 진화론 대신 "능력으로 충만한 창조"라는 말을 사용할 것을 제안한다. John Mark Reynolds & Howard J. Van Til, 박희주 옮김, 『창조와 진화에 대한 세 가지 견해』(서울: IVP, 2001), 191, 203.

만약 우리가 해외 여행 도중에 "한국인이나 중국 사람들은 일본어를 사용한다"라고 주장하는 외국인을 만난다면 느낌이 어떨까? 우리가 그에게 동아시아 문명이 중국에서 발원하여 한국을 거쳐 일본으로 건너갔으며, 고대에 문화적으로 앞섰던 한국과 중국이 당연히 일본과 다른 언어와 문자를 보유하고 있다고 아무리 자세하게 설명해도, 그가 전혀 납득하지 않고 한국과 중국이 일본어를 사용하고 있다고 한사코 우기기만 한다면 우리는 필시 어이가 없을뿐더러 분노가 치밀 것이다. 지질학, 해양학, 지구 물리학, 천문학 등 다양한 현대 과학을 생물학 이론 중 하나인 진화론에 모조리 쓸어담아 넣는 창조과학회의 아전인수식 진화론 정의와 또 거기에 부화뇌동하고 있는 많은 그리스도인에 대해서 과학자들이 느끼는 감정이 그와 비슷하지 않을까.

진화론이란 생물학의 범주에 속하며 분류학, 생태학, 고생물학, 유전학 및 분자 생물학을 연결하는 현대 생물학의 주요 기축 이론임에 틀림없다. 그리고 이러한 진화를 하나님께서 지구 위에 수없이 많은 다양한 생명체를 창조하신 수단으로 고백하는 것이 바로 "유신 진화론"이다.

그러면 유신 진화론에서는 어떠한 교의학적 준거를 통해 진화를 하나님의 창조 사역의 경륜을 파악할 수 있는 방법으로 이해하는지를 알아보자.

진화가 가지고 있는 신학적 함의는 우선 하나님께서 자기를 비우시고 내어주시면서 우리가 살아가는 창조세계와 관계를 맺으시는 분이라는 사실에서 찾아볼 수 있다.[8] 이러한 하나님의 자기 비움의 행위를 케노시스

---

8   John Polkinghorne 엮음, *The Work of Love* (Grand Rapids: Eerdmans, 2001), 21-22. 『케노시스 창조이론』(새물결플러스 역간).

(kenosis)라고 부른다. 전지전능하시고 무소부재하신 하나님께서 태초에 천지를 창조하실 때 무소부재하신 자신의 영역을 축소하신 다음 이런 자기 비움의 공간에 우리를 위한 창조세계를 만드셨다.[9]

하나님의 창조 이후 전개된 인류의 역사 속에서 이러한 하나님의 자기 비움이 가장 극명하게 드러났던 것은 예수 그리스도의 성육신과 십자가 사건이었다.[10]

> 그는 근본 하나님의 본체시나 하나님과 동등됨을 취할 것으로 여기지 아니하시고 오히려 자기를 비워 종의 형체를 가지사 사람들과 같이 되셨고 사람의 모양으로 나타나사 자기를 낮추시고 죽기까지 복종하셨으니 곧 십자가에 죽으심이라(빌 2:6-8).

자신을 비우심으로써 창조세계를 만드신 하나님께서는 그 창조세계와 어떤 관계를 맺고 계실까? 우리가 살아가는 이 세계는 여러 가지 자연 법칙들에 의해서 운행되고 있다. 중력의 법칙, 전자기력의 법칙, 에너지 보존의 법칙 등 자연계에서 발생하는 모든 사건을 통제하는 법칙들이 존재한다. 근대 과학이 태동할 무렵인 18세기에는 인류가 이러한 자연 법칙을 모두 파악한다면 인간이 미래에 벌어질 모든 일들을 계산해낼 수 있다는 낙관적인 결정론에 사로잡혀 있었다. 그 당시 인류가 파악했던 자연은

---

9   Jürgen Moltmann, 김균진 옮김, 『과학과 지혜』(서울: 대한기독교서회, 2009), 100. 그리고 Daniel Migliore, 신옥수 & 백충현 옮김, 『기독교 조직 신학 개론』(서울: 새물결플러스, 2012), 181.

10 현우식, 『과학으로 기독교 새로 보기』(서울: 연세대학교 출판부, 2007), 101.

법칙에 의해서 일사불란하게 운행되는 기계 같은 모습이었다. 하지만 기계 같은 모습의 자연은 하나님의 개입을 더 이상 필요로 하지 않는다. 하나님은 더 이상 창조세계에 간섭하지 않는 초월자일 뿐이고 자연은 창조 당시 하나님께서 입력해놓으신 법칙을 따라 기계처럼 구동되고 있을 뿐이다. 이렇듯 매끄럽게 운행되고 있는 자연을 상대로 한 하나님의 초월적인 개입이나 섭리는 오히려 자연의 운행을 방해할 뿐이었다. 이러한 신관을 이신론(理神論, deism)이라고 부른다.

진화가 우리에게 함의하는 것은 창조주 하나님이 이신론적인 신이 아니라는 것이다. 진화는 기계적으로 작동되는 자연 법칙에만 의존하지 않는다. 진화에서는 오히려 자연 선택에 의한 "우연"이라는 요소가 결정적 역할을 한다. 무신론 생물학자인 리처드 도킨스는 이 우연이라는 요소의 맹목적이고 방향성 없는 특징을 은유적으로 표현한 『눈먼 시계공』이라는 저서를 출간했다.

유신 진화론에서는 이 우연을 맹목적이고 방향성이 없는 것으로 파악하지 않는다. 이 우연이야말로 하나님의 선하신 계획과 목적을 위한 "의도된 우연"인 것이다.[11] 따라서 하나님은 세상을 창조하신 후 더 이상 거기에 관여하지 않으시고 창조세계를 그냥 내버려두시는 이신론의 신이 아니다. 자연 법칙을 창조하시고 자연 법칙에 따라 창조세계가 운행되도록

---

11 Jürgen Moltmann, 김균진 옮김, 『창조 안에 계신 하느님』(서울: 한국신학연구소, 2007), 302. 그리고 John Polkinghorne 엮음, *The Work of Love*에서 Arthur Peacocke 의 "The Cost of New Life", 27을 참조하라. Peacocke은 하나님께서 법칙과 우연이라는 진화의 요소의 궁극적 근거임을 논증하고 있다. 또한 Mark Noll, 박규태 옮김, 『그리스도와 지성』(서울: IVP, 2015), 155-156을 참조하라. Noll은 하나님의 섭리에 의한 의도적 우연을 설명하고 있다.

만드신 하나님께서는 이 세계를 자연 법칙에 의해서 기계적으로만 움직이는 닫힌 결정론적 세계가 아니라, 우연이라는 요소에 의해서 미래에 대해 개방된 열린 세계로 만드셨다. 하나님께서는 우리가 사는 이 창조세계를 초월해계신 분이기도 하지만, 동시에 이 창조세계 안에 내재하시며 자연 법칙과 수많은 우연적 사건을 통제하심으로 끊임없이 만물을 새롭게 하시는 분이시다. 진화는 타율적인 통제가 아닌 자기 비움의 풍성한 사랑을 통해서 만물을 새롭게 하시는 하나님의 계속되는 창조의 경륜을 가장 잘 보여주는 극적이고 웅장한 예라고 할 수 있다.[12]

진화가 하나님의 계속되는 창조라는 사실을 가장 분명하게 보여주는 증거가 바로 진화가 가지고 있는 "창발성"(emergency)이다.[13] 이 글을 읽는 일부 독자들은 창발이라는 단어가 생경할 수도 있다. 예컨대 벽돌로 이어진 담벼락이 있다고 가정해보자. 벽이 얼마나 튼튼한가는 벽돌 한 장, 한 장의 강도에 달려 있다. 강도가 강한 벽돌을 썼다면 담벼락이 튼튼해질 테고 그중 얼마간의 벽돌의 강도가 함량 미달의 불량품이면 당연히 그 벽돌이 배치된 담벼락 쪽은 내구성이 떨어질 수밖에 없다. 이렇듯 전체를 구성하는 성질은 전체를 이루고 있는 요소 하나하나의 성질을 종합해서 파악할 수 있다. 이러한 입장을 환원주의(reductionism)라고 하며 이는 현대 과학을 수행하는 중요한 수단이기도 하다. 바꿔 말해 과학적 탐구 대상이 너무 복잡해서 전체적인 윤곽을 한꺼번에 파악하기 어려운 경우에 그 과학적 탐구의 대상을 낱개의 요소들로 분해한 다음, 분해한 각 요소의 성

---

12 현우식, 『과학으로 기독교 새로 보기』(서울: 연세대학교, 2007), 101.
13 W. Pannenberg, *Systematic Theology*, Vol 2 (Grand Rapids: Eerdmans, 1994), 123.

질을 종합해 전체적인 윤곽을 파악하는 것이 일반적으로 과학을 수행하는 방법이다. 이는 복잡한 자연 현상을 우회하여 단순하게 접근하려는 전략이기도 하다.

하지만 창발은 이러한 환원주의의 한계를 넘어선다. 때로는 전체의 성질이 전체를 구성하는 요소들의 성질을 뛰어넘어 전혀 다르게 발현될 수 있다는 것이 바로 창발이다.

물을 예로 들어보자. 물은 두 개의 수소 원자와 한 개의 산소 원자로 구성되어 있다. 물질이 산소와 반응하면 강렬한 열과 빛이 발생한다. 이 것이 "연소"라고 부르는 화학 반응이며 우리는 이런 현상을 가리켜 "불에 탄다"라고 표현한다. 수소는 이 세상에서 가장 가벼운 원소이지만 유원지에서 파는 풍선에는 수소가 들어 있지 않고 헬륨이 들어 있다. 그 이유는 수소가 산소와 격렬하게 반응하여 폭발하는 가연성을 가지고 있어 위험하기 때문이다. 이러한 성질을 가진 수소와 산소가 결합해서 만들어진 물이라는 화합물은 그 구성 요소인 수소 및 산소와는 정반대의 성질을 가지고 있다. 수소와 산소와는 달리 물은 오히려 연소 작용을 막는 성질이 있다. 만약 우리가 수소와 산소의 성질을 잘 알고 있다고 할지라도 2개의 수소와 1개의 산소가 결합된 물의 성질을 예견하기란 쉽지 않다.

진화에는 이러한 창발적인 성질이 담겨 있다. 진화를 통해서 새로운 종이 등장할 때마다 이전 단계와는 질적으로 다른 새롭고 예견되지 않는 특징이 발현되기 때문이다. 사람과 침팬지는 약 5백만 년 전에 모종의 진화적 분기점을 통과하며 서로 다른 종으로 진화되었다. 따라서 인간과 침팬지는 (비교적 가까운 과거에 진화적인 분기를 체험한) 근연 관계가 가까운 종이기 때문에 유전자의 많은 부분이 일치한다. 인간과 침팬지의 유전자는

98%가 동일하다고 알려져 있다. 하나님의 형상으로서 하나님과 교통하는 인간이 가지고 있는 놀라운 특징을 침팬지와 유전자가 다른 2%의 차이로는 도저히 설명해낼 수 없다. 이렇듯 진화가 가지고 있는 창발적 특징은 심원한 시간 속에서 진화의 과정을 통해 하나님의 창조가 계속적으로 전개되고 있다는 사실을 우리에게 일깨워준다.[14] 또한 우리는 이러한 하나님의 계속적인 창조를 통해서 창조세계는 과거의 사건에 종속되어 결정되어진 것이 아니라 하나님의 선하신 종말에 대해서 전적으로 개방되어 있으며, 궁극적인 종말의 새로운 창조를 향해서 창발적으로 나아가고 있다는 종말론적인 희망을 찾아낼 수 있다.[15]

4) 비일치론적 해석에 근거한 창조과학에 대한 소고: 진화론과 진화주의

지금까지 비일치론적 해석에 의거한 창조과학의 종류에 대해서 간단히 살펴보았다. 비일치론적 창조과학이 3가지 다른 형태로 분화된 이유는 앞서도 언급했던 바와 같이 생명의 기원을 설명하는 현대 과학 이론인 진화론에 대한 수용 여부 때문이다. 과학 이론인 진화론이 교회에서 배척받는 주된 이유는 진화론이 무신론의 산물이라는 생각이 교회 안에 만연해 있기 때문이다. 아마 이 글을 읽는 독자들도 진화론이야말로 하나님의 존재를 부정하는 무신론적 이론이라고 생각할지 모르겠다. 누구나 이름만

---

14 賀川豊彦, 김재일 옮김, 『그리스도교 입문』(서울: 레베카, 2015), 344.
15 Junghyung Kim, "Naturalistic versus Eschatological Theologies of Evolution," *ASA* 63, 103 (June 2011).

들어도 알 수 있는 옥스퍼드 대학교의 리처드 도킨스(Richard Dawkins), 하버드 대학교의 에드워드 윌슨(Edward Wilson), 시카고 대학교의 제리 코인(Jerry Coyne), 그리고 터프츠 대학교의 다니엘 데닛(Daniel Dennett) 등 진화 생물학을 전공하는 세계적인 석학 중 유달리 강성 무신론자가 많고 또 그들이 진화론을 이용해서 무신론적인 신념을 변증하고 있다는 사실은 자연스럽게 진화론을 과학적 옷을 입은 무신론이라고 생각하게 만들 수 있다.

하지만 엄밀히 말하자면 진화론은 무신론과는 아무런 관련이 없는 과학 이론일 뿐이다. 찰스 다윈이 비글호를 타고 갈라파고스 섬을 탐사한 1835년 이후 약 24년에 걸쳐 연구에 연구를 거듭해서 1859년 진화론의 단초를 알리는『종의 기원』을 출간한 이유는, 그가 무신론적인 신념으로 똘똘 뭉쳐서 이 세상을 무신화하기 위한 무신론 경전을 출간하려는 것이 아니었다. 다윈이 24년의 연구 끝에 자연에서 관찰되는 객관적인 현상에 대한 가장 과학적인 설명을 내놓은 것이 바로『종의 기원』이며 이 저서가 진화론의 출발을 알리는 서곡이 된 것이다. 따라서 진화론은 유신론을 지지하지도, 무신론을 뒷받침하지도 않는다. 그저 자연계에 존재하는 현상에 대해서 합리적인 설명을 제공할 뿐이며 이것은 자연 이면에 존재하는 세계관적 신념이나 초월적인 신앙의 영역과는 철저히 무관한 것이다.

물론 리처드 도킨스 같은 과학적 무신론자들은 과학 이론인 진화론을 이용해서 무신론적인 세계관을 확장하려고 시도하는 것은 사실이다. 이런 경우 그들은 순수하게 가치중립적인 과학 이론인 진화론만을 이용해서는 무신론 논증을 전개할 수가 없다. 진화를 통한 우연적이고 자연적인 과정에 의해 만물이 생겨났기에 신은 존재하지 않는다는 논증은 더 이상 과학적인 진술이 아니다. 이 주장은 이미 과학적인 진술을 형이상학적이며 종교적인 진술과 결합시켜놓은 것이다. 이렇듯 과학 이론인 진화론을 이용해서 무신론적인 신념이나 세계관을 확증하려고 하는 시도를 "진화주의"라고 하며 이러한 시도는 과학 이론인 진화론과는 구별되어야 한다.[16]

과학 이론인 진화론은 우리가 직면하고 있는 문제의 본질이 아니다. 문제의 핵심은 진화론을 이용해서 무신론적인 가치를 확장하려는 진화주의에 있다. 따라서 주님의 몸 된 교회의 성도들에게는 무분별하게 혼용되고 있는 진화론과 진화주의를 구별하는 지혜가 필요하다. 교회는 가치중립적 과학 이론인 진화론이 함부로 무신론을 제창하는 진화주의로 변질되는 것을 막아야 할 것이다.

혹자는 진화론은 부도덕하기 때문에 받아들일 수 없다고 주장하기도 한다. 진화론에서 이야기하는 자연 선택, 적자 생존, 멸종 등의 개념은 잔혹하고 부도덕하기 때문에 배척해야 한다는 것이다. 객관적으로 관찰되는 자연 현상에 도덕적인 가치를 부여해서 받아들일 것인가, 아니면 거부할 것인가를 결정하는 것이 과연 슬기로운지에 대한 논의는 다음 장에서 이어나가도록 하자.

---

16 Deborah B. Haarsma & Loren D. Haarsma, 『오리진』, 204.

6. 부도덕과 비도덕

고대 그리스의 극작가 소포클레스가 쓴 웅장한 비극인 『오이디푸스 왕』 이야기는 우리에게도 잘 알려져 있다. 주인공 오이디푸스는 테베 왕 라이오스와 왕비 이오카스테의 아들로 태어났다. 테베 왕 라이오스는 갓 태어난 아들이 자신을 죽이고 생모를 부인으로 취할 운명을 타고났다는 아폴론신의 신탁을 듣고 신하에게 갓난아이를 죽이라는 명령을 내린다. 하지만 그 신하는 갓난 왕자를 차마 죽이지 못하고 들판에 내다버렸으며 들에서 양을 치는 목동들이 이 갓난아이를 발견하고 자식이 없었던 코린트의 왕 폴리버스와 왕비 메로페에게 바친다. (사도 바울이 쓴 고린도전·후서의 고린도가 바로 이 코린트다.) 코린트의 왕 폴리버스는 이 갓난아이를 친자식처럼 길렀다. 오이디푸스란 이름을 얻게 된 이 갓난아이는 늠름한 청년으로 성장하게 된다. 그러던 어느날 우연히 자신과 관련된 신탁을 알게 되었다. 폴리버스 왕과 메로페 왕비가 자신의 생부모인 줄로만 알고 있었던 오이디푸스는 자신에게 닥칠 끔찍한 운명을 피하기 위해 사랑하는 부모와 자신의 왕국이 될 코린트를 떠나 정처없이 나그네 길에 오른다.

불안정한 심리 상태에서 말이 끄는 전차를 몰고 길을 떠난 오이디푸스는 좁은 산길에서 다른 전차와 마주치게 되는데 서로 먼저 지나가기 위해 다툼을 벌이게 되고 그 와중에 젊고 혈기왕성한 오이디푸스는 상대방을 죽이고 만다. 그 상대방이 다름 아닌 자신의 생부인 테베의 왕 라이오스인 줄은 꿈에도 모른 채 말이다. 이윽고 긴 여행 끝에 오이디푸스는 테베에 도착하게 된다. 테베는 뒤숭숭한 분위기였다. 라이오스 왕은 산길에서 정체 모를 괴한에게 살해되었고, 여자의 얼굴에 사자의 몸통과 독수리의 날개를 지닌 스핑크스라는 사악한 괴물이 나타나 사람들의 왕래가 빈번한 길을 막고 지나는 행인에게 수수께끼를 낸 다음 그 문제를 못 맞추면 사람들을 닥치는 대로 해치거나 잡아먹고 있었다. 이오카스테 왕비의 오빠였던 크레온은 누구든지 스핑크스가 내는 수수께끼를 맞추는 사람을 이오카스테 왕비와 결혼시켜 테베의 왕이 되게 하겠다고 선포한다. 젊고 총명하고 패기만만한 오이디푸스는 제 발로 스핑크스를 찾아가서 스핑크스의 수수께끼를 간단히 맞춘다. 그러자 분에 못이긴 스핑크스는 절벽에서 뛰어내려 자살을 하고 테베에는 다시 평온이 찾아온다. 그런 다음 오이디푸스는 자신의 생모인 이오카스테 왕비를 부인으로 맞아 왕이 되어 테베를 다스린다. 시간이 지나 이 모든 끔찍한 사실을 알게 된 오이디푸스는 날카로운 핀으로 자신의 두 눈을 찔러버린다. 제 친부모도 못 알아본 눈은 필요가 없다는 것이다. 그리고 테베를 떠나서 기약 없는 유랑길을 나선다.

　프로이트의 심리학 용어 오이디푸스 콤플렉스로도 유명한 이 오이디푸스 이야기는 결코 우리에게 도덕적인 교훈을 제시하지 않는다. 이 이야기에는 존속살해, 근친상간 등 지금 시대의 막장 드라마에서도 차마 다룰 수 없는 패륜적 요소가 골고루 들어 있다. 이 이야기는 자신에게 주어진 가혹한 운명을 거부하려는 오이디푸스 왕의 처절한 몸부림과, 또한 이러한 잔혹한 운명이 어떻게 기어이 관철되고야 마는지를 적나라하게 보여준다. 인간적인 노력이나 수고가 신이 정해놓은 운명 앞에서 얼마나 허망하고 보잘 것 없는 것인가를 잘 그려낸 오이디푸스 이야기를 통해 우리가 파악할 수 있는 고대 그리스인들이 생각했던 운명이라는 것은 부도덕한(immoral) 실체가 아니라 도덕과는 무관한, 즉 비도덕적인(amoral) 실체라는 것이다.[1] 즉 이 신화는 오이디푸스의 행위에 대해서는 도덕적인 가치 판단을 부여할 수 있지만 이러한 사건을 예정하고 관철시킨 운명이라는 실체에 대해서는 우리가 결코 도덕적인 가치 판단을 부여할 수 없음을 말하고 있다.

아인슈타인의 상대성 이론의 그 유명한 공식 $E=MC^2$이 뜻하는 바는 물리학에 대해 깊은 이해를 갖고 있지 않은 사람들도 대략은 알고 있을 것이다. 이것은 물질과 에너지가 서로 다른 차원의 존재가 아닌 동전의 양면과도 같이 동일한 존재이며, 아주 미세한 양의 물질이라도 에너지로 변환될 때는 막대한 양의 에너지로 바뀐다는 것을 보여주는 공식이다.

자연에 대한 인류의 이해를 비약적으로 도약시켰던 이 위대한 공식은 과연 어떤 역사적 사건에 최초로 사용되었을까? 이 공식은 제2차 세계대전의 막바지였던 1945년 여름에 처음으로 사용되기 시작한다. 미국 정부가 그 당시 돈으로 20억 달러(현재의 화폐가치로 환산한다면 한화로 약 30조 원 가까이 해당하는)의 예산을 들여서 극비리에 추진한, 맨해튼 프로젝트란 암호명으로 불리운 원자 폭탄 개발 프로젝트의 최종 성과를 판가름하는 실험이 추진된 것이다. 1945년 7월 14일 미국 뉴멕시코 주 로스 알라모스

---

1   김용옥, 『여자란 무엇인가』(서울: 통나무, 1989), 163.

에서는 인류 최초의 핵폭발 실험이 거행된다. 실험은 성공리에 진행되었고 여름 사막의 태양이 작열하는 염천과는 비교도 안 되는 수천도의 고온이 인간에 의해서 인공적으로 만들어졌다. 트리니티(Trinity)라는 이름이 붙여진 핵폭탄의 폭발실험을 참관하던 하버드 대학교 물리학과의 케네스 베인브리지 교수는 옆에서 실험에 참관하던 맨해튼 프로젝트의 수장이었던 오펜하이머 박사에게 이렇게 중얼거린다. "이제 우리 모두 다 죽일 놈들이 되어버렸구먼." 그 뒤에 벌어진 일은 우리가 익히 알고 있는 것들이다. 1945년 7월 14일 인류 최초의 핵폭발 실험으로부터 우리나라가 해방의 감격을 맛본 8월 15일에 이르는 불과 한 달도 안 되는 기간 동안에 히로시마와 나가사키가 차례로 피폭되며 엄청난 인명이 살상을 당한다. 이는 현대 과학의 엄청난 성과가 대량 살상 무기로 악용되어 수많은 인명이 희생된 사례다. 도대체 과학이란 무엇인가? 수많은 인명을 살상하는 핵폭탄을 만들어내는 현대의 첨단 핵물리학이라는 것이 과연 윤리적 가치가 있는 것일까? 과학자들이란 과연 도덕적인 사람들인가? 여러 의문들이 꼬리에 꼬리를 물고 떠오른다. 이 점에 대해 독자들은 어떻게 생각하는가? 과학이란 과연 도덕적인 것일까?

유감스럽게도 과학은 도덕적인 실체가 아니다. 과학은 어떤 것이 도덕적인가에 대한 가치 판단을 내릴 수 있는 능력이 전혀 없으며, 이것은 단지 과학이란 실체의 활동 영역과 한계를 의미하는 것일 뿐 과학이 도덕적으로 타락한 실체라는 것을 의미하지는 않는다.[2]

---

2   Alister McGrath, *Surprised by Meaning* (Louisville: WJK Press, 2011), 5. 『우주의 의미를 찾아서』(서울: 새물결플러스) 역간.

앞서 소포클레스의 비극 오이디푸스에서 고대 그리스인들이 운명을 비도덕적(amoral)인 존재, 즉 도덕과는 무관한 존재로 이해했던 것을 살펴보았다. 과학도 마찬가지다. 과학은 결코 도덕적인 실체가 아니다. 하지만 부도덕한(immoral) 실체 역시 아니다. 과학은 비도덕적인 실체, 즉 도덕과는 무관한 실체라는 것이다. 핵물리학은 우주를 구성하는 물질의 미시적 구조를 우리에게 알려준다. 하지만 그 지식을 어떻게 올바로 사용할지는 알려주지 못한다. 우리는 그 지식을 암의 고통에서 인류를 구하는 항암치료에 사용할 수 있다. 또한 자원이 부족해서 에너지난에 허덕이는 제3세계 사람들에게 생존에 필요한 에너지를 제공하는 데 사용할 수도 있다. 그러나 한편으로는 인류를 살상하고 우리가 살고 있는 이 아름다운 지구를 초토화시키는 핵무기를 만들어낼 수도 있다.

어떤 그리스도인들은 현대 천문학의 빅뱅 이론, 지질학에서 밝혀낸 45억 년 된 지구, 생물학의 진화론 등 현대 과학의 대표적인 성과를 거부하는 이유에 대해 이러한 이론들은 무신론적인 세계관을 가지고 있기에 기독교적인 가치와 맞지 않기 때문이라고 말한다. 특별히 그들은 진화론이 인간성을 파괴하는 비도덕적인 이론이라는 비난에 열을 올리고 있다.

하지만 자연계에서 일어나는 현상에 대한 객관적인 설명이 바로 과학이다. "높은 곳에서 뛰어내리면 다치거나 때로는 목숨을 잃을 수도 있다." 이것은 우리가 살아가는 자연계에서 일어나는 현상이다. 이때 얼마만큼의 에너지가 떨어진 사람을 다치게 하는가는 다음 공식에 의해 정확히 수치적으로(정량적으로) 표현된다.

$$E = mgh$$

위의 공식에 떨어지는 높이와 떨어지는 사람의 몸무게를 대입하면 떨어지는 사람이 얼마나 큰 충격을 받는지를 대략 알 수 있다. 높은 곳에서 떨어지면 사람이 다치는 것은 사실이지만 그럼에도 사람이 다친다는 표현을 쓰는 것은 거북하기만 하다. 사람이 다치거나 상하는 것은 슬픔과 안타까움을 자아내기 때문이다. 그렇다면 과학이 도덕적이려면 과학자들은 높은 곳에서 떨어져도 사람이 다치지 않고 멀쩡할 수 있다고 설명해야 할까? 우리가 그런 식으로 자연을 기술할 수는 있지만 설사 그렇다고 해도 자연 현상이 그렇게 바뀌지는 않는다. 당연히 사람이 안전장치 없이 높은 곳에서 뛰어내리면 다치거나 죽는다. 그래서 낙하 높이와 낙하체의 질량이 떨어졌을 때 가해지는 에너지가 서로 어떻게 정량적으로 관련되는가를 알아내어 수리적으로 표현해놓은 것이 위의 공식이다. 즉 우리가 경험한 바를 가장 잘 설명한 것이 위의 공식이다. 이것을 경험 적합성[3](empirical adequacy)이라고 하며 이는 과학 이론이 설득력을 갖는 이유를 잘 설명한 말이다.

높은 곳에서 뛰어내린다면 자칫 몸이 상할 수도 있다는 것은 우리가 자연을 무수히 많이 관찰해서 얻은 결론이었다. 여기에 어떠한 부도덕한 요소가 있는가? 마찬가지로 자연의 변화에 적응하지 못하면 도태되고 멸종할 수 있다는 사실은 단지 우리가 자연을 관찰해서 파악한 사실일 뿐이다. 자연 선택과 적자 생존을 설명한 이 말 속에 부도덕한 요소가 포함되어 있는가?

자연계에서 일어나는 현상에 대한 우리의 경험을 통해 확인된 설명이

---

3 Alister McGrath, *Surprised by meaning*, 26.

과학이라고 한다면, 여기에는 무신론, 유신론 등의 세계관적인 신념이 전제되거나(이것은 앞 장에서 이미 설명했다), 도덕적인 가치 판단이 개입될 여지가 전혀 없다. 과학은 결코 도덕적인 실체가 아니다. 그렇다고 해서 타락하고 부도덕한 실체도 아니다. 도덕과는 관계없는, 비도덕적인 실체가 바로 과학이다. 따라서 도덕과 무관한 과학이라는 실체를 부도덕하다고 비난하고 배척하는 것은 결코 지혜로운 일이 아니다.

과학은 비록 도덕적인 실체는 아니지만, 그럼에도 우리 인류는 이러한 과학적 성과물들을 도덕적으로 사용할 수 있다. 우리가 그것들을 잘 사용할 때 현대 과학은 하나님께서 우리에게 주신 선물이 된다. 하나님의 놀라운 창조와 다스리심에 대한 이해를 넓혀주는 현대 과학의 성과물을 하나님의 선하신 뜻에 합당하게 사용할 수 있는 묘수를 찾아내는 것이 현대를 살아가는 그리스도인들이 감당해야 할 가장 긴급한 사명 중 하나일 것이다.

7. 창조를 어떻게 볼 것인가?

제임스 카메론(James Cameron) 감독이 연출한 "아바타"(Avatar)는 공전의 히트를 기록한 영화다. 아바타에는 제임스 카메론 감독의 자연주의적 신관이 극명하게 나타난다. 영화의 배경이 되는 판도라 행성에 있는 모든 식물과 동물들은 초자연적인 주술적 능력이 있는 신적 존재들이다. 에이와(Eywa)라고 불리는 나무씨, 온갖 식물, 그리고 동물 하나하나에 전부 주술적 신성이 깃들어 있으며 이 행성의 원주민인 나비(Na'vi) 족은 자신들 주변의 모든 식물 및 동물들과 더불어 이 주술적인 힘에 의해 자연의 일부로서 평화롭게 살아가고 있는 장면이 영화 전편에 걸쳐 묘사되고 있다. 고대 인류가 가지고 있던 주술적 자연관이 역설적으로 현대 첨단 과학 영화를 통해 생생하게 소개된 셈이다.

영화 아바타에서 외계 행성의 나비족 원주민들이 그러했듯이, 고대의 원시인들은 모든 자연은 초자연적인 힘(mana)을 가진 신적 존재들로서, 이러한 신적 존재인 자연물들이 자신들의 삶에서 흉(凶)한 일과 화(禍)를 막아주며 길(吉)한 일과 복(福)을 가져다줄 수 있다고 여겼다.[1] 따라서 고대

---

1   Paul Tillich, *Systematic Theology*, Volume I (Chicago: The University of Chicago

원시인들은 하늘, 땅, 태양, 달, 별, 강 등 무수히 많은 신들을 만들어냈다. 그러나 이런 신들은 자연이라는 한계를 벗어날 수 없었고 결국 고대 인류의 주술적 신관에서 신들은 인간과 다름없는 자연의 일부일 따름이었다.[2]

고대 유대인들은 우주와 자연에 대한 이해를 그들 주위의 민족들을 통해 배웠다. 성경이 쓰일 당시 고대 근동 지방의 천문학적 지식은 지금과는 매우 달랐다. 고대 근동 지방 사람들은 지구가 둥글지 않고 편평하다고 생각했다. 그들은 이 편평한 땅을, 유리처럼 투명하고 딱딱한 돔(Dome) 같은 반원형의 구조물이 둘러싸고 있다고 여기고 그 돔 같은 구조물을 궁창이라고 불렀다. 투명한 궁창이 파랗게 보이는 이유는 그 위에 막대한 물이 담겨 있기 때문이었다. 따라서 하늘에서 비가 내리는 이유는 궁창 위에 저장된 물이 땅으로 떨어지는 것이라고 생각했다. 그들은 태양과 달과 별 같은 천체들은 딱딱한 궁창 아래 공간에서 동쪽에서 떠올라 서쪽으로 이동했다가 땅 아래를 지나서 다음 날에 또 다시 동쪽에서 떠오른다고 생각했다.

이렇듯 창세기의 천지 창조의 배경을 이루는 유대인의 우주론의 근간은 그들의 주변 민족들에게서 취해진 것이지만 그들은 자연 속에 뒤섞여 있는 자연신들이 아닌 자연 밖에서 자연을 창조한 하나님을 최초로 찾아낸 민족이었다.[3] 유대인들은 그들의 열조가 만났던 하나님, 즉 아브라함이

<hr />

Press, 1961), 222. 그리고 *The Protestant Era* (Chicago: The University of Chicago Press, 1973), 99-100. 또한 Harvey Cox, 이상률 옮김, 『세속도시』(서울: 문예출판사, 2010), 63.

2   Harvey Cox, 『세속도시』, 64.

3   Jürgen Moltmann, 김균진 옮김, 『과학과 지혜』(서울: 대한기독교서회, 2009), 113. 또한 Harvey Cox는 『세속도시』, 66에서 Max Weber가 "탈주술화"라고 부른 자연 신관에

만났던 하나님, 이삭이 만났던 하나님, 야곱이 얍복 강가에서 씨름했던 하나님에 대한 체험을 통해서 하늘, 땅, 태양, 달, 별, 강 같은 모든 자연물은 신적인 존재가 아닌 하나님의 피조물에 불과하다는 것을 깨달았다. 모든 자연은 신이 아니고 하나님의 피조물일 뿐이며, 인간은 하나님의 창조 세계인 자연을 잘 이용하고 돌봐야 한다는 하나님의 명령은 창세기 1:28을 통해서 아담에게 분명하게 전달되고 있다.

매우 화려한 고대 문명을 수립했지만 주술적인 자연관에 매여 각종 피조물을 신으로 섬겼던 이집트, 아시리아, 바빌론 같은 강대국들에게 이러한 창세기의 선포는 경천동지할 충격이 아닐 수 없었을 것이다. 이처럼 창세기는 자연이 인간의 운명을 결코 지배할 수 없고 종교적인 숭배의 대상이 될 수 없는 하나님의 피조물일 뿐이며, 온 우주만물을 창조하신 것은 바로 하나님 자신이라는 강력한 선포를 아름다운 시적 언어를 통해 장엄하고 웅장한 문장으로 표현해내고 있다.[4]

그렇다면 많은 물소리 같은 장엄한 언어로 주변 민족들이 섬기는 자연은 참신이 아니라 피조물에 불과하다는, 하나님의 주권적 천지 창조가 웅장하고 자세하게 선포되고 있는 창세기의 배경은 왜 현대의 첨단 우주론이 아닌 고대의 비과학적인 우주론에 기초하고 있을까? 이에 대한 해답은 성서학자 피터 엔즈를 통해서 찾아볼 수 있다.

서 벗어나는 과정이 인류 역사에 어떤 영향을 끼쳤는지를 설명하고 있다.
4 김명용, 『칼 바르트의 신학』(서울: 이레서원, 2009)의 창조론을 참조하라. 여기에는 바빌론 창조 신화를 극복하고 참 창조주이신 하나님을 선포하는 창세기에 대한 칼 바르트의 해석이 잘 소개되어 있다.

기독교인과 유대인의 하나님은 역사 속으로 들어오기를 거부하지 않는 존재다. 오히려 특정인들의 사고 체계에 따라 묘사되도록 그 자신이 낮아질지언정 허용하고 드러냈다.[5]

"하나님의 계시로 쓰인 성경이 비과학적인 우주론을 반영할 리가 없다. 성경에 기록된 우주의 모습은 현재 우리의 이해를 뛰어넘는 과학적 진리를 포함하고 있는 것이 틀림이 없다"라는 생각을 포기할 수 없는 사람들은 종종 현대 우주론을 뜯어고쳐서 고대 근동의 우주론에 끼워 맞추려는 시도를 하고 있다. 젊은 지구론을 필두로 한 창조과학이 바로 그것이다. 하지만 그러한 시도는 하나님의 위대한 천지창조의 경륜을 고대 근동의 비과학적인 우주론에 제한하는 것이며, 창세기가 저술된 이후 3,500년 동안 인류가 이룩했던 지적 성취를 다시 비과학적 우주론으로 되돌리는 우를 범하는 것이다.

하지만 창세기를 통해 자연은 신이 아닌 피조물이라는 사실이 선포되었다. 창세기를 통해 자연주의적이고 주술적인 신관이 부서졌다. 따라서 자연과 인간의 관계가 새롭게 정립될 수 있었다. 유아적인 자연주의 신관에서 벗어나 합리적인 자연관을 정립하고 자연을 다스리는 청지기로서의 사명을 감당할 수 있는 "인간의 어른됨"[6]을 일깨워주는 하나님의 선포가 창세기를 통해 인류 역사에 울려 퍼지게 된 것이다.

---

5   Peter Enns, 장가람 옮김, 『아담의 진화』(서울: CLC, 2014), 135.
6   Harvey Cox가 Bonhoeffer의 『옥중서간』과 『윤리학』에서 언급된 "성인이 된 세계"(The world has come of age)를 의역한 "인간의 어른됨"이란 표현을 사용했다. 『세속도시』, 36을 참조하라.

8. 양식과 상식, 그리고 사이비 과학과 종말론

만일 "모든 종류의 암을 100% 완치할 수 있는 획기적인 항암제가 개발됐다"는 소문이 SNS를 통해 공공연하게 떠돌고 있음에도 불구하고 정작 의학계나 약학계에서는 아무 반응이 없이 조용하다면, 그렇다면 사람들은 과연 이 소문을 신뢰할 수 있을까? 사람들이 기적의 항암제를 둘러싼 정황들에 대해 침묵과 무관심으로 일관한다면 당연히 이 소문이 아무 근거없는 헛소문이라고 생각하는 것이 상식적인 행동일 것이다.

언젠가 나는 "대한민국에는 가톨릭과 '카톡교'가 있다"란 말을 들은 적이 있다. 이 말은 근거 없는 루머들이 카카오톡과 같은 SNS를 통해 개신교 내에서 급속도로 퍼지는 현상을 풍자한 말이다. SNS를 통해 전파되는 소문 중에는 과학과 관련된 것들도 상당히 많다. "예수님의 수의에 있는 혈흔에 대한 DNA 검사 결과 마리아에게서 물려받은 DNA만 검출" 등이 그 대표적인 예라고 할 수 있다. 만약 이런 엄청난 이야기들이 진실이라면 해당 과학계에서 잠자코 있을 리가 없을 것이다. 과학계는 발칵 뒤집힐 것이고, 그런 과학계의 분위기가 실시간 뉴스를 통해서 전 세계로 중계될 것이다.

몇 해 전에는 자칭 예언자라는 한 여성이 2014년 12월에 북한이 남한을 침공하고 그 결과 굶주린 국민들은 인육을 먹어가면서까지 생존하는 비극이 벌어질 것이라는 예언을 한 적이 있었다. 물론 그런 일은 벌어지지 않았다. 그럼에도 "지금은 전쟁 상태다. 북한군은 이미 땅굴을 통해서 서울 곳곳의 지하에 잠입했다"라는 말도 안 되는 궤변을 믿고 대파국의 종말을 피해 사랑하는 가족과 집을 버리고 동남아로 흘러들어가 자신들만의 구원의 방주를 만든 사람들도 있다는 소식도 뉴스를 통해 들었다. "전쟁 상태인데도 모른다"라는, 말도 안 되는 궤변을 믿은 사람들이 실재하는 것을 통해 미혹의 영에게 인간의 이성이나 상식을 마비시키는 힘이 있다는 걸 다시금 깨닫게 된다.

그 자칭 예언자 여성은 자신이 천국과 지옥을 1,300여 차례나 다녀왔다고 주장했다.[1] 1,300회가 얼마나 어마어마한 숫자인지 감이 오는가? 혹독자들께서는 일 년에 몇 차례나 해외 여행을 하는가? 비행기를 타고 열몇 시간 이상을 날아가야 하는 해외 여행의 경우 한 달에 한 번씩 여행한다고 치고서, 일 년에 12차례 방문하는 것도 무척 벅차리라고 생각된다. 그런 여행보다 더 먼 천국과 지옥을 일 년에 한 번씩 가서 1,300회를 채우려면 자그만치 1,300년이나 걸린다. 만약 한 달에 한 번씩 천국과 지옥 여행을 해서 1,300회를 채우려면 108년이 걸린다. 매주 한 번씩 일년에 52회에 걸쳐 천국과 지옥 여행을 해서 1,300회를 채우는 데는 25년이 걸린다. 캘리포니아에 살고 있는 나의 경우 몇 해 전 조지아 주에서 발주한 프

---

1   「뉴스앤조이」 2014년 11월 16일 자에 실린 기사를 참조하라. http://newsnjoy.or.kr/news/articleView.html?idxno=197910

로젝트를 담당하게 되어 일요일 저녁 비행기로 조지아 주에 갔다가, 금요일 저녁에 캘리포니아로 돌아오는 일정을 약 6개월 동안 소화한 적이 있었다. 캘리포니아에서 불과 2,000마일밖에 떨어져 있지 않으며 고작 4시간 남짓한 비행과 2시간의 시차가 있는 조지아 주를 6개월 동안 매주 출장을 다녀오는 일정을 소화한 결과 그 피로감 때문에 건강에 이상이 찾아왔다. 그런데 캘리포니아에서 조지아보다도 더 먼 천국과 지옥을 매주 한번씩 25년 동안 다녀오면 몸이 배겨날 수가 있을까? 황홀한 천국의 아름다움을 맛보는 것은 고사하고 지옥의 참혹함을 한두 번도 아니고 매주 한번씩 25년 동안 지속적으로 경험한다면 심신이 피폐해져서 견뎌내지 못할 것이다. 사도 바울조차도 고린도후서를 쓰기 14년 전에 한 번 밖에 경험하지 못한 천국을(고후 12:2) 이 여성은 1,300여 회나 경험했다고 하니, 그럼에도 이런 허황된 주장에 빠져드는 사람들을 보면 미혹하는 영의 역사가 얼마나 무서운가를 뼈저리게 느낄 수 있다.

그 자칭 예언자 여성은 북한에서 판 땅굴이 15개씩이나 서울 한복판에 실재한다는 주장도 했다. 그 여성의 주장의 진위를 상식적인 선에서 판단해보자. 서울의 지하철은 1호선부터 9호선까지 총 9개 노선이 있다. 이 9개 노선의 총연장은 327km라고 한다. 북한에서 판 땅굴이 휴전선을 넘어 문산, 파주, 송추를 거쳐 북한산 밑을 지나서 청와대에 이르려면 어림잡아 약 50km 정도일 텐데, 이러한 땅굴이 수도 서울의 지하에 15개나 있다는 것이 말이 된다고 생각하는가? 그렇다면 북한이 서울 지하까지 판 땅굴의 총연장은 750km(15개 땅굴×50km)에 달할 것이다.

지하철 1호선이 준공된 것은 1971년이고 9호선이 개통된 것은 2009년이므로 서울 지하철이 327km의 시스템을 구축하는 데는 총 38년이 걸렸다. 세계에서 가장 긴, 총연장 439Km의 런던 지하철도 150여 년에 걸쳐 구축되었다. 북한이 판 750km짜리 땅굴은 서울 지하철 총연장과 런던 지하철 총연장을 합친 길이와 비슷하니 이러한 주장이 얼마나 터무니없는 것인가는 쉽게 알 수 있다. 게다가 지하철 공사는 공기를 단축하기 위해 수십 개의 건설 회사가 구간을 나눠 개착해서 건설을 하지만, 북한이 판 땅굴은 군사 분계선 이북에서부터 서울까지 한 방향으로만 팔 수밖에 없어 시간이 엄청나게 걸릴 수밖에 없다는 것도 고려해야 한다.

또한 많은 이들이 터널은 파놓기만 하면 무너지지 않고 직립하리라고 생각하는데, 터널 공사는 그리 간단한 일이 아니다. 한 번 어린 시절에 모래 더미에서 두꺼비 집을 만들며 놀 때를 회고해보라. 손등만 모래에 집어넣고 두꺼비 집을 만들면 잘 무너지지 않는다. 하지만 팔꿈치까지 모래에 집어넣어 두꺼비 집을 만들고자 했다면 수월치 않았을 것이다. 모래 속에서 팔을 빼내는 순간 두꺼비 집이 맥없이 무너져내렸던 것을 모두 경험해보았을 것이다. 이렇듯 터널의 길이가 더 길어질수록 그것을 무너뜨리지 않고 자립성을 유지시키는 것이 어려워진다.

총연장 750km에 달하는 난공사를, 그것도 북한을 항상 감시하는 첩보 위성의 감시망을 뚫고서 소리소문없이 수행해냈다고 한다면, 북한이야말로 인류 최고의 지하 토목 기술을 가졌으며 또한 건설 프로젝트 수행 능력을 가진 나라일 것이다. 그렇다면 북한은 이런 놀라운 수준의 토목 기술을 수출하는 것만으로도 넉넉한 외화 벌이를 할 수 있을 것이고, 전 세계의 젊고 유능한 토목 공학도들은 최고의 엔지니어가 되기 위해 너도나도 북한으로 유학을 갈 것이며, 그 결과 북한의 김일성종합대학과 김책공업대학은 전 세계에서 몰려든 젊은 토목 공학도들로 문전성시를 이룰 수밖에 없을 것이다. 하지만 실상은 어떤가?

땅굴 이야기에 군 당국이 전혀 반응하지 않고 또한 토목 공학계가 일절 주목하지 않는다면, 우리는 북한이 판 땅굴에 대해 말도 안 되는 이야기로 받아들이는 것이 상식적인 반응일 것이다. 그럼 왜 이렇게 한국교회의 교인들은 이런 말도 안 되는 속임수에 쉽게 휘둘려서 현혹되는 것일까? 행여 우리의 신앙 체질에 무슨 문제라도 있는 것은 아닐까? 우리는 이 같은 사이비 과학이 그릇된 종말론과 결합될 때마다 그 파장과 후유증이 실로 엄청났던 것을 여러 사례를 통해 경험했었다. 앞서도 언급했듯이 우리는 사이비 과학은 합리적이고 상식적인 수준에서 얼마든지 판별할 수 있다고 생각한다. 하지만 사이비 종말론은 우리가 어떻게 판별할 수 있을까?

사이비 종말론은 특정한 "때"에 과도하게 천착하는 경향이 있다. 사실 많은 사람이 종말이란 미래에 다가올 특정한 때라고만 생각한다. 이러한 사이비 종말론을 주장하는 사람들은 몇 월, 며칠, 몇 시라는 구체적인 종말의 스케줄까지 제시하곤 한다. 그러나 종말을 특정한 "때"라고 인식하는 것은 종말에 대한 대표적인 그릇된 이해라고 할 수 있다. 종말에 대한 바른 이해는 "때"가 아니라 "목적"이 되어야 한다. 즉 하나님 나라와 역사가 완성되어 하나님께서 태초에 세상을 창조하실 때 가지셨던 선한 목적이 성취되는 것이 바로 종말인 것이다.[2] 최종적으로 종말을 완성할 분은

---

2 Jürgen Moltmann, 김균진 옮김, 『과학과 지혜』(서울: 대한기독교서회, 2009), 169. 그리고 이민규, 『신앙, 그 오해와 진실』(서울: 새물결플러스, 2014), 319-320. 또한 Michael Welker & John Polkinghorne, 신준호 옮김, 『종말론에 관한 과학과 신학의 대화』(서울: 대한기독교서회, 2002), 299을 참조하라.

하나님이시다. 그렇다면 우리는 하나님께서 성취하실 종말과 관련해서 아무 일도 안 해도 되는 것인가?

"우리는 하나님의 동역자들이요, 너희는 하나님의 밭이요, 하나님의 집이니라"는 고린도전서 3:9의 사도 바울의 말씀처럼 그리스도를 따르는 우리는 하나님 나라가 온전히 이루어지는 종말을 위해 수고하는 동역자로 부름받았다. 따라서 우리는 하나님의 창조의 목적이 궁극적으로 완성되는 것에 대한 소명감을 가지고 지금 여기서 하나님 나라가 속히 이루어지도록 최선을 다해야 할 것이다. 이런 역사적 소명감에 대해 스탠리 그렌츠는 다음과 같이 말했다.

> 종말론적 완성은 결국 일어날 것이다. 주님은 분명히 다시 오실 것이다. 종말은 분명히 도래하지만, 창조세계를 향한 하나님의 궁극적인 목적이 어떻게 실현될 것인지는 어떤 의미에서 열려 있다. 역사는 부분적으로 불확정성을 지닌다. 역사는 위험 부담들을 수반한다. 전쟁으로 말미암아 세상의 마지막 날을 가져올 대학살이 벌어질 수도 있고, 우리가 환경을 잘못 사용함으로써 생태학적인 재앙이 초래될 수도 있다. 하나님 자신은 역사의 과정을 열어놓으신 장본인이시다. 왜냐하면 하나님은 우리로 하여금 역사에 참여하도록 요구하시기 때문이다. 인류를 향한 하나님의 목적은 분명히 실현될 것이다. 그렇지만 하나님은 우리에게 그분의 역사적 사역의 주체들이 되라고 초청하신다.[3]

기독교 종말론에서 "때"를 너무 강조하다 보면 내세의 일만 가치가 있

---

3   Stanley Grenz, 신옥수 옮김, 『조직신학』(서울: 크리스천다이제스트, 2003), 875-876.

는 것이고 현세의 삶과 역사는 하찮은 것이라는 이원론에 빠질 수 있다.[4] 그렇게 되면 현재 이 땅에서의 삶은 무가치하거나 무의미한 것으로 전락하고 만다. 앞서 살펴본 것처럼 사이비 여성 예언자를 추종하는 사람들이 자신의 삶과 가족을 팽개치고 해외로 도피 행각을 벌였다는 것은, 그 사람들이 자신의 삶과 소명을 얼마나 무가치하게 생각했는지를 잘 보여주는 예일 것이다. 한 가정의 어머니가 목숨보다 소중히 여기는 어린 자식을 버리고 해외로 도피해버리는 것, 또는 한 가정의 아버지가 종말의 파국을 피하겠다고 가족을 등지고 나홀로 해외로 도피해버리는 것, 이런 일들은 우리의 일반적인 양식과 감정으로는 도무지 납득할 수 없는 일이다.

우리가 추구하는 종말 신앙은 결코 인간의 지성과 양식을 저버린 몰역사적인 신앙이 아니다. 오히려 우리가 발 딛고 서 있는 이 땅에서, 우리가 살아가는 시간 속에서 하나님 나라를 추구하는 것이 올바른 종말론적 신앙이다.

한때 기독교계를 떠들썩하게 만들었던 2014년 12월 한반도 전쟁설은 사이비 종말론과 극단적인 반공 사상, 그리고 비과학적 이성이 맞물려 만들어낸 해프닝이었다. 물론 이 해프닝은 그 자체로는 창조과학과 무관한 사건이다. 하지만 굳이 이런 언급을 하는 것은 창조과학 역시 유사 과학으로 분류되는 퇴행적 사이비 과학 활동이라는 점이다. 창조과학이 겉보기에는 복음을 변증하고 교회를 공고히 세우는 것 같지만 실제로는 복음을 세상의 조롱거리로 전락시키고 있다.

---

4   Daniel L. Migliore, 신옥수 & 백충현 옮김, 『기독교 조직신학 개론』(서울: 새물결플러스, 2012), 556. 그리고 김동건, 『현대인을 위한 신학강의』(서울: 대한기독교서회, 2011), 267.

9. 한 손에는 성경을, 한 손에는 신문을

과학의 발달은 신앙에 대한 도전일까?

『만들어진 신』,『이기적 유전자』 등 수많은 대중 과학 베스트 셀러를 저술한 리처드 도킨스 박사는, 종교는 인류가 지성적으로 계몽되지 못한 시대에 만들어진 반지성적 문화의 산물이라고 주장한다. 그는 종교란 과학이 발달하고 인류의 지성이 향상된 현대 세계에는 더 이상 필요 없는 구시대의 유물이라고 목소리를 높인다. 그에 따르면 신을 믿는다는 것은 어린아이가 요정이나 산타 클로스의 존재를 믿듯이 유아적이고 비지성적이라는 것이다.[1] 리처드 도킨스는 최근 들어 종교에 대한 비판의 강도를 훨씬 누그러뜨리는 모습을 보인다. 하지만 이런 과학적 무신론(Scientific Atheism)에 사로잡혀 있는 과학자들의 말을 듣고 있자면 기독교 신앙과 현대 과학은 결코 화해할 수 없는 "불구대천지 원수" 같아 보이는 것이 사실이다.

---

1   Alister McGrath & Joanna McGrath, 전성민 옮김, 『도킨스의 망상』(서울: 살림, 2007), 32.

본래 물리학자의 길을 걷다가 신학자가 된 이안 바버(Ian Barbour)는 과학과 신앙의 관계를 다음과 같이 네 가지[2]로 정의했다.

첫 번째는 "갈등"(Conflict) 관계다. 앞서 언급했던 리처드 도킨스, 에드워드 윌슨, 제리 코인, 그리고 다니엘 데닛 같은 무신론 과학자가 이 입장을 대표하는 인물이다. 한편으로 이들과의 대척점에서 현대 과학의 성과를 전혀 수용하지 않거나 제한적으로만 수용하고 있는 창조과학도 이 범주에 들어간다고 할 수 있다.

두 번째는 "독립"(Independence) 관계다. 신앙과 과학은 각자가 다루는 영역이 상이하기 때문에 서로 무관한 독립적 실체라는 주장이다. 즉 과학은 "어떻게"라는 질문을 던지고 신앙은 "왜"라는 질문을 우리에게 던진다는 것이다.[3] 예컨대 사랑하는 두 연인이 휴대 전화로 통화를 하고 있다. 어떻게 통화가 가능할까? 과학은 이에 대해 첨단 전자 공학, 전파 공학, 회로 이론 등 과학 이론으로 어떻게 멀리 떨어져 있는 두 연인이 서로 이야기를 주고받을 수 있는가를 설명한다. 하지만 사랑하는 두 연인의 통화를 이렇듯 딱딱한 과학적 원리로만 설명해야 할까? 이 두 연인이 시간 가는 줄 모르고 전화기를 붙들고 있는 것은 서로 사랑하니까 애틋한 마음을 담아 각자의 생각과 느낌을 상대에게 표현하는 것 아니겠는가! 둘 중 어떤 것이 정답일까? 둘 다 정답일 것이다. 하지만 둘의 영역은 서로 중첩되지

---

2   Ian Barbour의 *When Science Meets Religion* (New York: Harper, 2000)을 참조하라. 『과학이 종교를 만날 때』(김영사 역간). 국내 번역본은 절판됐다. 너무도 좋은 책들이 빨리 절판되는 것이 참 안타깝다.
3   John Polkinghorne, 우종학 옮김, 『쿼크, 카오스 그리고 기독교』(서울: SFC출판부, 2009)를 참조하라.

않는다. 이렇듯 과학과 신앙은 같은 현상에 대해 다른 설명을 제공하는 다른 실체라는 것이 바로 이 입장이다.

세 번째 유형인 "대화"(Dialogue)와 네 번째 유형인 "통합"(Integration)은 구별하기가 다소 모호하다. 이 유형은 과학과 신앙이 서로 충분히 조화를 이룰 수 있다는 입장을 나타낸다.[4] 현대 신학의 거장인 볼프하르트 판넨베르크(Wolfhart Pannenberg) 같은 경우 신학과 그 외의 학문, 특별히 과학과의 조화를 위해 많은 연구를 했다.[5] 판넨베르크는 현대 물리학의 전기장이나 자기장 같은 장(場) 개념을 신학의 영역으로 끌어들여 성령의 활동에 대한 교의적 함의를 진행시켰다. 또한 창발적 성질을 가진 생물 진화를 통해서 하나님의 계속되는 창조를 논증하기도 했다.

다른 한편으로 과학계의 입장에서도 신앙과 과학의 조화가 중요하다. 첨단 과학 기술의 홍수 속에 함몰되어 살아가는 현 시대에 기독교 신앙은 과학 기술을 슬기롭게 통제하고 올바르게 사용함으로써 하나님의 뜻에 합치하도록 방향과 목적을 제공할 수 있다. 이렇듯 과학과 신앙이 조화를 이룰 수 있다는 유형은 앞서 언급한 양자의 독립적인 입장을 넘어서 과학과 신앙이 서로 좋은 영향을 주고받을 수 있다는 점을 보여준다.

4　우종학, 『무신론 기자, 크리스천 과학자에게 따지다』(서울: IVP, 2014), 121-124. 우종학은 Ian Barbour의 세 번째 대화와 네 번째 통합의 관점을 상보론(혹은 통합론)이라는 입장으로 압축해서 정리하고 있다.

5　Wolfhart Pannenberg의 *Systematic Theology* (Grand Rapids: Wm B. Eermans, 1994) 제2권에는 생명의 진화 속에 나타난 하나님의 계속되는 창조에 대한 함의가 잘 설명되어 있다. Jürgen Moltmann 역시 창조와 진화가 대립되는 개념이 결코 아니며 조화를 통해서 풍성한 신학적 함의를 끌어낼 수 있음을 잘 보여주고 있다. Moltmann, 김균진 옮김, 『창조 안에 계신 하느님』(서울: 한국신학연구소, 2007), 8장 창조의 진화를 참조하라.

과학을 대하는 기독교인의 바른 자세는?

그리스도인들 가운데 의외로 이원론적 신앙에 빠져 있는 사람들이 많다. 이원론이란 예배당에 모여 기도하고 찬송하고 성경을 공부하는 것은 선한 일이고, 반면 세상에서 벌어지는 일체의 활동은 생존을 위해 필요하기는 하지만 그다지 선하지도 의미가 있지도 않다고 생각하는 태도다. 이것은 교회를 빛의 영역으로, 세상을 어둠의 영역으로 극단적으로 나눠 접근하는 태도다. 하지만 창조주 하나님의 통치는 교회는 물론 타락한 것처럼 보이는 이 세상 구석구석 미치지 않는 곳이 없다는 점을 놓쳐서는 안 된다. 만일 어떤 그리스도인이 이 세상을 극단적으로 대립되는 두 실체가 동등하게 다투고 있는 혈투의 장으로 이해한다면, 이것은 우주 전체를 통치하시는 하나님을 과소평가하는 것이며, 이미 가지고 있는 화기와 진지의 절반을 적에게 내어주고 전쟁을 시작하는 것과 같은 어리석은 일이 될 것이다.[6]

하지만 "내가 주의 영을 떠나 어디로 가며 주의 앞에서 어디로 피하리이까? 내가 하늘에 올라갈지라도 거기 계시며 스올에 내 자리를 펼지라도 거기 계시니이다. 내가 새벽 날개를 치며 바다 끝에 거주할지라도 거기서도 주의 손이 나를 인도하시며 주의 오른손이 나를 붙드시리이다"(시 139:7-10)라는 시편 저자의 고백처럼 하나님의 권능이 미치지 못하는 곳

---

6 김동건, 『현대신학의 흐름』(서울: 대한기독교서회, 2011), 324-325을 참조하라. Bonhoeffer의 『윤리학』에서 인용된 이원론을 재인용했다. 이원론적 세계관에 대한 Bonhoeffer의 진단과 비판은 *Ethics* (New York: Touchstone, 1994), 193-195을 참조하라

은 없다.

그리스도인들이 과학을 대하는 태도에서도 이원론적 사고를 극복하는 것이 반드시 필요하다. "빅뱅이나 진화론 같은 과학 이론은 마귀의 학문이다"라는 생각이 기독교인들 사이에 공공연하게 퍼져 있다. 성경에 나오는 문자적인 표현을 뒷받침하는 이론은 착한 과학 이론[7]이고, 성경의 문자적인 표현과 다른 주장을 하는 이론은 악한 과학 이론이라는 것은 극단적인 이원론적 주장이다.

만약에 우리가 월드컵 결승전을 시청하고 있다고 가정해보자. 어떤 선수가 맹활약을 펼쳐 여러 골을 넣고 자국팀을 우승시켰다고 하자. 그런데 그 선수가 예수를 구주로 고백한 사람이 아니라면 그리스도인은 그를 어떻게 평가해야 하는가? "신앙이 없는 친구로군, 당연히 형편없는 선수야, 따라서 그가 골 넣은 것도 다 무효야." 이런 반응이 그 선수에 대한 올바른 반응일까? 그렇지 않을 것이다. 특정 축구 선수의 실력은 신앙과 관계없이, 오로지 그가 경기장에서 보여준 기량에 의해 객관적으로 평가될 것이다.

5년마다 한 번씩 개최되는 쇼팽 콩쿠르는 전 세계의 피아니스트들이 가장 선망하는 최고의 권위를 가진 콩쿠르다. 쇼팽 콩쿠르는 순위에 적합한 연주자가 없을 때는 심지어 해당 순위를 비워놓기도 한다. 그 결과 몇 번이나 우승자가 나오지 못한 적이 있을 정도로 엄격하고 까다로운 콩쿠르다. 이런 엄청난 대회에서 2015년에는 한국인이 우승하기도 했다. 이런

---

7   최근에 창조과학이 "착한 과학"이라는 이름으로 여러 활동을 벌이고 있다. 착한 과학이라는 이름 자체에 이 글에서 지적하는 극단적인 이원론적 성향이 잘 드러나 있다.

세계적인 콩쿠르에서 우승한 연주자가 그리스도인이 아닌 경우 우리는 어떤 태도를 가져야 할 것인가? 그가 완벽한 테크닉과 감성이 넘치는 연주를 했음에도 단지 그리스도인이 아니라는 이유로 그의 연주가 형편없다고 폄하하는 것이 올바른 태도일까? 물론 아닐 것이다. 우리는 어떤 연주자가 가진 종교적 신앙과는 상관없이 그 연주의 깊이와 완성도를 객관적으로 받아들일 수 있다.

하지만 이런 객관적 태도가 유독 과학 분야에서는 제대로 구현되지 못하는 것이 사실이다. 오늘날 대다수 교회에서는 성경의 문자적 표현과 다른 해석을 제공하는 과학 이론을 무신론적인 사탄의 이론이라고 매도하는 일이 흔하게 벌어진다. 기실 과학 이론이란 자연이 어떻게 운행되는가에 대한 올바른 이해를 우리에게 알려주는 것이다. 그러므로 우리는 과학 이론을 통해 하나님께서 이 세상을 창조하시고 다스리시는 섭리를 더 깊이 파악할 수 있다. 여기서 우리가 간과하지 말아야 할 점은, 자연이 운행되는 양상을 더 정확하게 포착해낸 위대한 과학 이론이 항상 그리스도인 과학자들에 의해서만 정립되는 것이 아니라는 것이다. 위대한 과학적 진보와 발전들은 그리스도인 과학자뿐만 아니라 많은 이슬람 과학자, 힌두교 과학자 또는 무신론 과학자들에 의해서도 이루어져왔다. 그렇다면 비그리스도인 과학자들에 의해서 이룩된 위대한 과학적 성취들은 전부 무가치한 것일까? 물론 그렇지 않다. 마치 그리스도인 건축가가 아니더라도 얼마든지 아름답고 웅장한 예배당 혹은 성당을 설계하고 시공할 수가 있듯이 비그리스도인 과학자들도 하나님께서 만드신 자연에 담긴 오묘한 이치를 찾아낼 수 있다.

따라서 그리스도인들은 어떤 과학 이론이 하나님께서 만드신 자연을 잘 설명한다면, 그 이론은 그것을 도출해낸 과학자가 무신론자이든지, 힌두교 신자이든지, 아니면 이슬람 신자이든지 상관없이 하나님의 진리가 될 수 있다는 점을 잊어서는 안 된다.[8] 왜냐하면 우리 모두가 그 과학 이론을 통해 하나님께서 세상을 창조하시고 다스리시는 형언할 수 없는 놀라운 섭리에 대해 더 깊이 이해할 수 있기 때문이다. 우리는 하나님께서 창조하신 자연을 잘 설명해내는 과학 이론이 단지 성경의 문자적 표현과 일치하지 않는다는 이유로 부정하는 것은 결국 하나님의 진리를 부정하는 행위가 된다는 것을 잊지 말아야 할 것이다.

한 손에는 성경을, 한 손에는 신문을

근대 과학 혁명 이후 과학은 발전을 거듭해왔다. 이런 경이로운 진보가 단지 인류가 운이 좋았기 때문에 이루어졌던 것일까? 몇 년 전 발견된 힉스 입자(Higgs Particle)는 자연을 파악하고 이해하는 과학의 활동이 얼마나 정교하며 효율적인가를 잘 보여준다. 힉스 입자에 대한 가설이 맨 처음 제안된 때는 1964년이었다. 그 후 49년간에 걸쳐 수많은 물리학자들이 엄청난 시간과 비용을 투자해서 연구를 거듭했다. 그리고 마침내 유럽 핵물리연구소에서 무려 10조 원 이상의 비용을 투입해 건설한 강입자 가속기에 의해 2012년 힉스 입자를 인공적으로 재현하는 실험을 수행했다. 그리고 이 실험 도중 획득한 무수히 많은 데이터를 분석해서 힉스 입자

---

8   Deborah B. Haarsma & Loren D. Haarsma, 『오리진』 85.

를 찾아낸 것을 2013년 3월에 공식 발표했다. 이 예는 자연 현상을 설명할 수 있는 개연성 있는 가설을 세우고 그 가설이 맞는다면 발생할 수 있는 현상을 예측하여, 그것을 실험이나 관측을 통해 검증하는 과학의 합리성을 극명하게 보여주는 예라고 할 수 있다. 10조 원이라는 거금이 들어간 강입자 가속기뿐만 아니라 49년간에 걸쳐서 힉스 입자 연구에 종사했던 모든 과학자들의 연구 시간과 사용된 자원을 전부 다 비용으로 환산한다면 상상을 초월할 정도로 엄청난 금액이 산출될 것이다. 이렇듯 과학은 수많은 연구자들이 바친 각고의 노력을 통해 오랜 세월에 걸쳐 인류가 쌓아 올린 위대한 성취임이 분명하다.

신학자 칼 바르트는 "한 손에는 성경을, 한 손에는 신문을"이라는 명언을 남겼다. 그의 말은 우리가 하나님의 뜻에 합당하게 살려면 성경에 대한 올바른 지식이 필요한 동시에 현재 우리가 살아가는 세상에 대한 이해역시 반드시 필요하다는 뜻이다. 오늘날 과학은 인류의 삶에 막대한 부분을 차지하고 있는 실체다. 과학 기술의 진보는 경제적으로 막강한 재화를 창출할 수 있고, 이런 경제적 힘은 당연히 정치, 사회, 문화 등 우리를 에워싼 삶의 모든 분야에 강력한 입김을 미친다. 따라서 그리스도인들이 과학에 대한 바른 이해를 도모하는 것, 그리고 그 과학을 효과적으로 통제하고 활용할 수 있는 역량을 갖추는 것, 더 나아가 자연 과학적 인과 관계이면에 자리 잡고 있는 하나님의 창조의 궁극적인 의미를 찾아낼 수 있는 혜안을 갖추는 것이 꼭 필요하다고 생각한다.

신앙의 눈으로 바라본 과학,

II

과학의 눈으로
바라본 신앙

1. 미토콘드리아 이브와 반면교사

내가 현재 근무하고 있는 회사는 중부 캘리포니아에서부터 남부 캘리포니아까지 130,000평방km에 이르는 지역에 전력을 공급하는 전기회사다. 대한민국 국토의 넓이가 약 100,210평방km이므로 대한민국 국토 면적보다 더 넓은 지역에 전력을 공급하는 회사라고 할 수 있다. 로스앤젤레스 북쪽의 이글락(Eagle Rock)이라는 도시에 회사가 소유한 오래된 변전소 하나가 있다. 수명이 오래된 변전소답게 노후한 고전압의 변전 장치들과 낡은 건물들이 어우러져 을씨년스러운 느낌마저 드는 곳이다. 그런데 역설적으로 이곳이 할리우드의 영화 제작자나 TV프로그램 제작자들에게 인기 있는 촬영 로케이션 장소가 되어버렸다. 니콜라스 케이지와 존 트라볼타가 출연한 "페이스 오프"(*Face/Off*), 존 카펜터 감독의 "화성의 유령"(*Ghosts of Mars*), 샤론 스톤이 오랜만에 주연을 맡은 TV 시리즈인 "에이전트 엑스"(*Agent X*), 그리고 2012년 아카데미 시상식에서 작품상, 감독상, 남우주연상, 음악상, 의상상 등 총 5개 부분을 석권한 "아티스트"(*The Artist*) 등등 이름만 들어도 알만한 꽤 유명 작품들이 이곳에서 촬영한 장면을 포함하고 있다.

다소 오래된 작품이긴 하지만 1993년도에 상영된 "데몰리션 맨"(De-
molition Man)이라는 영화의 한 장면도 이곳에서 촬영됐다. 실베스타 스
탤론, 웨슬리 스나입스, 그리고 산드라 블록 등 초호화 캐스팅을 자랑하
던 영화였으므로 지금도 줄거리를 기억하시는 분들이 있으리라고 생각된
다. 존 스파르탄 형사(실베스타 스탤론 분)는 흉악한 인질범인 사이몬 피닉
스(웨슬리 스나입스 분)를 격투 끝에 체포한다. 하지만 사이몬 피닉스가 억
류했던 인질들은 목숨을 잃게 되고 존 스파르탄 형사는 업무상 과실치사
죄로 냉동 인간이 되어 미래 세계에서 풀려나는 처벌을 받는다. 존 스파
르탄이 흉악범인 사이몬 피닉스를 체포하기 위해 격투를 벌이는 장면을
촬영한 장소가 바로 이글락 변전소다.

2032년에 냉동 감옥에서 풀려난 존 스파르탄 형사는 의문의 괴한들에
게 습격을 당하는 미래 세계 지도자인 콕토 박사를 구해준다. 이에 콕토
박사는 자신을 구해준 데 대한 고마움을 표시하기 위해 저녁을 대접하겠
다며 존 스파르탄 형사를 "타코 벨"로 초대한다. 아니, 미래 세계를 이끄는
지도자가 저녁을 대접하는 곳이 패스트푸드점인 타코 벨이라니? 우리 식
으로 번안한다면 대통령이 저녁을 대접하겠다는 곳이 싸구려 분식집이라
는 것과 똑같은 이치가 아닌가! 그래서 이를 궁금하게 여긴 스파르탄 형
사는 옆에 있던 미래 세계의 경찰인 레니나 헉슬리(산드라 블록 분) 경위에
게 하필이면 왜 타코 벨이냐고 물어본다. 레니나 헉슬리 경위의 대답은
다음과 같다. "타코 벨이 요식업계에서 최후의 승자가 됐어요. 따라서 현
재 존재하는 모든 식당은 타코 벨입니다."

미토콘드리아 이브는 창세기에 나오는 하와의 실존성을 증명하는 꽤
인기 있는 아이템이다. 미토콘드리아는 모계 혈통의 유전을 한다. 생물학

자들이 인간 여성의 미토콘드리아의 유전 경로를 추적한 결과, 약 15만 년에서 20만 년 전 사이에 아프리카에 살았던 여성에게 유전 경로가 수렴된다는 사실을 밝혀냈다.[1] 생물학자들은 이 여성에게 "미토콘드리아 이브"라는 이름을 붙여주었다. 창조과학회에서는 이 발견을 하나님의 창조의 증거로 채택하고 있다. 물론 15만 년에서 20만 년은 젊은 지구론에서 주장하고 있는 6천 년과 비교하면 25배에서 33배 이상이나 더 긴 시간이다. 하지만 창조과학회 측은 이 부분에 대해서는 과학적인 측정 오차 운운하며 은근슬쩍 넘기면서, 창세기에 나오는 것과 같이 모든 현생 인류가 아담의 아내이자 최초의 여성인 이브에게서 기원했다는 증거가 된다고 설명하고 있다. 그리고 이런 설명을 접한 많은 그리스도인은 이것이 진실이라고 철석같이 믿고 있다

이러한 설명의 진위 여부를 판단하려면 전문적인 생물학 지식이 필요하기 때문에 수월하지 않을 것이다. 다만 내가 창조과학회에서 느꼈던 가장 큰 실망 중 하나가 바로 이와 관련된 것이었음을 말하고 싶다. 이토록 아전인수 격 왜곡을 통해서 진화론을 뒷받침하는 현대 유전학의 성과들을 젊은 지구 창조론을 주장하는 증거 자료로 둔갑시키는 묘기를 부릴 수 있는지 어처구니 없고 착잡하기만 했다.

결론부터 말하자면, 미토콘드리아 이브는 현생 인류의 유일한 조상이 결코 아니다. 미토콘드리아 이브 생존 당시에도, 또 그 이전에도 많은 여성이 있었다. 미토콘드리아 이브는 지금 추적할 수 있는 가장 긴 모계 유전 경로를 보여주는 사례일 뿐이다.

---

1   Richard Dawkins, *River out of Eden* (New York: Basic Books, 1995), 52.

좀 더 쉽게 설명을 해보자. "데몰리션 맨"이라는 영화에서 요식업계를 천하 통일한 타코 벨은 1962년도에 로스앤젤레스 인근의 다우니(Downey)라는 도시에서 창립되었다고 한다. 영화 속 2032년에는 모든 레스토랑이 오직 타코 벨뿐이다. 자, 그렇다면 타코 벨이 창립되던 1962년으로 되돌아간다면 그 당시에도 레스토랑이 타코 벨 단 하나뿐이었을까? 당연히 아니다. 맥도널드가 1940년에 창립되었고 켄터키 프라이드 치킨은 1930년대에 창립되었으니까, 타코 벨뿐만 아니라 다른 패스트푸드점들도 다수 있었다. 게다가 다른 종류의 레스토랑, 예를 들면 정통 미국식의 두툼한 프라임 립 스테이크를 파는 레스토랑, 온갖 종류의 파스타를 파는 이탈리아 레스토랑, 고급스러운 프랑스 레스토랑, 그리고 중국 혹은 일본을 비롯한 아시아계 레스토랑 등 다양한 종류의 레스토랑들이 타코 벨이 창립되던 1962년도, 혹은 그 이전부터 존재하면서 소멸과 발전을 반복했을 것이다.

영화 속 2032년도의 상황처럼 타코 벨의 자회사들이 전 세계에 현지화된 레스토랑들을 운영한다고 가정해보자. 한국에 진출한 타코 벨은 "타코 별"이라는 현지 법인 레스토랑을 만들었다. 중국에는 "타코 반점", 일본에는 "타코 야끼"라는 이름의 현지 법인을 세워 아시아에서 강력한 독과점 네트워크를 만들었다. 또한 독일에서는 "구텐 타코", 프랑스에서는 "봉타코", 이탈리아에서는 "타코 이딸리아노" 같은 현지 법인들이 모든 유럽의 요식업을 장악하고 있다. 그렇다면 이 모든 타코 벨 자회사들 중에서 본점인 타코 벨보다 창립 연도가 더 이른 법인이 있을까? 당연히 없다. 모든 자회사들은 본사인 타코 벨이 설립된 1962년보다 늦게 세워졌기 때문이다. 영화 속 미래 세계인 2032년 미국에서 타코 벨이라는 이름의 레스토랑이 유일하고 또 가장 오랜 역사를 지닌 레스토랑이라고 할지라도 그것은 그때의 기준으로 현존하는 세계 최고(最古)일 뿐이지 타코 벨이 최초로 세워졌던 1962년도에도 다른 레스토랑이 없었다든가, 아니면 타코 벨 창립 이전에는 다른 레스토랑이 부재했다는 것을 의미하지 않는다.

타코 벨 사례에서 볼 수 있듯이 미토콘드리아 이브는 현존하는 미토콘드리아의 모계 혈통 유전의 최장 경로를 보여주는 사례일 뿐, 이 미토콘드리아 이브가 결코 최초의 여성을 의미한다고 이해되어서는 안 된다. 미토콘드리아 이브 시대에도, 그 이전에도 많은 여성들이 존재했다. 우리는 수십만 년의 시간을 거슬러 올라가는 유전 경로를 추적하는 현대생물학의 경이적인 성과에 큰 박수를 보낼 수밖에 없다. 이러한 노고에서 비롯된 성과들은 직접적으로 우리 인류의 편익과 복지를 향상시키는 데 사용된다. 가령 의학 및 제약 분야에서 응용되어 각종 병고에 시달리는 사람들을 치료하는 데 사용되기도 하며 농학 분야에 응용되어 가난과 기근에 허덕이는 사람들에게 소중한 식량을 제공하는 데 쓰일 수도 있다.

이러한 과학적 성과들이 하나님의 뜻에 합당하게 사용되기 위해서는 그리스도인들이 과학을 올바르게 이해해야 한다. 그리고 그런 이해를 바탕으로 과학적 성과들을 하나님의 뜻에 맞게 사용해서 하나님의 선한 뜻을 이루어나가는 것이 이 시대를 살아가는 그리스도인들에게 주어진 소명 중 하나임에 틀림 없을 것이다.

하지만 교회가 이러한 소명은 외면한 채, 사이비 과학에 휘둘리고 있다면 과연 어떤 일이 벌어질까? 임진왜란 때 조선 침략 선봉대 1군을 지휘했던 소서행장(小西行長), 즉 일본식 발음으로 고니시 유키나가의 부대는 십자가를 군기로 사용했다. 고니시 유키나가가 가톨릭 신자였기 때문이었다. 그의 진영에는 예수회에서 파견한 포르투갈 출신의 세스페데스 신부가 종군했고, 밤마다 미사를 집전했다고 한다. 그 결과 고니시 유키나가의 부대에서는 낮에는 조선 양민을 도륙하고 밤에는 하나님께 예배를 드리는 어처구니 없는 일들이 벌어졌다.

임진왜란 이후 1600년 가을, 일본의 패권을 놓고 싸운 세키가하라 전투에서 도쿠가와 이에야스(德川家康)에게 패하여 포로가 된 고니시 유키나가는 사무라이로서 명예롭게 죽을 수 있는 할복 기회가 있었지만, 이를 거부하고 참수형을 택한다. 가톨릭 신자로서 교리를 지키기 위해 자살 대신 불명예스러운 참수형을 택했던 것이다. 일본 문학의 거장으로 신실한 가톨릭 신자였던 엔도 슈사쿠(遠藤周作)는 『숙적』(宿敵, 포북 역간)이라는 소설에서 고니시 유키나가의 군대를 임진왜란과 정유재란 당시 조선 양민을 학살하지 않은 엄정한 군기를 가진 모습으로 묘사했다. 어느 사료를 바탕으로 그런 소설을 썼는지 모르겠지만, 백번 양보해서 고니시 유키나가의 군대가 엄정한 군기를 보유하고 있었고 가등청정(加藤淸正, 가토 기요마사)의 부대에 비해 민가를 약탈하고, 부녀자를 겁탈하고, 양민을 학살했던 일이 적다고 해보자! 그렇다고 해서 고니시 유키나가의 군대가 침략군이라는 한계를 벗어날 수 있을까? 아무리 엄정한 군기를 가졌다고 해도 침략군은 침략군일 뿐이다. 일본 문학의 거장인 엔도 슈사쿠가 아무리 유려하고 아름다운 문장으로 고니시 유키나가의 군대를 변호한다고 해도 결코 선조의 무능과 폭정에서 우리 백성을 해방시키는 해방군이 아닌 침략군이라는 사실 자체를 바꿀 수는 없을 것이다.

고니시 유키나가는 가톨릭 신자였기 때문에 좋은 사람이고 이순신 장군은 이런 고니시 유키나가에 대항해 싸웠기 때문에 나쁜 사람이라고 주장하는 그리스도인을 아주 가끔씩 접할 기회가 있다. 어떻게 외세의 침략으로 인해 도탄에 빠진 백성을 구하기 위해서 목숨을 초개와 같이 내던진 분을 나쁜 사람으로 평가할 수 있는지 도저히 이해할 수 없다. 단순히 고시니 유키나가라는 적장이 기독교 신자라는 사실 때문에 말이다. 이들에게는 이순신 장군, 권율 장군, 서산 대사, 사명 대사 등 전란에 휩싸인 민족을 구하기 위해 목숨을 걸고 헌신한 분들이 다 나쁜 사람이 되어버리고 말 것이다. 더군다나 서산 대사와 사명 대사는 불교의 승려들이기 때문에 더더욱 나쁜 사람 취급을 받는다. 이처럼 기독교는 무조건 선하고 기독교가 아닌 것은 무조건 악하다는 기계적 이원론에 사로잡힌 몰역사적이고 비상식적인 편가르기는 오히려 일반 은총을 통해 일하시는 하나님의 영광을 가리우는 일이 될 수밖에 없을 것이다.

어쨌거나 유감스럽게도 우리 민족이 십자가를 처음 접한 것은 왜군 선봉대의 깃발에서였다. 당시 조선의 무고한 양민들은 십자가에 대해 어떤 느낌을 받았을까? 아마 요즘 말로 하면 어마어마한 십자가 안티(Anti)가 될 수밖에 없었을 것이다. 고니시 유키나가의 부대 깃발에 새겨진 십자가도 당연히 예수님이 달려 돌아가셨던 십자가를 그린 것이다. 하지만 우리 민족은 고니시 유키나가의 십자가를 통해 은혜를 받고 구원의 감격을 얻을 수 없었다. 어쩌면 고니시 유키나가의 부대에서는 정기적으로 미사(예배)가 드려졌을지 모르지만, 우리 민족은 왜군 깃발에 새겨진 십자가를 볼 때마다 끔찍한 공포와 전율만을 느꼈을 것이다.

창조과학도 마찬가지다. 창조과학회가 수많은 교회를 상대로 진행하는 강의나 세미나는 철저히 그들만의 리그일 따름이다. 더 나아가 창조과학회는 복음을 듣고 구원을 얻어야 할 많은 사람을 기독교 안티로 내

몰고 있다. 자신들만의 리그에 함몰되어 주님의 몸 된 교회를 지적 게토(Ghetto)로 만드는 창조과학회는 고니시 유키나가의 십자가를 반면교사(反面敎師)의 교훈으로 삼아야 하지 않을까?

물론 우리 주변에는 미토콘드리아 이브처럼 창조과학회의 왜곡된 과학 해석을 통해서도 믿음을 갖게 되거나 나아가 그것을 더욱 공고히 하게 되었다는 사람들도 심심치 않게 볼 수 있다. 나는 그들에게 진정으로 묻고 싶다. 하나님께서 자연과 역사를 주관해오신 사실을 왜곡하면서까지 복음을 전하여 사람을 구원하는 것이 진정으로 하나님이 기뻐하시는 방법인가?

2. 예수님의 DNA는 개미 혹은 꿀벌?

대다수 동물들은 모계에서 받은 염색체와 부계에서 받은 염색체, 즉 쌍을 이루는 염색체 배열을 가지고 있다. 그러나 개미나 벌 같은 벌목에 속하는 곤충의 수컷은 미수정란에서 발생한다. 따라서 이들은 한 쌍의 염색체가 아닌 오직 모계 쪽 염색체만 지니고 있다.[1] 이처럼 한 쌍의 염색체를 보유하지 않고 모계나 부계 쪽에서 받은 염색체만 갖고 있는 상태를 반수체(haploid)라고 한다.

몇 년 전 일이다. 스페인의 오비에도 성당에 있는 예수님의 수의로 추정되는 옷에 묻어 있는 혈흔에서 인간의 DNA가 검출됐다는 글이 그리스도인들 사이에서 광범위하게 확산된 적이 있었다. 지금도 인터넷을 검색해보면 이와 관련한 글들이 남아 있는 것을 확인할 수 있다. 인간은 23쌍의 염색체를 가지고 있다. 모계로부터 23벌의 염색체를 물려받았고 부계로부터 23벌을 물려받아 총 23쌍, 즉 46개의 염색체를 가지고 있는 것이

---

[1] Stephen Jay Gould, 홍욱희 & 홍동선 옮김, 『다윈 이후』(서울: 사이언스북스, 2008), 374.

다. 만일 염색체의 숫자가 하나라도 많거나 적다면 그 사람은 염색체 이상 질환으로 고통당할 수밖에 없다.

그런데 이 문제의 글에는 수의에 묻은 혈흔의 DNA를 검사한 결과 부계에서 받은 23벌의 염색체는 하나도 없고 모계에서 받은 23벌의 염색체만 검출되었다는 희한한 말이 거침없이 적혀 있다. 그 글에서 한 구절을 인용해본다.

묻어 있는 피를 전문 연구소에 의뢰해 DNA를 분석한 결과 혈액형이 AB형이라는 것과 함께 모친 쪽으로부터 이어받은 22개 염색체와 남성(XY) 염색체 1개 등 23개만이 추출된 것으로 밝혀졌다. 부친 쪽으로부터 받게 돼 있는 23개 염색체는 없는 것으로 확인됐다.

생물학에 대한 기본적인 상식만 있더라도 "혈액형이 AB형이라는 것"과 "남성(XY) 염색체 1개"라는 표현은 말이 안 된다는 것을 알 수 있다. AB형은 모계에서 받은 염색체와 부계에서 받은 염색체를 모두 가지고 있어야 발현이 된다. 따라서 부계에서 받은 염색체가 없는데 혈액형이 AB형이라는 것 자체가 이 이야기가 거짓말이라는 사실을 드러낸다.

또한 "남성(XY) 염색체 1개"라고 쓰여 있는데 성염색체인 XY는 결코 한 개의 염색체가 아니다. 이것은 모계로부터 받은 여성염색체 X, 그리고 부계로부터 받은 남성염색체 Y, 짝을 이루는 두 개의 성염색체를 일컫는 것이다. 따라서 "모친 쪽으로부터 이어받은 22개 염색체와 남성(XY) 염색체 1개 등 23개만이 추출된 것으로"라는 것은 틀린 말이다. 이렇게 되면 염색체의 개수는 23개가 아니라 24개가 되며 부친에게서 받은 염색체가 없는데도 Y염색체가 검출되었다면 예수님의 어머니인 마리아가 Y염색체를 가지고 있었다는 것이 되어버린다.

그렇다면 이 주장은 예수님을 수개미나 수벌 같은 반수체의 기형적 인간으로 만들어버리는 것뿐만 아니라, 예수님의 어머니인 마리아마저도 정상적인 XX 염색체를 가지셨던 여성이 아닌 XXY 성염색체를 가진 클라인펠터 증후군(Klinefelter's syndrome)이라는 성염색체 기형인 남성으로 만들어버리는 것이다. 아무렇지도 않게 이런 주장을 유포하는 사람들은 진정으로 복음을 증거하기 위함인지, 아니면 이러한 거짓말을 퍼트려서 기독교에 대한 혐오감을 확산시키는 것이 진짜 목적인지 모르겠다.

창조과학회 안에서도 이런 사이비 과학에 해당하는 수준의 기독교 변증이 많이 돌아다니고 있다. 혹시 독자들 가운데 "여호수아의 잃어버린 하루"에 대해서 들어본 분이 계신지 모르겠다. 한 개신교 출판사에서 출간된 해설 성경의 여호수아 10장이 실린 페이지 하단에는 다음과 같은 해설이 실려 있다.

Q&A | 왜 하루가 사라졌을까? (참고 구절 | 수 10:12-14)

볼티모어 시 커티스 기계 회사의 우주 관계 과학자들이 인공위성의 궤도를 작성하기 위해 태양과 달 그리고 주변 혹성들의 궤도 조사를 하던 중 컴퓨터가 멈추어버렸다. 원인을 조사해보니 계산상 하루가 없어졌기 때문이었다. 그때 한 사람이 여호수아 10:12-14의 태양이 멈추었던 사실을 떠올렸고, 과학자들은 그 "사라진 하루"를 찾기 위해 컴퓨터 전자 계산기를 돌려서 여호수아 시대의 궤도를 조사했다. 그 결과 23시간 20분 동안 궤도가 정지했다는 답을 얻게 되었다.

또한 열왕기하 20:8-11 히스기야에 관한 기록은 태양의 궤도가 10도 뒤로 물러갔다고 했는데, 시간으로 계산하면 이것은 40분[(24시간×60분÷10도/360도)=40분]에 해당된다. 이 둘을 합하면 정확하게 하루가 된다.

하나님은 그분의 뜻을 이루기 위해서 자연 현상까지도 조절하실 수 있는 분이다(사 38:7-8).

이 이야기는 단순히 웃어넘길 해프닝이 아니다. 이런 허황된 거짓말이 어떻게 성경을 만드는 출판사의 편집자에게까지 전달이 됐을까? 결론부터 말하자면 이것은 누군가가 지어낸 말도 안 되는 거짓말이다. 그 누군가는 허구로 지어낸 이야기에 신빙성을 덧입히려고 "볼티모어 시 커티스 기계 회사"라는 곳에서 일어났다는 구체적인 정황까지 제시했다. 이 이야기는 너무 얼토당토않은 이야기여서 어디 어디가 틀렸다는 것조차 지적하기 힘들다. 먼저 "여호수아 시대의 궤도를 조사했다"라는 표현을 살펴보자. 대체 여호수아 시대가 언제인가? 대략 약 3,500년 전에 벌어졌던 가나안 정복 과정에서 아모리 족속과의 전투가 벌어진 날이 과연 정확히 기원전 몇 년, 몇 월, 며칠일까? 사건이 벌어진 정확한 날짜도 모르는데 그 사건으로부터 하루가 비는지, 이틀이 비는지, 일주일이 비는지, 한 달이 비는지는 도대체 어떻게 알 수 있단 말인가!

그리고 인공위성을 궤도에 올려보내는 데 왜 과거의 조건이 필요하단 말인가? 우리가 수영해서 강을 건너려면, 100년 전이나 1,000년 전의 수심, 유속, 수온 같은 과거의 조건은 하나도 필요 없다. 단지 현재의 수심, 유속, 수온에 대한 정보만 필요할 뿐이다. 인공위성을 궤도에 올리는 데도 과거의 지구와 다른 행성[2]들의 운동 조건은 필요가 없다. 현재의 지구의 자전, 공전 같은 운동 조건만 있으면 된다.

이 여호수아의 잃어버린 하루는 한국창조과학회 웹사이트에도 게재되어 있다. 1,500개 이상의 단어로 이루어진, 즉 종이에 옮긴다면 A4용지 6장 정도 분량의 장황한 글의 결론은 다음과 같다.

여기서 도출될 수 있는 단 하나의 결론은 이런 것이 될 것이다. 즉 이 이야기는 허위라는 것이다. 이 결론이 사실일진대 더 이상 이 이야기가 반복되어서는 안 된다. 상식적인 안목으로 조금만 깊이 조사해보면 전혀 현실적인 사실에 근거한 이야기가 아니라는 것을 쉽게 알 수 있는 이런 이야기를 가지고 하나님의 말씀을 "지키려고 한다"면, 우리는 오히려 하나님의 말씀을 상하게 할 뿐이다.[3]

A4용지 6장 분량의 길고 장황한 글 뒤에 나오는 두 문장의 간단한 결론이 말하는 바는 이 사건은 전적으로 "허위"였다는 것이다. 처음부터 허위 글이라고 밝히면 될텐데 왜 이리도 길고 장황하게 말을 늘어놓았는지 모르겠다. 지금까지 잘못된 정보가 전파되었고 심지어 성경에도 실렸을 정도로 걷잡을 수 없이 퍼져버렸다면 웹사이트에 무슨 말인지도 모를 장광설을 늘어놓는 것보다 확실하게 틀렸다고 언급하고 신속히 수습하는

---

2 인용된 문장에는 우리나라에서 사용하지 않는 일본식 한자 표기인 "혹성"이라고 표기되었다. 지금은 전혀 통용되지 않는 표기가 사용되었다는 것은 최초의 번역 및 유포자는 최소한 천문학이나 우주 항공 공학 전공자는 아닌 것 같다.
3 한국창조과학회 웹사이트 http://www.creation.or.kr/library/itemview.asp?no=523 &orderby_1=editdate%20desc&keyword=nasa&isSearch=1

것이 더 합리적인 태도가 아닐까?

어찌 됐든 "여호수아의 잃어버린 하루"는 한국창조과학회 웹사이트에서 비록 완곡하긴 하지만 사실이 아닌 허위라고 밝히고 있다. 하지만 유감스럽게도 "팔룩시 강의 발자국"은 여전히 창조과학회의 웹사이트 상에서 잘못된 정보들과 함께 버젓이 게재되어 있다. 이 사건은 1930년대에 벌어졌던 일이다. 미국 텍사스 주를 대표하는 도시 중 하나인 달라스에서 남서쪽으로 100km 정도 떨어진 글렌 로즈라는 조그마한 시골 마을은 팔룩시라는 강을 끼고 있다. 그 강에서 공룡의 발자국 화석과 인간의 발자국으로 보이는 듯한 화석이 같은 지층에서 발굴되었다. 만약 1,500년 전의 천마총 같은 신라시대 고분을 발굴할 당시, 처음 고분을 열고 발굴을 시작했던 고고학자들이 고분 속에서 부장품인 "봉황장식 고리 자루 큰 칼"을 발견했다면 그다지 놀라지 않았을 것이다. 하지만 그 "봉황장식 고리 자루 큰 칼" 옆에 대한민국 육군에서 현재 사용하고 있는 K-2 소총을 닮은 총 한 정이 덩그러니 놓여 있었다면 과연 그 충격은 어떠할까? 고분을 열고 발굴 작업을 하던 고고학자들은 기절초풍할 것이고, 인류의 문명사와 과학사가 한순간에 뒤죽박죽 되어버리고 말 것이다.

공룡은 6,500만 년 전 멸종되었다. 현대 분자 생물학의 연구에 따르면 현생 인류의 조상과 침팬지의 조상이 진화적 분기를 겪은 것은 500만 년, 아무리 길게 거슬러 올려 잡아도 800만 년 전이었다고 한다.[4] 따라서 현생 인류의 가장 오래된 조상과 공룡이 생존했던 시간 간극은 무려 5,700만 년 이상이나 차이가 난다. 같은 시간대에 생성된 지층에서 공룡의 발자국

---

4 이상희 & 윤신영, 『인류의 기원』(서울: 사이언스북스, 2015), 301.

과 인간의 발자국이 나란히 출토된 것이 사실이라면 진화론을 포함한 생물학, 역사학, 지질학, 지구 과학 등 현대 과학의 토대는 일순간에 붕괴되고 말 것이다.

미국 자연사 박물관의 인류학자인 롤랜드 버드가 과학저널인 「내추럴 히스토리」(Natural History)에 게재했던 이 논문은 당연히 홍수 지질학을 추종하는 젊은 지구론자들의 관심을 끌었고, 젊은 지구를 증명하는 강력한 증거로 채택되었다. 그로부터 50년 이상이나 극단적인 젊은 지구론자들에게 애용되어왔던 이 팔룩시 강의 인간과 공룡 발자국 화석에 대해, 1985년 미국 창조연구소(Institute for Creation Research, ICR)는 최종적으로 "진화에 반대하는 그 어떤 확실한 증거도 제공하지 않는다"[5]라고 결론내렸다.

미국창조과학 내부에서조차 마을 주민이 발자국 화석을 조각했느니, 증거가 날조되었느니 하는 구설수에 끝없이 시달려왔던 이 팔룩시 강 발자국 화석은 창조과학의 도덕성에 상처만 남기고 해프닝으로 마무리되었다.

하지만 한국창조과학회의 공식 웹사이트에는 아직도 이 해프닝이 젊은 지구에 대한 증거로 버젓이 올라와 있다. 단순히 한두 편의 글이 아니라 꽤 여러 편의 글이 게재되어 있다. 그런 글들은 팔룩시 강뿐만 아니라 애리조나 주 튜바시, 중앙 아시아의 투르크메니스탄, 그리고 대한민국 남해군 가인리까지 지구촌 곳곳에서 인류의 선조가 공룡과 나란히 거닐었던 발자국이 화석으로 남아 있다고 주장하고 있다.

---

5 Ronald L. Numbers, 신준호 옮김, 『창조론자들』(서울: 새물결플러스, 2016), 620.

더욱이 "버딕의 발자국은 진짜다"(The Burdick Track is Genuine!)라는 글까지 게재되어 있는 실정이다. "버딕 발자국"의 주인공인 클리포드 버딕은 팔룩시 강 발자국을 최초로 조사했던 미국창조과학회 멤버였다. 그는 석사 학위 위조, 무인가 유령 대학에서 받은 박사학위 사칭 등으로 계속해서 잡음을 일으켰던 사람이었다. 클리포드 버딕이 젊은 지구론에 대한 신념에 사로잡혀서 의도적으로 왜곡된 연구 결과를 보고했고, 미국창조과학회에서는 그 보고를 엄정하게 검토해보지도 않고 덜커덕 발표를 해버리는 바람에 숱한 잡음과 구설수 속에서도 팔룩시 강의 화석을 반세기 동안이나 전전긍긍하며 붙들고 있다가 결국은 포기하게 되었던 것이다. 하지만 한국창조과학회의 공식 웹사이트에는 아직도 버딕이 옳다는 종류의 글들이 여러 번에 걸쳐 포스팅되고 있다.

"흙 두둑을 산이라 하지 말지니"는 필립 키처의 『과학적 사기』(이제이북스 역간)라는 저서의 네 번째 장의 제목이다. 그는 이 장에서 창조론자들이 과학적 개념인 엔트로피, 유전과 진화, 화석상의 증거를 가져다가 어떻게 변형시키고 왜곡하는지를 설명하고 있다. 그리고 "흙 두둑을 산이라 하지 말지니"라는 은유적인 제목을 달았다.

에베레스트 산 자락에서 서너 삽의 흙을 떠다가 흙 두둑을 만든 후 구름을 뚫고 하늘에 닿을 듯 솟아 있는 에베레스트 산은 가짜이고 이 흙 두둑이 진정한 에베레스트 산이라고 주장하는 사람을 본다면 과연 무슨 생각이 들까? 그럼에도 주님의 몸 된 교회 안에는 왜 이리도 흙 두둑을 에베레스트 산이라고 여기는 형제, 자매들이 많은 걸까?

3. 롤러코스터와 황룡사 9층 목탑

내가 첫 해외 여행을 한 것은 1992년 대학교 4학년 여름 방학 때였다. 당시 외삼촌이 살고 계시는 로스앤젤레스를 약 2주간 방문했었다. 그때만 해도 십수 년 후에 이곳에서 자리를 잡고 살아갈 줄은 꿈에도 몰랐다. 난생처음 해보는 해외 여행인지라 여러 가지 신기한 것들이 참 많았다. 그 당시 젊은 토목 공학도의 마음을 가장 크게 흔들어놓은 풍광은 캘리포니아 주의 고속도로망이었다. 도로의 노면 상태는 시공된 지 오래되어 좋지 않았지만 그 방대한 고속도로망과 다양한 종류의 교량들은 참으로 경이롭게 보였다.

또 하나 당시 놀이 공원을 방문하고 크게 놀랐다. 로스앤젤레스 북쪽에 위치한 발렌시아(Valencia)란 도시에 있는 매직 마운틴(Magic Mountain)이란 놀이 공원을 찾아갔었는데, 그곳에는 나를 압도하는 장관이 펼쳐져 있었다. 콜로서스(Colossus)라는, 이 놀이 공원을 대표하는 롤러코스터(Roller Coaster)가 있었는데 레일 구조물이 전부 나무로 짜여 있었다. 습도가 낮고 건조한 남부 캘리포니아에서는 나무만으로도 거대한 구조물을 만들 수 있다는 사실을 그때 알았다.

콜로서스를 보면서 신라 시대에 축조되었던 황룡사 9층 목탑을 떠올렸다. 신라 선덕 여왕 때 주변 아홉 개 국가를 제압하여 외세의 침략이 없는 평화로운 나라를 만들고자 하는 숭고한 불심(佛心)을 가지고 축조되었던 황룡사 9층 목탑은 한 층 한 층이 신라의 이웃 나라를 상징했다고 한다. 이 목탑은 총 높이가 약 80m에 달하는, 당시로서는 어마어마한 규모의 목조 구조물이었다.

또 이런 생각을 했다. "선덕 여왕님, 통이 참 작으셨네. 이왕 지으실 거면 한 90층 높이는 지어야지 겨우 9층이 뭔가! 한 층당 한 나라씩이 아니라 10층마다 한 나라를 상징하도록 화끈하게 짓지 말이야. 높이가 더 높아질수록 부처님의 법력이 발광(發光)하는 영역 또한 당연히 넓어지지 않겠어."

어떻게 생각하는가? 90층짜리 목재 구조물이 가능할까? 물론 신라 시대에는 90층짜리 구조물을 축조할 수 있는 토목 기술이 없었다. 그럼 오늘날은 어떨까? 과연 가능할까? 유감스럽지만 지금도 불가능하다. 기술의 문제가 아니라 재료의 문제 때문이다. 나무만으로는 90층의 구조물을 감당할 수 있는 강도와 내구성을 확보하기가 불가능하기 때문이다.

앞서 언급한 콜로서스 롤러코스터로 다시 돌아가 예를 들어본다면, 백여 명의 사람을 태우고 시속 60마일(시속 약 100km)로 달리는 소박한 사이즈의 롤러코스터라면 나무 구조물이 감당해낼 수 있다. 하지만 수십 량으로 편성되어 천여 명이 넘는 승객을 싣고 시속 300km로 달리는 육중한 고속 전철(KTX)이 가하는 하중을 나무 구조물은 도저히 감당할 수 없다. 그래서 우리 주변에는 나무로 된 철도 교량, 한강을 가로지르는 하상 교량, 섬과 육지를 연결하는 장대 경간의 연육교 등을 찾아볼 수 없는 것이다.

창조과학회에서는 노아의 방주가 대홍수를 견딜만큼 안전하다는 주
장을 한다. 그 증거로 노아의 방주가 복원력이 가장 뛰어난 선박이라는
것을 "해사 연구소"에서 규명했다고 말한다. 하지만 정부 출연 연구 기관
에서 그와 같은 실험을 해서 논문을 냈을 리는 없고 몇몇 연구원들끼리
모의 실험을 해본 것이 아닌가 하는 생각이 든다. 선박의 복원 안정성이
야 선박의 높이가 낮아서 무게 중심이 낮아지면 낮아질수록 좋아질 것이
다. 하지만 복원 안정성보다 더 근원적인 것은 그러한 구조 자체가 성립
될 수 있느냐 하는 것인데, 성경에서 말하는 길이 삼백 규빗, 즉 135미터
의 거대한 목조 선박의 제조가 과연 가능한가라는 것이다.

유원지에서 조야(粗野)하게 만든 나룻배를 타고 연인과 데이트를 해본
사람들은 알겠지만, 나룻배의 밑바닥에는 항상 물이 조금씩 고여 있다.
그것은 유원지의 물이 너울져서 배로 넘쳐 들어온 것이 아니라 배 밑바닥
에서 새는 물이다. 배의 아랫부분이 물 속에 잠기게 되면서 수압에 의해
나룻배의 나무 이음새 사이로 조금씩 물이 누수되는 것이다.

길이 135m, 폭 23m, 높이 14m에 해당하는 노아의 방주가 물 속으로
진수된다면 어떻게 될까? 물 위에 선박을 띄워놓았을 때 물속에 잠기는
깊이를 흘수(吃水)라고 한다. 조야한 나룻배와는 비교도 할 수 없을 만큼
중량이 많이 나가는 거대한 노아의 방주가 물에 닿는다면 상당히 많은 부
분이 물 속에 잠기게 될 것이다. 따라서 엄청난 면적에 엄청난 수압이 작
용할 수밖에 없다. 정지된 물에 작용하는 정수압(흐름이 없는 물이 갖는 압력
을 의미한다. 흐르는 물에 의해 작용되는 압력은 "동수압"이라고 한다)은 다음과 같
은 공식으로 쉽게 구할 수 있다.

$$P = rh$$

여기서 P는 압력을 뜻하고 r은 물의 단위 중량을 뜻하며 h는 수심을 뜻한다. 높이 14m인 노아의 방주의 흘수를 높이의 절반인 7m로 가정한다면(노아의 방주가 정지된 물위에 떠 있을 때 물속에 잠기는 부분이 7m가 된다는 가정이다) 방주의 밑면에 작용하는 정수압은 다음과 같다.

$$1{,}030kg/m^3 \times 7m = 7{,}210kg/m^2$$

$1{,}030kg/m^3$은 바닷물의 단위 중량이다. 담수의 단위 중량은 $1{,}000kg/m^3$인데 염분이 녹아 있는 바닷물은 담수보다 단위 중량이 조금 높다. 노아의 방주가 범람한 바닷물 위에 떠 있다고 가정을 한 것이다. 여기에 7m를 곱하면 방주의 밑부분에 작용하는 정수압이 도출된다. 곧 $7{,}210kg/m^2$의 압력이 방주의 밑부분에 작용하게 되는 것이다. 이 말은 가로, 세로 1m의 면적에 7.2t의 압력이 작용한다는 뜻이다. 이는 흐르지 않고 정지된 물위에 떠 있을 경우 받게 되는 압력이다. 그럴 경우 어떤 일이 벌어질까? 수압이 가장 크게 작용하는 방주의 밑면부터 길이 방향의 방주의 이음새가 터져나가면서 방주 안으로 물이 쏟아져 들어오게 될 것이다. 정수압일 때의 상황이 이렇다는 이야기다. 대홍수의 격랑 속에서 방주가 표류한다면 당연히 이보다 훨씬 큰 수압을 받게 될 것이다. 135미터의 노아의 방주는 성립될 수 없을 정도로 취약한 조선 구조물이다. 복원 안정성이 뛰어나다? 애당초 성립될 수 없는 구조물에 그것이 무슨 의미가 있겠는가?

예를 들어 어떤 축구팀 감독이 한 선수를 스카우트했다고 생각해보자.

그 선수는 전성기 시절 정교하고 파워 있는 킥으로 이름을 날리던 영국의 데이비드 베컴보다 더 정확한 킥력을 보유한 선수다. 감독은 이 선수가 상대방 골대 근처에서 프리 킥 찬스가 난다면 거의 100% 득점으로 연결할 수 있는 킥력을 가졌기 때문에 스카우트했다고 설명한다. 하지만 그 선수가 100m를 주파하는 데 한나절이 걸리는 느려터진 주력을 가졌다면 과연 그 선수가 축구 선수로서 가치가 있겠는가? 프리 킥을 하기 위해 이동하는 중간에 축구 게임이 끝날 정도의 주력을 가지고 어떻게 경기에 임하겠는가. 구조 자체가 성립하지 않는데도 방주의 복원 안정성만을 강조하는 논리는 이 비유와 비슷한 모순을 내포하고 있다.

혹자는 방주 내부에 역청을 발랐기 때문에 물이 새지 않고 견뎌냈다고 주장하기도 한다. 지하철이나 지하차도 그리고 지하 터널 같은 지하 구조물들을 시공한 경험이 있는 토목 엔지니어들에게 가장 큰 과제는 방수(放水)를 해결하는 것이다. 아무리 방수를 잘하려고 해도 어디에선가는 누수가 꼭 일어난다. 땅속에서 미세하게 흐르는 지하수조차도 현대 토목 기술로 철저하게 방수 시공된 육중한 콘크리트 구조물을 뚫고 누수를 일으키는 일이 허다하다. 현대의 첨단 기술로도 땅속의 지하수를 완벽하게 방수하기 어려운데 과연 4,000년 전에 어떤 방수 기술이 사용됐기에 135m짜리 노아의 방주는 전 지구를 덮는 홍수의 격랑 속에서도 멀쩡했던 걸까? 공학적인 상식으로는 물위에 진수되자마자 방주의 밑면부터 라스베가스의 벨라지오 호텔의 분수같이 터지는 누수로 인해서 산산이 부서졌어야 됐는데 말이다. 그럼에도 창조과학회의 설명이 맞다면 혹 노아 옹(翁)께서 사용하셨던 방수 기술만 복원할 수 있다면 전 세계 방수 산업의 지형을 바꿀 수 있을 것이 분명하다. 창조과학회의 주장을 곱씹으면 곱씹을수록 떼돈을 벌 수 있는 항목들이 참으로 무궁무진한 것 같다.

"15세기 명나라의 정화선단의 대호보선이란 선박은 길이가 135m에 이르렀다는 기록이 있다. 따라서 노아의 방주라고 불가능했겠느냐?"라고 항변할 사람이 있을지 모르겠다. 과거의 기록을 그렇게 확실하게 신뢰한 다면 같은 중국의 기록인 『삼국지연의』에 나오는 유비에 대한 "팔이 길어서서 무릎까지 닿으며 귀는 거울 없이도 자신의 귀를 볼 만큼 컸다"라는 묘사도 액면 그대로 믿는가? 정상적인 상식을 가진 사람이라면 이런 기록 자체에 과장이 섞여 있다는 것을 쉽사리 알아챌 수 있을 것이다. 만약 진짜로 저런 인상착의를 가진 사람이 있다면, 그것은 영화 "ET"에 나오는 외계인의 모습이지 지구인의 모습은 아닐 것이다. 정화선단의 대호보선도 마찬가지다. 선박의 길이가 135m는 과장된 기록이고 역사적인 고증에 의하면 약 60m 정도의 선박이라는 해석이 타당하다.

결론적으로, 롤러코스터의 레일 구조물은 목재로 가능하다. 하지만 고속 전철의 교량은 목재로는 불가능하다. 80m 높이의 황룡사 9층 목탑은 가능하다. 하지만 800m 높이의 90층 목탑은 불가능하다. 현재 지구에서 800m가 넘어가는 인공적인 구조물은 두바이에 있는 163층 빌딩인 부르즈 할리파가 유일하다. 목재로는 이런 구조물을 절대로 건설할 수 없다. 35m짜리 목선은 가능하다. 하지만 135m에 달하는 목선은 불가능하다. 왜냐하면 이런 거대한 구조물을 축조하기에는 토목 재료로서 목재의 한계가 분명하기 때문이다.

물론 이런 논점이 성경에 나오는 사건의 역사성을 부정하는 것은 아니다. 노아의 홍수나 방주에 얼마든지 하나님의 초월적 개입이 있을 수 있다. 다만 내가 말하고 싶은 것은 이것을 과학적으로 증명하려는 시도가 어리석다는 것이다. 20세기 신학의 거장인 칼 바르트는 인과 관계 속에서 파악되는 역사(Historie)와 인과 관계를 넘어서는 초월적 차원이 담겨 있는 역사(Geschichte)를 구별했다.[1] 우리가 일반적으로 경험하는 인과 관계로 구성된 역사를 초월하는 하나님의 구속사적 사건들을 철저하게 인과 관계만을 담아낼 수 있는 과학적인 언어로 풀어내려는 시도가 얼마나 무모한 일인가는 창조과학회의 노아의 방주에 대한 설명에서 분명히 나타난다.

---

1   김명용, 『칼 바르트의 신학』(서울: 이레서원, 2009), 202-204.

4. 노아의 방주는 급격한 진화를 촉발하였는가?

리처드 도킨스는 『지상 최대의 쇼』라는 책에서 1950년대에 러시아(실험이 시작될 당시는 구소련)에서 실시했던 은 여우 품종 개량 실험[1]에 대한 재밌는 일화를 소개하고 있다. 은 여우는 붉은 여우 종(Species) 중에서 유달리 반짝이는 풍성한 은빛 털끝을 가진 변종 개체를 일컫는다. 이 특이한 변종은 1883년 캐나다에서 돌연변이에 의해 나타났다. 이 화려하고 매혹적인 은 여우의 털은 곧바로 전 세계적인 여우 모피 산업 대유행을 일으켰다. 러시아 정부는 다루기 힘든 이 야생의 은 여우를 개량해 사육하기 쉬운 품종으로 만들기 위해서 유전학자인 드미트리 벨랴예프를 은 여우 모피 농장의 총책임자로 임명했다.

야생성이 강한 은 여우들은 사람이 쓰다듬으려 하면 공격적인 반응을 보인다. 하지만 사람이 손으로 만져주는 것을 마치 온순한 강아지처럼 꼬리를 흔들며 살갑게 반기는 매우 소수의 은 여우 개체도 있었다. 벨랴예프는 이 소수의 유순한 개체들을 체계적으로 교배했다. 자연계에서 발생

---

1   Richard Dawkins, 김명남 옮김, 『지상 최대의 쇼』(서울: 김영사, 2009), 109-112.

하는 자연 선택 대신에 여러 세대에 걸쳐 인공 선택을 반복하는 실험이 실시된 것이다. 그리고 실험이 진행될수록 실험 집단 안에서 유순한 개체의 수가 점점 늘어나기 시작했다. 이 실험은 1985년 벨랴예프가 세상을 떠난 이후에도 계속 진행되었으며, 실험을 시작한 지 약 40여 년이 지난 35세대에 이르러서는 유순한 개체가 차지하는 비율이 실험군의 70-80%에 이르게 되었다.

이 실험의 본래 목적은 사육하기 쉬운 은 여우 품종을 만들어내려는 것이었다. 그리고 수십 년에 걸친 실험 끝에 사육하기 쉬운 은 여우 품종 개량에 성공했다. 하지만 뜻하지 않게 획득하게 된 부가적 형질 때문에 손쉽게 모피를 얻기 위한 원래의 목적은 달성할 수 없었다. 개량된 은 여우들은 인간을 잘 따르는 행동만 개를 닮게 된 것이 아니었다. 생김새마저도 개를 닮아버리고 말았다. 원래의 은 여우는 길고 풍성한 은회색 빛의 매혹적인 털을 가지고 있었으나 이 개량종은 마치 집에서 흔히 키우는 바둑이처럼 하얗고 검은 얼룩무늬 털을 갖게 되었다. 그뿐만 아니라 쫑긋하게 서 있던 은 여우의 귀는 강아지의 귀처럼 아래로 축 처졌다. 원래의 은 여우 꼬리는 아래로 향하고 있으나 이 개량종 은 여우의 꼬리는 마치 진돗개의 꼬리처럼 위로 말려 올라갔다. 결과적으로 이 실험은 실패했다.

이 실험에서 한 가지 아쉬운 점은 개량종 은 여우의 대조군에 대한 실험이 행해지지 않았다는 점이다. 만일 인간에게 적대적 성향을 보이는 집단도 같이 40년 동안 교배해서 개량종과 비교했다면 개량종이 갖게 된 인간 친화적인 성격이 유전인자에 의한 것인지, 아니면 태어나면서부터 인간에 의해 사육된 환경에 의한 것인지가 더 확연하게 드러날 수 있었을 것이다.

그렇다면 40년에 걸쳐 거행된 장기 교배 실험을 통해서 얻은 은 여우 개량종이 과연 여우라는 종의 장벽을 넘어서서 다른 종이 되었던 것일까? 물론 아니다. 개와 비슷한 형질이 많이 발현되었지만 이 개량종 역시 여전히 여우라는 종의 한계를 넘어서지 못했다. 종이라는 것은 생물 분류의 최소 단위다. 요즘은 이 종이라는 개념만으로는 충분치 않은지 생물학자들은 종의 하위 개념인 아종이라는 분류 단위도 만들어놓았다. 아종이란 종분화가 진행되어 다른 형질이 많이 발현되었지만 아직 완전히 종분화가 이루어지지 않아 같은 종으로 분류되는 상태를 일컫는다. 따라서 은 여우는 붉은 여우의 아종으로 분류할 수 있다.

생물을 분류하는 기준에 대해서 벨랴예프가 실험을 한 은 여우(붉은 여우)라는 종을 중심으로 간략하게 살펴보자. 생물 분류 체계는 "계 - 문 - 강 - 목 - 과 - 속 - 종"으로 이루어져 있다.

1) 계: 생물을 분류하는 가장 상위 체계다. 식물이냐, 동물이냐, 세균이냐 하는 분류가 바로 "계"에 속한다.[2]
2) 문: 계의 하위 체계다. 척추를 가진 동물이냐, 아니면 척추 없이 몸이 곤충 같은 마디로 이루어졌느냐 하는 분류가 바로 이 체계에 속한다.
3) 강: 포유류, 양서류, 파충류, 조류, 어류 등을 분류하는 체계다.
4) 목: 강의 아래 단계다. 여우는 포유강이고 식육목에 속한다.

---

2   계의 분류가 식물, 동물, 세균, 세 가지로만 이루어지는 것은 아니다. 곰팡이와 같은 균류, 원생동물 등도 별도의 계로 분류된다.

5) 과: 식육목에는 고양잇과, 갯과, 곰과 등등이 있다.

6) 속: 갯과에는 12개의 속이 있다. 아래 도표를[3] 참조하라.

7) 종: 은 여우(붉은 여우)는 다른 11개 종의 여우와 함께 여우 속에 속해 있다. 아래 도표를 참조하라.

속	종
갈기 늑대 속	갈기 늑대
개 속	가로줄무늬 자칼 검은등 자칼 붉은 늑대 황금 자칼 에티오피아 늑대 코요테 회색 늑대(개)
게잡이 여우 속	게잡이 여우
들개 속 (덤불개 속)	들개
승냥이 속	승냥이
리카온 속	리카온
작은귀개 속	작은귀개

---

3   Luke Hunter, *Carnivores of the World* (NJ: Princeton Univ. Press, 2011), 96-120. 그리고 위키피디아를 참조했다. 〈https://en.wikipedia.org/wiki/Canidae〉 Luke Hunter는 갯과를 12속 35종으로 분류했지만 위키피디아에는 1876년에 멸종된 포클랜드 늑대 속을 포함해서 13속 38종으로 분류하고 있다. 본문은 Luke Hunter의 12속 35종의 분류를 따르고 있다.

남미 여우 속 (리칼로펙스 속)	안데스 여우 다윈 여우 남미회색 여우 팜파스 여우 페루사막 여우 회백색 여우
여우 속	북극 여우 붉은 여우 스위프트 여우 키트 여우 코사크 여우 케이프 여우 페일 여우 벵골 여우 티베트 여우 아프간 여우 뤼펠 여우 페넥 여우
회색 여우 속	회색 여우 속 섬 여우
박쥐 여우 속 (큰 귀 여우 속)	박쥐 여우 (큰 귀 여우)
너구리 속	너구리 속

위의 도표에서 볼 수 있듯이 "갯과"는 총 12개의 속으로 분류된다. 이 12개의 속 아래에는 35종의 다양한 동물군이 존재한다. 먼저 늑대, 자칼, 코요테같이 상대적으로 몸집이 큰 9개의 늑대 계열 종들이 있다. 인류가 가장 소중한 반려동물로 여기는 개는 따로 종분류가 되어 있지 않다. 개는 회색 늑대와 같은 종으로 분류된다. 즉 개는 회색 늑대의 아종인 셈이

다. 개가 인간에 의해 가축화된 것은 15,000년 전으로 추정되고 있다. 하지만 개가 가축화된 이래로 15,000년이 지나는 동안 회색 늑대와의 생식적 격리가 일어났음에도 불구하고 여전히 개와 회색 늑대는 생물 분류학상으로 차이가 없는 같은 종의 한계를 벗어나지 않은 아종으로 분류되고 있다.

그리고 늑대 종류보다 상대적으로 몸집이 작은 여우 계열의 26개 종들 역시 갯과의 다른 한 축을 이루고 있다. 여기에는 북극 여우, 회색 여우, 벵골 여우, 큰 귀 여우, 생텍쥐베리의 『어린 왕자』에 나오는 사막 여우(폐넥 여우), 붉은 여우 등 다양한 종의 여우들이 있다. 굉장히 생뚱맞게 보이지만 너구리도 26종의 여우 계열에 속한다. 너구리는 여우와 가까운 근연 관계를 가진 종으로 분류되고 있다. 이렇듯 도합 35개의 종들이 갯과에 속해 있다.

이 35개의 종들은 물론 현존하고 있는 현생종들이다. 그러나 화석상의 기록을 보면 많은 갯과의 동물들이 멸종됐던 것을 알 수가 있다. 현재까지 화석을 통해서 파악한 멸종된 갯과의 동물들의 종 수는 147종이다. 우리가 파악하고 있는 갯과의 모든 종수는 현생종 35종과 이미 멸종된 147종을 합하여 총 182종이다.[4] 182종의 다양한 생물종들이 우리가 집에

---

4   Xiaoming Wang, "Phylogenetic systematics of the Hesperocyoninae," Bulletin of the American Museum of Natural History 221, 1–207 (1994). 그리고 Xiaoming Wang & Richard H. Tedford & Beryl E. Taylor, "Phylogenetic systematics of the Borophaginae," Bulletin of the American Museum of Natural History 243, 1–391 (1999). 또한 Richard Tedford & Xiaoming Wang & Beryl E. Taylor, "Phylogenetic systematics of the North American fossil Caninae (Carnivora: Canidae)," Bulletin of the American Museum of Natural History 325, 1–218 (2009).

서 키우고 있는 강아지들과 혈연관계가 가까운 생물 분류학상으로 "갯과"로 묶여 있다.

창조과학회에서는 창세기 1장의 "모든 생물을 그 종류대로" 만드셨다는 표현에 문자적으로 집착해서 지구상의 생명 역사의 전개 과정에 진화는 결코 없었고 천지가 창조된 시점부터 모든 생물이 완벽하게 종류별로 출현했다고 주장한다. 이들은 생물의 "종" 내에서 이루어지는 소진화는 받아들인다. 우리가 키우는 개는 다양한 종류가 있다. 치와와처럼 조그만 한 개부터 세인트버나드처럼 커다란 대형견까지, 불독처럼 털이 짧고 주둥이가 뭉툭한 개부터 콜리처럼 털이 길고 주둥이가 긴 개까지 다양한 종류의 개들이 존재한다. 이렇듯 개라는 "종" 안에서 다양한 형태로 변화하는 것을 소진화라고 한다. 반면에 종의 한계를 뛰어넘어서 다른 종으로 분화하는 것을 대진화라고 하는데, 창조과학회에서 반대하고 있는 진화는 바로 이러한 대진화를 의미한다. 하지만 대진화라는 개념이야말로 지구상의 생명의 다양성을 설명하는 진화가 가지고 있는 원래의 함의를 지칭하는 표현이라고 할 수 있다.

그러나 대진화를 반대하는 창조과학의 논리는 노아의 방주에 이르러서 난항을 겪는다. 현대의 규모가 큰 유조선, 벌크선, 컨테이너 선박들의 경우는 300m 이상의 길이를 갖춘 것이 많고 심지어 400m가 넘어가는 선박도 있다. 선박이 물에 진수됐을 때 물 속에 잠기는 깊이를 흘수라고 하는데 흘수가 20m를 훌쩍 넘어가는 초대형 선박들도 많이 있다. 그럼 지구상에 있는 모든 동물을 암수 한 쌍씩 "종류별"로 이러한 거대 선박에 태울 수가 있을까? 지구상에 현존하는 동물의 종수는 150만 종에 이른다. 길이 400m에 이르는 초대형 선박이라도 지구상에 존재하는 모든 종의 동물을 암수 한 쌍씩 태우기에는 공간이 턱없이 부족할 것이다. 따라서 불과 길이 135m와 흘수 7m의 소박한(?) 사이즈의 노아의 방주에, 창세기 6:20의 하나님께서 "새가 그 종류대로, 가축이 그 종류대로, 땅에 기는 모든 것이 그 종류대로 각기 둘씩 네게로 나아오리니 그 생명을 보존하게 하라"라고 명하신 대로 150만 종에 이르는 지구상의 모든 동물의 암수 한 쌍을 태운다는 것은 더더욱 말이 안 된다.

이런 이유로 창조과학회에서는 노아의 방주에 승선한 동물들의 종수를 어떻게 해서든지 줄이려고 시도할 수밖에 없었다. 어류들은 당연히 방주에 탈 필요가 없고, 양서류는 물론 악어나 바다거북 같은 파충류 및 고래나 물개 같은 수상 포유류도 방주에 승선할 필요가 없다고 주장한다. 하지만 이런 식으로 방주에 승선할 필요가 없는 동물의 종수를 줄인다고 해도 노아 방주라는 제한된 공간에 그 많은 동물을 다 태울 수는 없다.

그래서 고심 끝에 창조과학회는 성경에 쓰여 있는 "종류대로"가 현대의 생물 분류학의 "종"에 해당하는 것이 아니라 "종"의 상위 분류 단위인 "속"을 넘어서 "속"의 위 단계인 "과" 혹은 그 이상의 분류 기준에 해당한다고 주장한다.[5] 즉 창조과학회에 따르면, 노아의 방주에는 현대 생물 분류학상 "종"에 해당하는 수많은 동물이 승선한 것이 아니라, 종보다 훨씬 적은 "과"에 해당하는 동물들이 승선했기 때문에 노아의 방주에 충분히 수용될 수 있었다. 이를 구체적으로 살펴보면 갯과에 해당하는 모든 종들, 즉 35종의 현생종과 147종의 멸종한 종들을 합한 182종의 갯과 동물

---

5   창세기에서 이야기하는 "종류"가 현대 생물 분류학상 "과"라는 창조과학회의 주장은 다음 웹페이지의 Q6를 참고하라. http://www.kacr.or.kr/library/itemview.asp?no=721

들이 암수 한 쌍씩 해서 총 364마리가 승선할 필요가 없고, 단지 노아 홍수 이전에 존재했던 갯과의 대표 동물 한 쌍만이 노아의 방주에 승선했으며, 이후 이 한 쌍으로부터 도합 182개 종의 갯과 동물로 분화되었다는 것이 창조과학회의 주장이다. 과연 이 주장이 옳다면 우리 주변에서는 어떤 일이 벌어졌고, 또한 벌어지고 있는 것일까?

노아 홍수 이후로 지금까지 약 4,000년의 세월이 지났다. 노아의 방주에 승선한 갯과 동물 한 쌍이 182종의 다양한 갯과의 동물종으로 분화하려면 평균 22년 만에 한 건씩 종분화가 일어나야 한다. 즉 우리는 22년 만에 한 건씩 여우와 늑대가 분화되어 갈라지고, 또 여우에서 너구리가 갈라지는 것을, 늑대에서 코요테가 갈라지는 것을, 개에서 승냥이가 갈라져 나오는 것을 목도했어야 한다. 과연 우리가 이러한 현상을 인류사에서 목도한 적이 있었는가? 이러한 급격한 진화는 인류 역사를 통틀어 한 번도 관찰된 바가 없다.

만일 창조과학회가 멸종된 147개 종의 화석은 노아 홍수 때 격류에 의해서 만들어진 것이므로 빼야 한다고 주장하더라도, 4,000년 동안에 한 쌍의 갯과 동물이 현생하는 35개 종으로 분화되려면 평균 소요 기간은 고작 114년 정도 밖에 안 된다. 그렇다면 우리는 약 1세기마다 늑대에서 승냥이가, 여우에서 너구리가 분화되는 모습을 보았어야 한다. 즉 472년의 기록 역사를 가지고 있는 조선왕조실록에서 최소한 4번 이상의 "늑대 같고, 여우 같고, 승냥이 같기도 하고, 너구리를 닮은 새로운 종류의 짐승들이 창궐하여 왕의 근심이 깊어졌다"라는 기록이 나와야 하는 것이다.

창조과학회가 내놓은 급격한 진화라는 주장은 토목 엔지니어인 나에게는 높이 828m, 총 층수 163층의 위용을 자랑하는 세계 최고층 빌딩인 두바이의 "부르즈 할리파"를 하룻밤 새 뚝딱 지을 수 있다고 떠벌리는 것과 똑같은 수준의 허언으로 들린다. 과연 노아의 방주에는 급격한 진화를 촉발하는 우리가 모르는 초자연적인 힘이 있었을까? 그래서 홍수 이후 방주를 벗어난 동물들이 그토록 무서운 속도로 빠르게 진화할 수 있었을까? 그렇지 않다면 어떻게 이런 일이 벌어질 수가 있는 것일까!

창조과학회는 종을 뛰어넘는 대진화는 결단코 없었다고 주장한다. 하지만 지난 4,000년 동안 멸종한 종을 포함한 도합 182개의 갯과 종, 혹은 현생종인 35종이 분화되었다는 그들의 주장은 정확하게 현대 생물학에서 설명하는 "진화"의 의미와 일치한다. 그것도 지구상의 어떤 진화 생물학자도 주장하지 못하는 급진적이고 과격한 진화론인 것이다. 그럼에도 창조과학회는 한편으로 진화가 없다고 주장하면서도 다른 한편으로 노아의 방주를 설명할 때는 대단히 빠른 속도의 진화를 주장한다! 그러면서도 그것이 진화가 아니라고 강변하고 있다. 도대체 이 모순을 어떻게 설명할 수 있을까!

생물을 같은 종으로 구분하는 가장 큰 기준은 유성 생식을 하는 생물의 경우 서로 교미를 통해 번식을 해서 생식성이 있는 후손을 남길 수 있느냐 없느냐 여부에 달려 있다. 말과 당나귀는 서로 교미해서 새끼를 낳을 수 있다. 암말과 수당나귀 사이에서 난 잡종을 노새라고 부른다. 노새는 생식 능력이 없다. 따라서 말과 당나귀는 다른 종으로 분류된다. 앞서 설명한 대로 40여 년에 걸친 은 여우 품종 개량 실험을 통해서 얻게 된 개량종 은 여우는 개와 외양이 상당히 흡사해졌다. 하지만 개량종 은 여우는 개와 생식 자체가 불가능한, 엄연한 여우다. 일단 개의 염색체는 78개, 은 여우의 염색체는 34개로 염색체 숫자부터 다르다.

인류의 반려동물인 개의 경우를 보자. 개는 30,000년 전에 회색 늑대와 분화되었다고 추정되고 있다. 개는 인간에게 가축화되기 전 약 15,000년 동안 자연 상태에서 회색 늑대와의 생식을 통해 유전자 교환이 이루어졌다. 하지만 인간에게 사육당하기 시작한 15,000년 전부터 현재에 이르기까지 회색 늑대와의 유전자 교환은 거의 이루어지지 않았다. 인간의 사육으로 인해 강제적인 생식 격리가 15,000년간 이어지게 되었던 것이다. 그럼에도 여전히 개와 회색 늑대는 같은 종의 범위를 벗어나지 못하고 있다.

도대체 얼마나 긴 시간이 지나야 종 분화가 일어날 수 있을까? 종 분화는 굉장히 오랜 시간에 걸쳐서 이루어진다. 종 분화는 수십만 년에서 수백만 년에 걸쳐 일어나며, 빠른 종 분화를 주장하는 단속 평형 이론에 의하더라도 수만 년의 오랜 시간이 소요되는 현상이다. 종 분화는 창조과학회의 주장대로 지질학적으로는 찰나의 순간에 해당하는 22년 내지는 114년 만에 한 건씩 뚝딱 벌어지는 사건이 절대로 아니다.

하나님께서 생물을 종류대로 창조하셨기 때문에 종이 분화되는 대진화는 절대로 일어날 수 없다고 주장하는 창조과학회가 한편으로는 이렇듯 급격한 종 분화를 주장하고 있는 사실을 어떻게 이해해야 할까?

5. 리오넬 메시, 크리스티아누 호날두, 그리고 패러다임

우리가 살고 있는 이 지구라는 행성에서 단일 종목으로 가장 인기 있는 스포츠를 꼽으라면 아마도 축구가 아닐까 싶다. 축구는 지역에 관계없이 전 세계적으로 가장 인기 있는 스포츠다. 축구는 상대편 골문으로 공을 더 많이 집어넣으면 이기는 단순한 규칙을 갖고 있지만, 이를 위해 11명이 유기적으로 움직이면서 창의적이고 기발한 전술을 만들고 또 선수 각자의 능력에 따라 현란한 개인기들이 속출하는 묘미를 지녔기에 전 세계 사람들을 매료시켰다.

아르헨티나의 리오넬 메시나 포르투갈의 크리스티아누 호날두 같은 세계적인 축구 스타들의 연봉은 200억 원을 훌쩍 넘어간다. 1985년생인 호날두와 1987년생인 메시는 축구계에서는 별 중의 별로 불리며 그 뒤를 이어 1992년생인 브라질의 네이마르 같은 선수도 지구촌 축구팬들을 열광시키고 있는 스타 플레이어 중 한 명이다. 이들은 신기에 가까운 개인기로 상대 수비진을 유린하고 팀 승리를 견인해낸다.

그런데 만일 이 글을 쓰고 있는 50세인 내가 "나는 호날두나 메시보다 훨씬 더 뛰어난 축구 선수다. 레알 마드리드나 바르셀로나 축구팀은 당장 호날두나 메시와의 계약을 파기하고 나와 계약해야 한다"라고 주장한다면 과연 축구팬들은 어떤 반응을 보일까? 당연히 나를 미친 사람 취급하고 아예 상대도 하지 않을 것이다. 혹시라도 친절한 축구팬 한두 사람이 "도대체 당신이 호날두나 메시보다 뛰어난 축구 선수라는 근거가 뭐냐?"라고 묻는다면 나는 거기에 대해서 다음과 같이 대답할 생각이다.

전 세계 축구팬들이 축구를 보는 눈이 잘못됐다. 그래서 호날두와 메시에 열광하고 있다. 만일 축구팬들이 축구를 보는 눈이 바르게 바뀐다면, 즉 올바른 패러다임의 전환이 일어난다면 반드시 나를 세계 최고의 선수로 평가할 것이다.

자, 내가 이런 식으로 답한다면 과연 이 말을 듣는 사람들이 어떤 느낌을 받겠는가? 나의 지인이 한번은 창조과학회에서 주최한 세미나에 참가한 적이 있었다. 세미나가 진행되는 동안 그 지인은 창조과학회 소속 강사에게 다소 불편한 감정을 느꼈다. 왜냐하면 그 강사는 정상 과학에서 증명된 내용들과 판이하게 다른 얼토당토않은 내용을 설명하면서도 입버릇처럼 "이래도 안 믿으시겠습니까?"라고 자신의 주장을 받아들일 것을 강요했기 때문이다. 그래서 강의가 끝난 후 질의응답 시간에 이런 질문을 했다고 한다. "창조과학회에서 주장하는 내용들이 그렇게 확실하다면 왜 그 내용이 기성 과학자들 사이에서 전혀 받아들여지지 않습니까?" 이에 대한 강사의 답변은 "현재 과학자들이 가지고 있는 패러다임 때문에 창조과학회의 주장이 받아들여지지 않고 있습니다"였다.

패러다임(paradigm)이라는 말을 유행시킨 사람은 과학 철학자 토머스 쿤(Thomas Kuhn)이다. 쿤은 『과학혁명의 구조』(The Structure of Scientific Revolutions)에서 과학에서 패러다임이 차지하는 역할을 분석했다. 그는 현재 진행되고 있는 과학 활동을 정상 과학(Normal Science)이라고 불렀다. 그는 이 정상 과학 활동이 이루어지는 과학자 사회의 신념, 가치, 문제의식, 그리고 문제를 해결하는 기술 등을 총망라한 기반 시설(infrastructure)을 패러다임이라고 정의했다. 마치 철도라는 기반 시설을 가지고 있으면 기차가 달릴 수밖에 없고, 운하 같은 물길을 기반 시설로 가지고 있으면 선박이 운행되듯이, 과학자들의 정상 과학 활동은 이러한 패러다임에 의해 제한을 받는다는 것이다. 즉 과학자들이 어떤 연구를 할 것이며 어떤 방법과 실험 절차가 선택되는가는 철저히 패러다임에 의해 결정된다는 것이다.[1]

하버드 대학교에서 물리학을 전공했던 쿤은 과학 철학과 과학사에 흥미를 느끼고 연구를 계속한다. 아리스토텔레스의 역학을 연구하던 쿤은, 철학사에서 그토록 위대한 업적을 남긴 고대 그리스 철학의 거성 같은 존재가 어떻게 운동 역학 분야에서는 이토록 유치한 생각을 했는지 전혀 납득할 수 없었다. 그러던 중 토머스 쿤은 계시와 같은 깨달음을 얻는다. 아리스토텔레스의 운동 역학은 뉴턴의 운동 역학과는 개념 자체가 전적으로 다른 체계라는 것이었다. 이처럼 다른 이해를 바탕으로 아리스토텔레스의 운동 역학에 접근해보니 아리스토텔레스의 이론이 무척 합리적으로 느껴졌다. 그래서 쿤은 아리스토텔레스의 역학 이론과 뉴턴의 근대 역학

1   Alan Sokal & Jean Bricmont, *Fashionable Nonsense* (New York: Picador, 1999), 72.

이론 사이에는 서로 연결될 수 없는 단절이 있다고 진단했으며 이러한 단절을 공약 불가능성(incommensurabilty)이라고 불렀다.[2] 그는 아리스토텔레스의 이론을 뒷받침하는 패러다임에서 뉴턴의 근대 역학 이론이 태동된 패러다임으로의 변환은 연속적이고 점진적인 발전 단계를 통해 이루어낸 성과가 아니라, 마치 정치적인 혁명을 통해 일순간에 기존의 체제가 붕괴되고 새로운 정권이 들어서듯이 급격한 단절을 통한 불연속적인 성격을 갖는다고 진단했다. 그리고 그는 과학자 집단이 이전 패러다임을 버리고 새로운 패러다임으로 넘어가는 것을 마치 종교적인 개종과 유사한 것으로 비유했다. 과거의 패러다임에 근거한 과학 이론은 새로운 패러다임에 근거한 과학 이론에서는 아무런 영향력을 발휘할 수 없는 무용지물이 된다는 것을 논파했던 것이다.

쿤은 과학사에서 여러 예들을 찾아 패러다임 이론을 논증했다. 앞서 언급했듯이 아리스토텔레스에서 뉴턴의 역학 이론으로의 전환, 뉴턴의 역학 이론에서 현대 물리학의 상대성 이론으로의 전환, 그리고 천동설에서 지동설로의 전환 등이 쿤이 제시했던 한 패러다임에서 다른 패러다임으로 넘어가는 대표적 예들이다.

창조과학회는 토머스 쿤의 패러다임 이론을 어떻게 사용할까? 창조과학회는 현재 과학계를 지배하는 패러다임은 기본적으로 무신론적·세속적 패러다임이라고 주장한다. 따라서 창조과학회는 무신론적·세속적 패러다임에서 태동한 현대 과학은 필연적으로 무신론적·세속적일 수밖에 없다고 주장한다. 이 무신론적·세속적인 패러다임을 창조과학회 식으로

---

2   이상욱 외 3인, 『과학으로 생각한다』(서울: 동아시아, 2007), 220.

표현하면, 그것은 "진화론적 패러다임"[3]이다. 생물학의 생명 진화론은 물론이고, 45억 년 지구를 설명하는 지질학, 138억 년 우주를 설명하는 빅뱅 이론 등 성경의 문자적 표현과 다른 자연에 대한 이해를 제공하는 모든 현대 과학의 성과는 창조과학회 입장에서 볼때는 진화론적 패러다임에 불과하다. 하지만 이런 태도는 제반 과학 분과들에 대한 자의적 왜곡 및 모욕이다. 왜냐하면 지질학, 지구 물리학, 해양학, 천문학 등 과학 분야의 제 학문들이 독립적인 존립 근거도 갖추지 못하고 생물학의 한 분야인 진화론에 종속된다는 것을 의미하기 때문이다.

이들은 "아우구스티누스, 카이퍼, 도예베르트 등과 같은 개혁주의 신학자들을 통해 이어져온 창조, 타락, 구속이라는 성경적 세계관"[4]으로 중무장한 새로운 과학적 패러다임이 정립되어야만 한다고 주장하고 있으며 그것이 바로 창조과학이라고 목소리를 높인다. 이들은 창조과학으로의 패러다임 전환이 일어난다면 정상 과학을 뒷받침하는 그릇된 패러다임, 즉 진화론적 패러다임에서 태동된 오래된 지구를 설명하는 현대 지질학이나, 오래된 우주를 설명하는 빅뱅 이론, 그리고 생명의 기원과 다양성을 설명하는 생물학의 진화론 등은 당연히 폐기될 수밖에 없으며, 창조과학회에서 주장하는 성경의 문자적인 표현에 근거한 6천 년짜리 우주 및 지구설과 홍수지질학 등이 받아들여질 것이라고 주장한다.

따라서 창조과학과 관련된 서적들을 살펴본다면 유난히 패러다임이나 세계관을 강조하고 있음을 쉽게 발견할 수 있다. 그들의 주장에 의하

---

3   이재만, 『노아 홍수 콘서트』(서울: 두란노, 2010), 199 이하를 참조하라.
4   김무현, 『성경적 세계관 세우기』(서울: 말씀과만남, 2005), 31-33.

면 현대 지질학, 천문학, 생명 진화론 등은 그릇된 패러다임 위에 정립되어 있다. 그러므로 창조과학회는 이러한 그릇된 패러다임을 폐기하고 올바른 패러다임 위에서 정립된 창조과학이 받아들여져야 한다고 주장한다. 그런데 이 주장에 따른다면 정상 과학이냐, 창조과학이냐의 선택의 문제는 기실 과학의 문제가 아니다. 과학 이론이란 것이 단지 세계관에 의거한 패러다임의 문제이기 때문에 정상 과학을 받아들이냐, 창조과학을 받아들이냐는 전적으로 어떤 패러다임을 선택할 것인지의 문제로 둔갑해버린다. 하지만 과학의 문제가 과연 패러다임을 취사선택하는 것만의 문제일까? 우리가 현대 과학 이론을 받아들이는 이유는 그것이 인류에게 꼭 필요한 편익을 제공하고, 난치병과 불치병을 치료하는 등 인간의 삶의 질을 향상시키는 데 이바지하기 때문이다. 그렇다면 문자주의라는 교조적 경직성을 바탕으로 한 패러다임 위에 구축된 창조과학이 과연 이런 역할을 감당할 수 있을까? 유감스럽게도 창조과학은 결코 이러한 소임을 수행할 수 없다.

이 우주가 영적인 것과 육적인 것, 혹은 성스러운 것과 세속적인 것, 혹은 초월적인 것과 물질적인 것으로 나뉜 채 이 두 실체가 동등한 힘을 가지고 싸우는 전쟁터라고 설명하는 이원론적 사고의 그릇된 점에 대해서는 본회퍼가 그의 저서인 『윤리학』에서 잘 설명하고 있다. 우리가 세계를 상반되는 두 실체가 대립하고 있는 곳으로 인식한다면 당연히 우리는 그중 하나를 버리고 다른 하나를 선택할 수밖에 없다.[5] 이런 선택을 강요받는다면, 우리는 삶의 한쪽 영역은 포기할 수밖에 없고, 예수 그리스

---

5   Dietrich Bonhoeffer, *Ethics* (New York: Touchstone, 1995), 194.

도를 통해 우리 삶의 전 영역을 통치하시는 하나님의 현실(The Reality of God)에 온전히 참여할 수 없다. 따라서 진화론은 무신론적이고 타락한 세계관에서 나왔기 때문에 거부해야 하며, 그리스도인들은 반드시 기독교적 세계관에서 발원한 창조과학을 선택해야 한다는 창조과학회의 패러다임론은 신앙을 앞세워 객관적인 자연 현상에 대한 이해마저도 바꿀 수 있다는 이원론적인 사고를 보여주는 것이다.

혹시 독자들 가운데는 한국교회 안에 만연한 창조과학의 영향 때문에 기독인 과학자들 대다수가 생물 진화를 반대하고 지구와 우주의 나이가 젊다는 것에 동의하고 있으며 무신론적인 세계관 위에 건설된 세속 과학에 맞서 싸우는 십자군 전쟁을 수행하고 있을 것이라고 생각할지도 모르겠다. 하지만 앞서 언급한 것과 같은 극단적인 이원론 위에 구축된 젊은 지구론 계열의 창조과학을 주장하는 과학자들은 극소수에 불과하다. 무신론 과학자로서 스탠퍼드 대학교의 물리학과 교수인 레너드 서스킨드의 이야기를 인용해본다.

교수님은 신을 믿습니까? 내 대답은 간단했다. 아뇨, 나는 신을 믿지 않습니다. 하지만 내 수많은 친구들―저명한 과학자들―은 지적인 존재가 창조에 관여한 것이 틀림없다고 믿습니다. 그런 다음에 나는 한 마디를 보냈다. 하지만 우리 모두는 똑같은 방식으로 과학을 합니다. 우리 모두는 과학이 힘닿는 한 자연적 메커니즘으로 세상을 설명하려는 시도라는 데에 동의합니다.[6]

---

6   John Brockman 엮음, 김명주 옮김, 『왜 종교는 과학이 되려 하는가』(서울: 바다, 2006), 49.

다시 쿤의 패러다임 이론으로 돌아가 보자. 쿤은 새로운 패러다임이 성공을 거두기 위해서는 기존의 패러다임보다 수리적인 우월성을 바탕으로 자연에 대해 훨씬 더 정확한 설명을 제공할 수 있어야 한다고 역설했다.[7]

패러다임 전환을 정치적 혁명이나 종교적인 개종의 비유를 들어서 설명했기에 쿤은 과학의 진보를 부정했다고 간주되기도 한다. 쿤이 주장하는 패러다임 전환이 비논리적이고 비합리적이라고 오해할 수 있는 소지가 있는 것은 사실이다. 하지만 쿤은 객관적인 과학의 진보 자체를 부정하지는 않았다. 그는 패러다임이 바뀐다면 "6천 년 지구" 혹은 "138억 년 빅뱅 이론", 이 둘 중 어떤 것이라도 다 맞을 수 있다라는 상대주의적 입장을 말하려고 했던 것이 아니다. 사실 쿤은 상대주의자라는 평가를 매우 싫어했고 따라서 『과학 혁명의 구조』의 새로운 판이 출간될 때마다 자신이 상대주의자라는 비판에 대한 반론을 새롭게 추가했다.

쿤은 과학의 진보가 어떠한 방향성을 가지고 점진적으로 이루어진다는 점은 부정했지만 새로운 패러다임에서 제공하는 정상 과학이 이전보다 자연을 더욱더 잘 설명할 수 있다는 점에서 과학의 진보를 설명한다. 즉 쿤은 과학의 진보는 어떠한 목적과 방향을 가지고 있지 않지만, 현재의 패러다임이 과거의 패러다임보다 더욱 정확한 수리적 정량성을 바탕으로 자연 현상에 대한 더욱 합리적인 설명력을 가지고 있음을 역설하는 점을 잊어서는 안 된다고 생각했다.[8] 따라서 젊은 지구론을 선택하느냐 정상 과학을 선택하느냐는 전적으로 패러다임의 문제라

---

7   Thomas Kuhn, 『과학혁명의 구조』(서울: 까치, 1999), 218-219.
8   Thomas Kuhn, 『과학혁명의 구조』 284.

는 창조과학회의 주장은 쿤의 패러다임론을 극단적으로 왜곡한 것이다. 더욱이 창조과학회는 자신들의 주장에 동의하지 않는 동료 그리스도인들을 세속적이고 진화론적인 세계관에 오염된, 믿음 없는 사람이라는 딱지를 붙여가며 자신들의 얼토당토않은 주장을 방어하고 있다. 이 장의 초두에서 언급했던 것처럼 사람들이 축구를 보는 눈이 바뀐다면 내가 호날두나 메시 같은 현존하는 최고 수준의 스타 선수보다 더 각광을 받는 축구 선수가 될 수 있다는 주장에 대해서 어떻게 생각하는가? 만일 내가 메시나 호날두를 능가하기 위해 축구 연습은 전혀 하지도 않으면서 단지 축구에 대한 패러다임을 바꾸기만 한다면 그들보다 뛰어난 평가를 받을 수 있다는 신념 하에 회사일도 제쳐놓고, 가정도 팽개치고 세계축구협회(FIFA) 본부가 있는 스위스 취리히에 가서 주야장천 축구 패러다임을 바꾸려는 로비만 한다면 어떻게 될 것 같은가? 나의 생계가 어려워지고 가정이 깨진다고? 왜 그렇게 생각하는가? 로비가 성공해서 축구 패러다임이 바뀐다면 나는 레알 마드리드나 바르셀로나 같은 세계적인 축구팀과 계약을 할 수가 있다. 연봉 200억 원에 5년만 계약해도 1천 억을 벌게된다. 이 돈이면 망가진 가정도 다시 회복할 뿐만 아니라 노후를 꽤 행복하게 살 수 있지 않을까? 물론 정상적인 이성을 가진 독자라면 나의 이런 주장을 받아들이지 않을 것이다.

메시가 더 훌륭한 선수냐, 호날두가 더 훌륭한 선수냐는 사람들이 축구를 보는 눈 혹은 한 시대를 주도하는 축구 전술에 대한 이해에 따라 조금씩 다를 것이다. 하지만 나를 메시나 호날두를 능가하는 축구 선수로 평가하는 것은 결코 패러다임의 문제가 될 수 없다. 지금까지 50년을 살면서 단 한 번도 제대로 된 축구 훈련을 받아본 적이 없는 나와 세계적인 축구 스타들은 축구 능력면에서 비교 자체가 될 수 없다. 과학 이론도 마찬가지다. 특정 과학 이론이 수용되는 이유는 우리가 자연계에서 경험하는 현상을 그것이 잘 설명하고 예측하기 때문이다. 제아무리 그럴싸한 이론이라 할지라도 우리가 자연계에서 경험하는 것과 모순되는 패러다임은 결코 수용될 수 없다.

과연 창조과학회가 기존의 정상 과학 이론을 넘어서는 결과를 도출해 내기 위해 피나는 노력을 하고 있을까? 전혀 그렇지 않다. 그들은 자연에 대한 효과적인 설명과 정확한 예측을 찾아내기보다는 단지 패러다임의 전환에만 열을 올리고 있지는 않은가! 치열하게 연구 활동을 하면서 세계적인 과학정론지에 논문을 제출하고 실력으로 승부를 하는 것이 아니라, 교회나 선교 단체에서 자신들의 말도 안 되는 주장만 강변하고 있지는 않은가! 이런 모습이야말로 1년 200억 원에 5년 계약이면 삶이 한 방에 해결된다는 망상을 가지고 스위스 취리히에서 로비 활동에만 올인하는, 위의 비유와 정확히 일치하는 모습이 아닐까?

창조과학회는 자신들을 가리켜 정상 과학계에서 핍박과 배척을 받는 순교자의 모습으로 즐겨 묘사한다. 그리고 자신들이 왜 배척을 받는가는 쿤의 패러다임론을 차용해 설명한다. 만약에 창조과학회가 토머스 쿤의 패러다임론에 입각해서 자신들의 이론을 변증하려면 자신들의 이론이 과연 기존의 과학 이론들보다 자연에 대해 더 정확한 설명과 예측을 제공할 수 있는가에 대한 통렬한 반성이 먼저 이루어져야 한다. 그렇지 않고 단지 패러다임 때문에 자신들의 이론이 받아들여지지 않는다는 식의 투정은 내가 세계적인 축구 선수들보다 더 축구를 잘한다고 억지 주장하는 것과 똑같은, 터무니없는 궤변이자 학문적 실패에 대한 궁색하기 그지없는

변명에 불과하다.[9]

9   내가 읽은 글 중에서 창조과학이 패러다임과 세계관에 유별나게 천착할 수밖에 없는
    이유를 가장 탁월하게 설명한 글은 약 10여 년 전, 서울대학교 물리천문학부의 윤성
    철 교수가 인터넷 상에 게재했던 글이다. 본 장도 윤성철 교수의 패러다임과 창조과학
    에 대한 해석을 많이 참고했다. 윤성철 교수의 글은 현재 인터넷에서 내려져 있고 책으
    로 출간되지도 않았다. 따라서 참고 자료로 소개할 수 없다는 점이 무척 아쉽다. 과학의
    취사선택이 결코 창조과학이 주장하는 것처럼 패러다임의 문제가 될 수 없다는 윤성철
    교수의 한 가지 비유를 소개하고자 한다. "화석의 기록을 보면서 진화론도 될 수 있고,
    6천 년 젊은 지구 이론도 될 수 있으니 당신 선택에 달렸소라고 말하는 것은 과학이 아
    니다. 생사의 문제를 놓고 고민하는 환자를 앞에 두고 인터페론을 먹든 청산가리를 먹
    든 암 치료에 도움이 될지 안 될지는 믿는 대로 될지어다라고 말한다면 그건 범죄 행위
    이지 과학이 아닌 것이다." 성경의 문자적 표현에 집착한 창조과학, 특히 젊은 지구론의
    왜곡된 자연 해석이 인류에게 유익을 줄 수 있는 가치를 만들어낼 수 없다는 것을 적절
    하게 설명해주고 있는 좋은 비유라고 생각한다. 이 책을 집필하는 중에 소중한 글을 다
    시 나에게 공유해주셨던 윤성철 교수께 이 지면을 빌려서 감사를 드린다.

6. 과학과 세계관

중세 유럽은 가톨릭의 억압 속에 인간의 이성적 활동이 탄압을 받던 지적 암흑기였다. 그리하여 고대 그리스의 철학과 자연 과학적 성취들이 완전히 명맥을 잃고 천 년 이상 사장되었다. 인류의 물리학사에 위대한 족적을 남겼던 학자들의 순위를 매긴다면 아마 아인슈타인과 아이작 뉴턴이 1, 2위를 다툴 것이다. 300년 전 시대에 살던 아이작 뉴턴이 타임머신을 타고 현대로 와서 현대 물리학회에 참석한다면 그는 아마 무슨 이야기들이 오고가는지 전혀 감을 잡을 수 없을 것이다. 또한 약 150여 년 전에 『종의 기원』을 썼던 찰스 다윈이 현대 세계로 온다면 요즈음 공부 좀 한다고 하는 고등학생들보다 오히려 생물학 지식이 떨어질 것이다. 따라서 천 년 이상의 시간에 걸쳐 인간의 이성과 학문적 성취들이 퇴보했다는 사실은 하루하루가 다르게 발전하는 지금 세상에 비춰볼 때 대단히 아깝기 그지없는 역사의 공백이라 할 수 있다.

　가톨릭의 위세에 눌려 가사 상태에 빠져 있던 인간의 이성적 활동이 다시 깨어나게 된 계기는 스콜라 철학을 통해서였다. 십자군 원정 실패 및 그로 인해 야기된 중세 유럽 사회의 가치관의 아노미 상태, 무소불위의 힘으로 중세 유럽 사회를 휘어잡았던 교황권의 실추 등 가톨릭 교회가 당면한 위기를 타개하기 위해 시작된 스콜라 철학에 대한 연구는 이성을 통해 신앙을 새롭게 정립하고자 했다. 스콜라 철학을 통해 유럽은 천 년의 세월을 뛰어넘어 고대 그리스의 고전과 인간 이성의 중요성에 관심을 갖기 시작했다.

　광장히 역설적으로 들릴지 모르겠지만 스콜라 철학자들에게 끼친 결정적인 영향력은 이슬람 세계에서 왔다. 아븐 시나(Avicenna)나 이븐 루시드(Averroes) 같은 이슬람 대철학자들의 그리스 고전 연구들, 특히 아리스토텔레스에 대한 연구 업적을 바탕으로 스콜라 철학이 전개되었다.[1] 근현대 인류 문명사를 이끌어왔다고 자타가 공인하는 서구 사회가 종교로부터의 결박에서 풀려나 한 단계 진일보한 문명을 만드는 데 있어 결정적인 계기가 다른 문명권, 그것도 지금은 서구인들이 자신들보다 한 수 아래라고 얕잡아보는 이슬람 문명권으로부터 주어졌다는 점은 시사하는 바가 매우 크다. 주지하듯이 이슬람은 기원후 7세기에 태동했다. 이슬람은 기독교보다 600년이나 더 늦게 창시되었다. 더욱 늦게 태동되었다는 점은 근대적인 합리성의 영향을 더 많이 받을 수밖에 없었음을 의미한다. 아라비아 사막에서 태동한 자그마한 종교 세력이 당대 최고 수준의 문명을 자랑하는 사산조 페르시아와 비잔틴 문명을 흡수하고, 더 나아가 인도 문명과 고구려의 유민이었던 당나라의 장군 고선지와 벌인 탈레스 전투에서 승리한 후 중국 문명까지 끌어안으며 독자적인 이슬람 문명으로 융합한

1　김용옥,『절차탁마 대기만성』(서울: 통나무, 1987), 167-169. 그리고 이희수,『이슬람학교 2』(서울: 청아, 2015), 94과『이슬람』(서울: 청아, 2015), 97을 각각 참조하라.

것은 이슬람이 가지고 있던 근대적 합리성을 잘 보여주는 예라고 할 수 있다.[2]

중세 서구 유럽이 기독교 신학의 속박 아래서 학문과 이성적 활동이 마비되었을 무렵, 이슬람 문명은 고대 그리스의 고전과 과학을 계승해 철학, 의학, 수학, 그리고 자연 과학 분야에서 더욱 찬란한 진전을 이뤄냈고 그 성과를 다시 유럽에 전해주면서 유럽이 천 년 동안이나 봉인됐던 역사의 한 페이지를 넘길 수 있는 전기를 마련해주었다.

오늘날 한국교회 안의 많은 신자가 이슬람 문명과 문화에 대해서 큰 거부감을 갖고 있다. 안타까운 것은 한국 기독교계에서 카카오톡 등을 통해 회람되는 이슬람 정보들은 상당수가 터무니없이 왜곡된 것이라는 점이다. 이슬람 세계가 야만적이고 호전적인 데다가 낙후되어 있다는 선입견은 서구 문명사에 영향을 끼쳤던 이슬람의 학문적인 성취와 그 성취를 가능케 할 수 있었던 합리성을 이해한다면 충분히 상쇄될 수 있다. 어쨌거나 위대한 이슬람 학자들의 학문적 성취가 없었다면 오늘날 이슬람이 16억 신도를 거느린 세계적인 종교로 발돋음할 수 없었을 것이다. 물론 요즈음 이슬람 세계의 모습이 전근대적으로 비치는 면이 없지 않다. 그렇지만 이러한 점들 역시 우리 스스로를 돌아볼 수 있게 해준다. 우리는 종교의 운동이 그 종교가 가지고 있는 고유한 장점을 거스르는 방향으로 전개되는 경우를 자주 경험한다. 고려 말의 불교가 번뇌를 극복하고 열반을 성취하는 고유의 모습을 상실하고 권력에 빌붙어 타락한 사실이나 조선시대의 유교가 수기치인(修己治人)의 모습을 상실하고 사변적으로만 심화

---

2   이희수, 『이슬람 학교 1』(서울: 청아, 2015), 90-97.

되는 자가당착에서 헤어나지 못하면서 구한말의 혼란을 초래한 모습들은 지나간 우리 역사 속에서 찾아볼 수 있는 종교의 퇴행성과 관련한 생생한 예들일 것이다. 따라서 우리 기독교 역시 본연의 모습과 역할을 잃어버리고 퇴행으로 치닫지 않기 위해 각별히 조심해야 할 것이다.

17세기 들어 데카르트와 갈릴레이 그리고 뉴턴으로 이어지는 근대 과학혁명이 태동할 수 있었던 까닭은 바로 스콜라 철학에 의한 충분한 정지 작업이 있었기 때문이다. 스콜라 철학을 통해 서구 세계는 종교의 테두리에서 벗어나서 인간 이성의 재발견이라는 거대한 변혁을 경험할 수 있었고, 이로 인해 창의적인 과학적 연구가 이루어질 수 있었던 것이다.[3]

근대 과학 혁명에서 태동한 과학적 성과는 과학의 영역에만 국한되지 않았다. 서구 사람들은 과학의 진보를 통해서 세상을 바라보는 시각 자체를 송두리째 바꾸어버렸다. 이제 자연에 관한 경이감은 사라졌고 자연을 기계로 인식하기 시작했다. 자연을 기계로 인식했다는 것이 서구 사회에 어떤 변화를 가져왔을까? 자신이 사용하는 기계와 인격적 관계를 맺는 사람은 없을 것이다. 예컨대 영어권에서는 자동차나 보트 같은 기계류를 지칭할 때 여성 대명사(she)를 사용하기도 한다. 이렇듯 사람들이 자신이 사용하는 기계를 아끼고 의인화하는 경우는 종종 있을 수 있다. 하지만 어떤 이가 자신이 가지고 있는 기계가 너무 좋아서 인간과 똑같이 취급하는 경우를 본다면 느낌이 어떨까? 만일 자신이 소유한 자동차를 지나치게 의인화해서 사람 대하듯 하는 이가 있다고 가정해보자. 그는 인간에게 하듯 항상 자동차에게 말을 건넨다. 차를 세차할 때 마치 아기 목욕

---

3   Alfred North Whitehead, 오영환 옮김, 『과학과 근대세계』(서울: 서광사, 2008), 34.

시키듯이 조심스럽고 정성스럽게 세차한다. 겨울밤에는 행여 추울까봐 따뜻한 난방이 켜진 차고에 이부자리를 펴놓고서 그 위에 차를 주차한 다음 베개를 괴어주고 담요를 덮어준다. 게다가 잘자라고 자장가까지 불러준다. 우리는 그런 사람을 정상인 취급을 하기 어려울 것이다. 생명으로 가득 찬 자연에 대한 외경심이 없어지고 자연을 기계로 인식하게 된 근대 과학 혁명을 통해 서구인들은 자연을 기계처럼 착취할 수 있는 근거를 마련했다. 이로써 근대 과학 혁명 이후 서구 세계, 더 나아가 우리 인류가 자행했던 광범위한 자연에 대한 착취와 파괴가 합리화되어버렸다.[4]

또한 기계는 우리가 그 구동 원리를 이해하기만 한다면 그것이 미래에 어떻게 작동할지 충분히 계산해낼 수 있다. 그러므로 자연을 기계로서 이해한다는 것은 자연이 구동되는 원리에 충분한 데이터를 집어넣기만 한다면 미래에 어떤 일이 벌어질지를 예측해낼 수 있다는 낙관적 결정론을 사람들에게 제공했음을 의미한다. 17세기 과학 혁명 이후에 나타난 이러한 성향의 세계관을 우리는 기계적 결정론[5]이라고 부른다.

이 기계적 결정론의 세계관에서 바라보는 세상은 모든 일들이 인과율의 법칙에 의해 결정된다. 아인슈타인은 과학이 단지 확률적 지식밖에는 파악할 수 없다는 것을 증명한 양자 역학에 대해 "신은 주사위 놀음을 하지 않는다"라고 탄식했다. 이 유명한 탄식은 정량적인 인과율이 모든 것을 지배하는 기계적 결정론의 세계관을 잘 표현하고 있다. 이러한 세계관에 매몰된 사람들에게는 정량적인 인과율에서 벗어난 사건들은 결코 일

---

4   김균진, 『기독교 신학 1』(서울: 새물결플러스, 2014), 181.
5   기계적 결정론에 대한 상세한 설명은 윤동철, 『새로운 무신론자들과의 대화』(서울: 새물결플러스, 2014), 223-225을 참조하라.

어나면 안 된다. 왜냐하면 기계가 구동 원리에서 벗어나 오작동을 한다는 것은 엄청난 재앙을 초래할 수 있는 사건이기 때문이다. 이는 만약에 우리가 자동차를 주차하려고 후진 기어를 넣었는데 차가 갑자기 전진을 해버리면 큰 사고로 연결될 수 있는 것과 같은 이치다. 따라서 이 기계적 결정론 속에는 하나님의 기적이나 능동적인 개입을 통한 역사의 진행은 전혀 필요가 없는, 마치 기계가 인과율의 작동 원리에 의해서 굴러가는 것과 같은 차갑기 그지없는 세상만 존재할 수 있다.

그러므로 이 기계적 결정론은 결국에는 지극히 당연하게 과학적 무신론의 세계관으로 귀착되어버릴 수밖에 없었다. 옥스포드 대학교의 리처드 도킨스, 하버드 대학교의 에드워드 윌슨, 터프츠 대학교의 다니엘 데닛 같은 과학자들이 지금 우리 시대에 이러한 과학적 무신론을 이끌고 있는 세계적 지성들이다. 또한 스티븐 호킹도 2010년에 출간한 『위대한 설계』라는 저서를 통해서 이러한 과학적 무신론의 대열에 합류한다.[6]

지금까지 기계적 결정론과 과학적 무신론이라는 세계관이 형성된 역사적 과정을 간단히 훑어보았다. 여기서 우리가 주목해야 할 점이 하나 있다. 다음 둘 중에 과연 어느 것이 역사적 사실일까?

1. 과학적 이론이 세계관을 형성했을까?
2. 세계관의 변화가 새로운 과학적 이론을 만들어냈을까?

---

6 Stephen Hawking은 Leonard Mlodinow와 공동으로 저작한 『위대한 설계』(서울: 까치, 2011)에서 이러한 과학적인 결정론을 천명하고 있다(44 참조). 그리고 이러한 Hawking의 결정론적 입장은 우주는 자체의 법칙에 의해서 "자발적으로 창조"되었다는 무신론적 결론으로 끝을 맺는다(228 참조).

앞서 살펴보았듯이 기계적 결정론이나 과학적 무신론 같은 세계관 담론은 과학 이론의 정립을 통해서 전개되었다. 그런데 의외로 많은 그리스도인들이 이 점에 대해 오해한다. 그것은 바로 과학 이론이 세계관 담론 속에서 결정된다고 생각하는 것이다. 사실 우리는 빅뱅 이론이나 진화론이 무신론적 세계관에서 만들어졌다는 이야기를 교회에서 쉽게 들을 수 있다. 어떤 이들은, 찰스 다윈이 1859년에 출간한『종의 기원』에 담긴 진화론의 근간이 되는 적자 생존에 관한 영감을 토머스 맬서스가 1798년에 출간한『인구론』에서 얻었기 때문에 진화론은 과학이 될 수 없다라고 목소리를 높이기도 한다. 물론 진화론의 핵심 요소인 적자 생존 이론이 맬서스의『인구론』에서 영감을 얻었을 수도 있다. 하지만 이 적자 생존이 자연 세계의 모습을 잘 설명하지 못한다면 이것은 과학 이론으로서의 가치를 잃고 폐기 처분될 수밖에 없다. 과학사를 살펴본다면 자연의 모습을 잘 설명해내지 못해서 폐기된 과학 이론들이 무수히 많다는 것을 쉽게 확인할 수 있다. 그중 대표적인 것이 천동설이다. 천동설은 천수백 년 동안 우주의 모습을 설명해왔던 막강한 이론이었지만 관측 기술이 발달하는 것과 발맞추어 새롭게 발견된 자연의 모습을 설명하지 못해 폐기되었고 지동설로 대체되었다. 이런 천동설의 폐기와 지동설의 정립은 가톨릭이 지배했던 중세 정치 질서에도 지대한 영향을 끼쳤다. 그렇다고 해서 과학자들이 정치적인 영향력을 행사하기 위해 이 이론을 만들어냈던 것은 결코 아니었다. 과학자들은 단지 자연의 모습을 더 잘 설명하고 미래에 벌어질 현상을 더 잘 예측할 수 있는 과학 이론을 연구한 것이다. 하지만 이 과학 이론은 결국 정치와 사회 체제에 거대한 변혁을 일으켰다.

성경의 문자적 해석에 천착하는 일부 기독교인들의 주장과는 달리 빅뱅 이론이나 진화론은 무신론적 세계관에서 출발한 것이 아니다. 백번 양보해서 세계관 같은 이데올로기 담론에서 힌트를 얻었다손 치더라도 그 이론들이 자연의 모습을 잘 설명해내지 못하고 또 자연 현상에 대해 정확한 예측을 제공하지 못한다면 그 이론들은 진작에 폐기되었을 것이다. 어떤 과학 이론이 과학자들 사이에서 받아들여진다는 것은 현재 그 이론이 자연의 모습을 가장 잘 설명해주고 있음을 의미한다.

아인슈타인의 일반 상대성 이론 중 장 방정식(Field Equation)이라는 공식이 있다. 이 장 방정식의 결론은 시공간의 팽창을 이야기한다. 1929년 에드윈 허블이 우주 팽창의 증거를 발견하기 훨씬 전에 이미 일반 상대성 이론은 우주 팽창을 예견했다. 우리는 이 일반 상대성 이론의 장 방정식을 이용한 기기를 우리의 일상에서 손쉽게 볼 수 있다. 바로 우리가 항상 들고 다니는 휴대 전화나 자동차에 장착되어 있는 내비게이션 시스템이다. 내비게이션 시스템은 인공위성과의 교신을 통해서 현재 위치를 파악하고 목적지를 알려주는 역할을 한다. 하지만 인공위성과 우리가 발 딛고 서 있는 지구와의 중력 차이, 그리고 빠른 속도로 움직이고 있는 인공위성의 운동에 의해서 시간과 공간은 미세하게 왜곡되어 있다. 지상의 내비게이션 시스템과 교신하는 GPS 인공위성의 고도는 약 20,100km 상공에 위치하고 있다. 이 위치에서는 지표면의 중력보다 약한 중력이 작용하므로 시간이 빠르게 흐른다. 구체적으로 하루에 약 100만 분의 45초 정도 시간이 빠르게 흐르는 것이다. 또한 빠른 속도로 운동하는 물체는 시간이 늦게 흐르는데, 시간당 14,000km, 즉 초당 3.8km로 이동하고 있는 GPS 인공위성에서의 시간 지연 효과는 하루에 약 100만 분의 7초 정도에 이른다.

따라서 GPS 인공위성에서는 하루에 100만 분의 45초의 시간 선행 효과와 100만 분의 7초의 시간 지연 효과가 일어나고 있는 것이다. 결국 인공위성에서 시간은 내비게이션을 사용하는 지표면보다 매일 100만 분의 38초만큼 시간이 빠르게 흐른다. 이 100만 분의 38초의 시간은 극히 작기 때문에 무시해도 된다고 생각할 수 있다. 하지만 이 극미한 시간 선행 효과가 지표면 상의 거리로 환산되면 그 정도는 생각보다 더 크다. 그 거리 오차는 무려 11km가 넘는다. 하루에 11km 이상의 누적 거리 오차를 발생시키는 내비게이션은 당연히 무용지물일 뿐이다. 이러한 문제투성이 내비게이션을 휴대하고 설악산 대청봉을 등반하려는 등반객은 내비게이션 오작동으로 조난 사고를 당할 수도 있다. 대청봉에 오르기 위해 하루 종일 산을 올랐던 등반객은 내비게이션이 가르쳐주는 대로 가파른 울산바위 절벽을 대청봉으로 알고 등반하다가 추락사할 수도 있다.

이런 비극이 일어나지 않도록 내비게이션 시스템은 이 오차를 항상 보정해주어야 한다. 그리고 그 보정 작업은 바로 상대성 이론의 장 방정식에 의해 이루어지는 것이다.[7] 결국 빅뱅 현상을 예견한 과학 이론은 우리의 일상생활 속에서 유용하게 사용되고 있다. 따라서 성경의 문자적 해석에 집착해서 빅뱅 이론을 부정하는 이들은 단지 우주가 138억 년 되었다는 우주의 나이만 부정하는 것으로 끝나는 문제가 아니라는 점을 유념해야 한다. 이런 태도는 인류의 삶에 큰 기여를 하고 있는 무수한 과학 이론들을 부정해야만 논리적인 일관성을 갖게 되는, 문제가 많은 태도에 불

---

7   Brian Greene, 박병철 옮김, 『멀티 유니버스』(서울: 김영사, 2012), 37. Greene은 같은 곳에서 장 방정식에 의한 내비게이션의 보정을 소개하고 있다.

과하다.

앞서 살펴보았듯이 세계관에서 과학 이론이 태동하는 것이 아니다. 오히려 그 반대, 곧 과학 이론에서 세계관이 태동한다.[8] 리처드 도킨스 같은 강성 무신론자는 자신의 전공인 생물학의 진화론을 이용해서 무신론적 세계관을 변증하고 있다. 스티븐 호킹 같은 물리학자는 빅뱅 이론 같은 물리학 이론을 자신의 무신론적 신념을 뒷받침하는 데 사용하고 있다. 이렇듯 과학 이론인 빅뱅 이론이나 진화론을 이용해서 무신론적인 신념을 강화할뿐더러 세계관 체계로 발전시키려는 시도는 매우 흔하다. 알리스터 맥그래스도 『자연신학』이라는 저서를 통해 이 점을 지적하고 있다. 따라서 과학 이론이 무신론적이라고 비판하는 것은 잘못된 지적이며, 마치 허공에 주먹을 휘두르면서 있지도 않은 허깨비를 공격하는 것과 같다.

현대 과학이 무신론적 세계관을 뒷받침하는 도구로 사용될 수 있고 또 사용되는 것도 사실이다. 그렇다면 이와 관련해서 그리스도인들이 어떤 태도를 취하는 것이 지혜로운 것일까? 분명한 것은 현대 과학 자체를 부정하고 폐기하기 위해 투쟁하는 것은 현명한 대응이라고 할 수 없다는 점이다. 과학이 제공하는 문명의 혜택을 누리며 사는 현대인들은 이러한 문명의 이기를 포기하고 원시적 상태의 옛날로 돌아갈 수 없다. 예들 들면 40대 초반에 고혈압 증상을 보인 이들조차 혈압 약만 꾸준히 복용하면 기대 수명을 70세, 80세, 90세 이상까지도 연장할 수 있다. 하지만 그들이 과학 이론을 거부하고 이러한 편익들을 포기한다면 40대 후반에 사망할

---

8   Alister E. McGrath, 박세혁 옮김, 『과학신학』(서울: IVP, 2011), 226에는 이러한 이론에서 세계관이 나온다는 도식을 보여준다. 이론에서 세계관이 형성되는 구체적인 과정의 언급은 없이 단순한 도식만 보여준다는 점은 다소 아쉽다.

확률이 증가한다. 건강을 잘 관리하면 수명을 30년, 40년 이상 연장할 수 있는데도, 현대 과학이 무신론적 세계관을 뒷받침하고 있기 때문에 하루 속히 폐기되어야 한다면서 건강을 내팽개칠 사람은 없을 것이다. 그리스 도인들은 더 늦기 전에 현대 과학이 무신론적 세계관에서 출발한다는 허상에서 벗어나야 한다. 오히려 현대 과학을 과학적 유물주의 같은 왜곡된 세계관 속에서 건져내어 이 세상과 이웃을 위해 선하게 사용할 수 있는 지혜를 찾는 것, 그것이야말로 이 시대를 살아가는 그리스도인들이 가져야 할 바른 태도임에 분명하다.

7. 달이란 밤하늘에 떠 있는 치즈 덩어리다

캄캄한 밤하늘을 은은하게 비추고 있는 달, 그 모양이 날짜에 따라 시시각각 변하며 때로는 시야에서 사라지기도 하는 달은 예로부터 인류에게 신비스러움과 경외감을 불러일으키는 대상이었다. 달은 성적 상징성에 의한 고대인들의 노골적인 생산 숭배 신앙에서부터 어린아이들이 즐겨 듣던 토끼가 방아 찧는 이야기까지 다양한 형태로 인류의 종교심과 상상력을 자극했다. 달은 과연 어떤 물질로 이루어져 있을까?

973g의 무게를 지닌 월석 10017은 아폴로 11호가 달표면에서 채취한 암석 중 가장 부피가 큰 샘플이다. 다양한 성분으로 구성된 월석 10017에 대해 충격파 속도를 측정한 결과 1.84km/sec이라는 측정값을 얻었다. 지구 상에 있는 다른 물질들에 대해서도 충격파 속도를 측정해보았다. 미국산 뮌스터 치즈의 경우는 충격파 속도가 1.65km/sec라는 값이 나왔다. 구멍이 송송 뚫려 있는 스위스의 에멘탈 치즈는 1.72km/sec, 딱딱한 영국의 체다 치즈는 1.75km/sec, 말캉말캉한 이탈리아의 프로볼로네 치즈는 1.75km/sec라는 값이 측정됐다. 염소젖을 발효시킨 달달한 노르웨이산 예토스트 치즈의 탄성파는 1.83km/sec로 측정됐다. 따라서 우리는 다

음과 같은 과학적 결론을 내릴 수가 있다. "달의 성분은 다양한 치즈로 구성되어 있고, 그중에서 노르웨이산 예토스트 치즈가 다량으로 함유되어 있는 것이 분명하다."[1]

달의 성분이 다양한 치즈이고, 그중에서도 노르웨이산 예토스트 치즈가 가장 많이 함유되어 있다는 주장은 충격파 속도 측정 결과에는 부합할 수 있다. 그렇다고 해서 이 달-치즈 이론이 과연 맞는 것일까? 당연히 아니다. 달-치즈 이론으로는 달의 다른 특징들을 전혀 설명해낼 수가 없기 때문이다. 치즈처럼 으스러지지 않고 수많은 운석과의 충돌을 견디어낸 흔적이 있는 달의 표면 상태, 그리고 입당 m당 3.3t에 이르는 달의 밀도는 치즈의 밀도에 비하면 3배 이상 크다. 또한 달의 공전 특성, 자기장, 태양빛 반사 특성 등은 달이 결코 치즈로 이루어지지 않았다는 사실을 보여준다. 물론 이런 간접 분석 외에 직접 월석 10017을 상대로 화학적 조성 분석을 해본 결과, 월석 10017은 휘석 및 사장석 그리고 티탄 철석을 주성분으로 하는 현무암 계열의 암석, 즉 돌이라는 것이 밝혀졌으며, 이러한 결론은 달이 하늘에 떠 있는 동그란 형태의 치즈 덩어리가 아니라는 것을 명명백백하게 알려준다. 올바른 과학 이론은 특정한 한두 가지 현상만 간신히 설명하면 안 된다. 관찰되는 모든 현상을 일관성 있게 설명해야만 과학 이론으로서 가치가 있다.

---

1   Ian Plimer, *A Short History of Planet Earth* (Sydney: ABC, 2002), 41. 「뉴스앤조이」의 황윤관 목사님의 기고문에서도 Ian Plimer의 *A Short History of Planet Earth*를 소개하고 있다. ⟨http://www.newsnjoy.or.kr/news/articleView.html?idxno=35115⟩ 「뉴스앤조이」에 게재된 황윤관 목사님의 연재 글은 신앙과 과학의 관계에 대해 균형 잡힌 시각을 제시하고 있다. 독자들에게 일독을 권한다.

그랜드 캐니언 탐사는 내가 거주하는 로스앤젤레스 지역에서 상당히 인기 있는 창조과학회의 현장 답사 프로그램이다. 미국에 사는 교포뿐만 아니라 한국에서도 많은 사람이 이 프로그램에 참여한다. 지난 5-6백만 년에 걸친 침식작용에 의해서 드러난, 지구 역사의 삼분지 일을 훌쩍 넘는 18억 4천만 년 전부터 2억 7천만 년 전에 이르는 장구한 세월이 빚어낸 지층들을 낱낱이 보여주는 그랜드 캐니언은 심원한 지구 역사를 통해 빚어진 가장 웅장한 작품이라고 할 수 있다.

　　이러한 그랜드 캐니언이 4천 년 전 노아 홍수 때 한순간에 만들어졌으며 이것이야말로 하나님의 무서운 심판을 증명할 수 있는 지형이라고 주장하는 일은 우리를 아연실색하게 만든다. 그랜드 캐니언을 구성하는 지질학적 특성 중 한두 가지 정도는 노아 홍수 모델로 설명될 수 있을 것이다. 그러나 노아 홍수 모델은 그랜드 캐니언의 모든 지질학적 특성을 종합적이고 일관성 있게 설명하지 못한다. 그랜드 캐니언이라는 특정 지역의 지질학적 특성조차 제대로 설명하지 못하는 노아 홍수 모델이 전세계에 다양하게 분포되어 있는 지층과 지형들을 제대로 설명할 수 없다는 것은 너무도 자명한 일이다.

　　지구 상에 존재하는 암석은 화성암, 변성암, 퇴적암 단 세 종류뿐이다. 이 중 창조과학회에서 유별나게 집착하는 것은 퇴적암이다. 물론 퇴적암이야 홍수의 퇴적 작용으로 형성되는 암석이므로 창조과학회는 노아 홍수 모델을 증명하는 데 밀접한 관련이 있다고 생각해 퇴적암에 큰 관심을 두는 것이 당연하다. 하지만 화성암과 변성암에 대한 창조과학회의 언급은 상대적으로 많지 않다. 그 이유는 화성암과 변성암은 지구 역사가 창조과학회에서 주장하는 수천 년과는 비교할 수 없이 오래됐다는 것을 분명하게 보여주기 때문이다.[2] 따라서 방사선 연대 측정법을 비판하는 경우를 제외하고 창조과학회에서 화성암과 변성암을 언급하는 경우는 많지 않다. 물론 그랜드 캐니언 답사 프로그램 이외에 거대한 화성암으로 이루어진 요세미티 국립공원에 가서 노아 홍수 이후 빙하 시대의 흔적을 찾는다고 하는 창조과학회의 빙하 시대 답사 프로그램도 있다. 그렇지만 잘못된 설명으로 퇴적암의 생성 연대를 왜곡한다면 당연히 화성암과 변성암의 생성 연대도 터무니 없이 젊게 왜곡 못할리는 없을 것이다.

어쨌거나 창조과학회에서 논점을 더 집중해서 관심을 보이는 암석은 노아 홍수에 의해서 생성되었다고 주장하는 퇴적암이고, 그랜드 캐니언의 경우도 노아 홍수에 의한 퇴적암층의 형성 과정에 논제의 초점이 맞추어져 있으며, 협곡 가장 아래쪽에서 기반을 이루는 화성암과 변성암층에 대해서는 "창조 때의 땅인 기반암은 이미 단단해진 상태"라고만 간단하게 언급하고 있을 뿐이지, 이 기반암층의 형성 과정에 대한 자세한 설명을 찾아보기는 힘들다.[3] 즉 창조과학회가 주창하는 "성서 지질학"에 의하면 이 땅은 홍수 이전 땅이므로 화석이 존재할 수 없다.

화석을 발견하기가 어렵다는 것은 맞는 말이다. 1,000도가 넘는 마그마에 의해서 형성된 화성암에는 식물이나 동물의 사체가 들어갔다 한들 모조리 타버리고 말지 화석화 현상이 진행될 턱이 없다. 또한 퇴적암이나 화성암이 고온과 고압의 변성 작용에 의해 생성된 변성암 속에서도 화석을 발견하기란 어렵다. 변성 작용을 받기 전 모암이 화석을 포함하고 있

2   Davis Young & Ralph Stearley, *Bible, Rocks and Time* (Downers Grove: IVP, 2008), 312-313.
3   이재만, 『노아 홍수 콘서트』(서울: 두란노, 2010), 191.

었다 할지라도 암석의 성질이 바뀌는 변성 작용 동안 암석에 포함된 화석은 파괴되기 때문이다.

이렇듯 그랜드 캐니언의 기반암층에서 화석이 발견되지 않는다는 주장은 창조과학회나 주류 지질학회나 동일하다. 하지만 그 이유를 설명하는 과학적 해석은 서로 다르다. 주류 지질학계는 화성암과 변성암의 생성 특징을 통해 화석이 없는 이유를 설명한다. 그들은 앞서 언급했던 자연주의적 방법을 사용한다. 자연주의적 방법은 초월적인 존재의 개입을 배제하고 자연계에 존재하고 있는 인과 관계에 의해서 자연을 해석한다. 한편 창조과학회의 자연 해석에는 초월자인 하나님이 개입되어 있다. 창조과학회 측은 순수히 자연계에 존재하는 인과 관계로만 자연을 해석하지 않는다.

과학 활동을 하면서 초월자의 존재를 배제하는 것은 과학이 무신론을 기반으로 하고 있기 때문이 아니다. 과학 활동을 수행하는 과학자들도 얼마든지 신앙을 가질 수가 있고 또한 기독교 신앙을 가진 신실한 과학자들이 과학계에서 많은 족적을 남기는 것도 사실이다. 그럼에도 이런 독실한 과학자들조차 과학적 탐구 활동을 진행하는 동안 하나님의 기적이나 섭리를 배제하는 이유는 과학 규칙 자체가 자연에 존재하는 인과 관계를 찾아내는 데 있기 때문이다. 과학자가 가지고 있는 신앙이나 세계관적인 신념에 의해서 그 인과 관계의 근원을 하나님이라고 고백하던지, 아니면 신은 없다고 여기던지, 이러한 부분들은 과학을 규정하는 경계 밖에 존재하는 것이지 과학의 영역에 속하는 것이 아니다. 여기서 『노아 홍수 콘서트』라는 극단적인 젊은 지구론을 주장하는 책의 일부를 인용한다.

동일한 땅을 바라보며 과거를 해석하려는 두 종류의 지질학자가 있다. 한 사람은 혼자서 어떻게든 알아보려고 하는 지질학자다. 그들은 뚜렷한 차이를 보이는 현상을 보고 시생대, 원생대, 현생대라는 이름을 붙여놓았다. 하지만 왜 그런 모양을 하고 있는지는 알지 못한다. 다른 사람은 거기에 계셨던 증인을 만났고 그분에게 물어본다. 그분이 계시하신 책을 갖고 있으며 그 책에 대한 믿음이 있다. 그는 너무나 선명하게 알 수 있다. 첫째 날의 땅, 셋째 날의 땅, 홍수 때의 땅!

마태복음 7:24-27에는 예수께서 말씀하신 반석과 모래 위에 지은 집에 관한 비유가 나와 있다. 이 비유에는 반석 위에 지은 집은 견고하지만 모래 위에 지은 집은 비와 창수와 바람에 쉽게 무너지고 만다는 준엄한 경고가 담겨 있다. 그 당시 모래 위에 지은 집이란 최악의 기초 조건 위에 지은 집이었을 것이다. 하지만 토목 공학 기술이 발달한 오늘날 모래 지반은 토목 엔지니어들이 구조물을 축조하는 데 별 부담을 갖지 않아도 되는 조건이 되었다. 모래 지반은 비교적 개량이 용이하고, 빠른 시간에 개량할 수가 있으며, 또한 지지 말뚝뿐만 아니라 마찰 말뚝을 이용해서도 구조물을 지지할 수 있기 때문이다.

이에 반해 강가나 바닷가의 갯벌같이 미세한 흙 입자가 물을 잔뜩 머금은 진흙으로 조성된 지반은 현대의 첨단 토목 공학 기술로도 구조물을 축조하는 것이 만만치 않다. 해저 20m 깊이의 수심에 이르는 바닷속 진흙 지반을 매립해서 건설된 현대 토목 기술의 총화인 일본의 간사이 공항 역시 개항된 지 20년이 넘은 지금도 계속되는 침하로 인해 유지 보수가 큰 문제가 되고 있다.

성경의 무오성을 철석같이 믿고 있는 신실한 토목 공학자가 있다고 하자. 그는 하나님의 독생자이신 예수께서 전지전능하시며 따라서 세상의 모든 지식을 알고 계시는 분이라고 굳게 믿고 있다. 그러던 어느 날 그는 마태복음을 통독하던 중 7장에 있는 예수님의 "반석 위에 지은 집, 모래 위에 지은 집" 비유에서 눈길이 멎는다. 특히 7:26의 "나의 이 말을 듣고 행하지 아니하는 자는 그 집을 모래 위에 지은 어리석은 사람 같으리니"에서 눈을 뗄 수 없었다. 그는 생각한다.

전지전능하신 예수님이 왜 진흙이 아닌 모래 위에 집 짓는 것을 어리석다고 하셨을까? 왜 사해의 질척질척한 머드(진흙, mud)가 아닌 모래를 예로 드신 걸까? 필경 하나님의 아들이시니 모르는 것도 없으셨을 테고, 더더군다나 직업도 목수셨으니 나와는 동종 업계 분인 만큼 집이나 구조물 기초에 대해서도 잘 아시고 계셨을 텐데…

그는 곰곰이 본문을 묵상하는 중에 예수께서 진흙을 예로 드시지 않고 모래를 예로 드신 것은 분명히 진흙보다 모래가 더 나쁜 기초 조건임이 분명하다고 확신했다. 그래서 그가 "성서 토목 공학"이라는 새로운 패러다임의 토목 공학을 주창하고 기존의 토목 공학자들이 가지고 있는 진흙이 최악의 기초 조건이라는 생각은 틀린 것이고 모래가 진흙보다 더 나쁘다며 전 세계적으로 해마다 수천수만 건의 프로젝트 시공을 통해서 확고하게 증명되는 이론이 잘못됐다고 목소리를 높인다면, 그는 과연 학계와 건설업계에서 어떤 취급을 받게 될까? 앞서 인용했던 『노아 홍수 콘서트』를 패러디해본다.

동일한 지반을 바라보며 기초를 해석하려는 두 종류의 토목 공학자가 있다. 한 사람은 혼자서 어떻게든 알아보려고 하는 토목 공학자다. 그들은 뚜렷한 차이를 보이는 지반을 분류하려고, 통일 분류법, AASHTO 분류법, 삼각 분류법이라는 것을 고안했다. 하지만 그는 왜 모래가 진흙보다 나쁜 기초 지반인지 알지 못한다. 다른 사람은 모든 것을 알고 계신 전지전능한 분을 만났고 그분에게 물어본다. 그는 그분이 계시하신 책을 갖고 있고 그 책에 대한 믿음이 있다. 그는 너무나 선명하게 알 수 있다. 예수가 "비가 내리고 창수가 나고 바람이 불어 그 집에 부딪치매 무너져 그 무너짐이"(마 7:27)라고 말씀하셨지,…역시 모래가 최악의 기초 지반이군!

혹시 독자들 가운데 집을 건축할 계획이 있다면 과연 이런 엔지니어에게 설계를 맡길 수 있겠는가? "성서 토목 공학"이 난센스라고 생각하는 독자들은 "성서 지질학"이란 말도 당연히 어불성설이라고 생각할 것이다. 왜냐하면 독실한 기독교 신앙을 가지고 있는 지질학자이건, 불교 신앙을 가진 지질학자이건, 힌두교 신앙을 가진 지질학자이건, 이슬람 지질학자이건, 신은 존재하지 않는다는 신념으로 똘똘 뭉쳐 있는 무신론 지질학자이건 그들 모두가 동일한 학문적인 깊이를 가지고 있다면 지각의 구조와 형성 과정을 해석해내는 객관적인 설명의 깊이와 폭은 크게 다르지 않을 것이기 때문이다. 만약 종교적 신앙이나 신념에 의해 과학적 해석이 얼토당토않게 달라진다면 우리는 "성서 지질학", "반야심경 지질학", "힌두 우파니샤드 지질학", "코란 지질학", "무신론 지질학" 등이 치열하게 각축을 벌이는 세상을 살아가고 있을 것이다. 이렇듯 과학이 고유한 경계를 넘어서 개개인의 신앙과 신념에 의해 이리저리 굴절돼버린다면 인류는 결코 자연의 객관적인 모습을 이해할 수 없을 것이다. 창조과학회의 바람대로 이런 세상이 도래한다면 그리스도인들이 창세기에 기록된 "땅을 정복하고 다스리라"는 하나님의 명령을 어떻게 수행할 수 있을까? 과학은 인류가 땅, 즉 자연을 정복하고 다스리라는 하나님의 지상 명령을 수행하는 데 가장 강력한 힘을 발현하는 실체이기 때문이다.

성서 토목 공학이란 존재하지 않는다. 단지 토목 공학이 있을 뿐이다. 성서 지질학도 없다. 단지 지질학이 있을 뿐이다. 하나님께서 천지를 창조하실 때 장치해두신 법칙에 의한 인과 관계 속에서 파악되는 범위 안에 있는 자연의 모습을 단지 성경의 문자적인 표현과 일치하지 않는다는 이유로 거부한다는 것은 하나님의 창조의 경륜을 받아들이지 않는 행위가 되어버릴 것이다. 비록 의도하지 않았다고 해도 말이다.

성경의 문자적 표현에 천착해서 자연의 모습을 객관적으로 파악하지 못하는 것만이 창조과학이 가지고 있는 문제점의 전부가 아니다. 자정 능력이라는 면에서 본다면 이제부터 소개하는 요소가 더 심각한 문제점이 될 수 있다. 대륙 이동설을 처음 제창했던 독일의 기상학자 알프레드 베게너(Alfred Wegener)의 예를 통해서 창조과학이 가진 더욱 중차대한 문제점을 살펴보자.

1912년 기상학자인 베게너가 대륙 이동을 주장하는 논문을 발표했다. 베게너는 대륙의 해안선들이 서로 일치한다는 점, 그 해안선을 넘나들며 서로 다른 대륙에 퍼져 있는 동일한 화석을 통해서 현재 지구 상에 존재하는 대륙들이 과거에는 하나의 대륙으로 연결되었다고 주장했다. 과연 세간의 반응은 어떠했을까? 베게너는 어마어마한 비웃음을 듣게 된다. 어떤 지질학자도 그의 이론을 지지하지 않았다.

하지만 그는 좌절하지 않고 연구를 거듭해서 1915년『대륙과 해양의 기원』(*Die Entstehung der Kontinente und Ozeane*, 나남 역간)이라는 저서를 출간한다. 하지만 그의 이론은 여전히 받아들여지지 않았다. 당시에는 거대한 대륙을 움직일 수 있는 에너지가 어떻게 생성되는지에 대한 이해가 사람들에게 전혀 없었기 때문이었다.

그럼에도 베게너는 연구를 게을리하지 않았다. 지질학계에서 새로운 이론이 태동할 때마다 그 이론이 자신의 대륙 이동 가설과 어떻게 연관될 수 있는지를 끊임없이 연구했다. 그는『대륙과 해양의 기원』1919년, 1928년, 그리고 1929년의 개정판에서 최신 지질학 성과를 통해 대륙 이동을 증명하기 위해 노력했다.[4] 마지막 개정판을 출간한 이듬해인 1930년에 그린란드 탐사를 떠난 베게너는 조난을 당해 목숨을 잃는다. 그는 결국 자신의 학설인 대륙 이동설이 지질학계에서 인정받는 것을 생전에 목도할 수 없었다.

현재는 베게너가 최초로 제안했던 대륙 이동이 사실임이 증명되었고 학계에서 확고하게 인정받고 있다. 베게너는 자신의 이론이 배척받는 중에도 결코 지질학계와의 대화를 중단하려고 하지 않았다. 그는 지질학계에서 새롭게 등장하는 논문과 연구 성과를 공부해서 자신의 이론의 부족한 점을 보완하려고 했고, 그렇게 해서 더욱 다듬어진 이론은 정상적인 절차를 통해 지질학회에서 논의될 수 있도록 했다. 베게너가 일생 동안 극심한 비난에 시달리면서도 결코 언론을 통해서 자신의 이론에 대한 바람몰이를 하는 것과 같은 편법을 부리지 않고 항상 학문적 절차를 고수했다는

---

4 이지유,『처음 읽는 지구의 역사』(서울: 휴머니스트, 2015), 181.

점은 학자로서 그의 성실함과 위대함을 보여주는 예라고 할 수 있다.

공인된 학문적 절차에 의한 과학 활동을 하지 않고 교회에서 각종 세미나 및 강좌, 때로는 현장 탐사 여행을 통한 여론몰이에만 몰두하는 창조과학회는 이 점을 반성해야 한다. 창조과학회 측에서는 기존의 정상 과학이 자신들의 주장에 전혀 귀를 기울이지 않고 논문을 제출해도 과학 저널에 게재해주지 않는다고 주장한다. 정말 그런가? 1981년 미국 아칸소주에서 있었던 창조 대 진화 재판 당시 보고된 바에 의하면 주요 과학저널 68개에 3년 동안 게재를 신청한 논문 13만 5천여 편 중에서 창조과학을 지지하는 원고의 수는 불과 18편에 불과했으며 그 18편의 논문 중 13편은 순수 과학이 아닌 과학 교육 저널에 기고된 원고였기 때문에 순수 과학 분야에서 창조과학을 지지하는 논문은 단지 5편에 불과했다.[5] 18편의 논문은 전부 게재가 거부되었는데 그 이유는 기존 과학계의 편파적 시각 때문이 아니었다는 것이 재판 과정에서 밝혀졌다. 그 논문들은 학문적 가치가 부족해서 저널에 게재되지 못했다. 다소 오래된 자료이긴 하지만 지금도 창조과학회 측은 그때와 비교하여 조금도 나아지지 않고 있다. 그들은 여전히 정상적인 절차와 방법을 통해 과학계 내에서 과학 활동을 수행하는 것이 아니라 교회 안의 비전문가들을 대상으로 한 각종 세미나와 강좌를 통해 "세 불리기"에만 혈안이 되어 있다.

베게너의 경우처럼 시초에는 큰 배척을 받았던 과학 이론이 꾸준한 연구와 정상적인 통로를 거쳐서 마침내 그 가치를 인정받은 경우를 찾아보는 것은 어렵지 않다. 지구에서 관측되는, 우주에서 날아오는 별빛은

---

5   Ronald L. Numbers, 신준호 옮김, 『창조론자들』(서울: 새물결플러스, 2015), 632.

대기를 통과해 지구 표면에 설치된 망원경 같은 관측 장비에 잡힌다. 하지만 지상에 있는 관측 장비는 별빛을 온전히 잡아내지 못한다. 지구 대기를 통과하는 별빛의 X선, 감마선, 자외선 등이 대기 중에서 흡수되거나 산란당하기 때문에 단지 전파 영역과 가시광선 정도만이 관측 장비에 잡힌다. 게다가 이러한 관측조차 악천후나 먼지 같은 지구 일기에 의해 제한받는다.

그래서 나사(NASA)는 대기의 영향을 받지 않는 우주공간에 대형 망원경을 띄워놓고 우주를 관측하고 있다. 나사의 대형 망원경 프로그램(Great Observatories Program)이라고 불리는 이 프로그램은 지구 궤도 상에 총 4개의 우주 망원경을 설치해서 우주를 관측하고 있다. 눈에 보이는 영역인 가시광선을 관측하는 허블 우주 망원경, 적외선 즉 열을 관측하는 스피처 우주 망원경, 감마선을 관측하는 콤튼 우주 망원경, 그리고 X선을 관측하는 찬드라 우주 망원경이 바로 그것들이다.

이중 찬드라 망원경은 천문학자인 수브라마니안 찬드라세카르(Subrah-manyan Chandrasekhar)의 이름을 딴 것이다. 인도 출신의 위대한 천문학자인 찬드라세카르는 1930년 별이 어떻게 일생을 마감하는가에 대한 계산에 성공한다. 이 계산에 따르면 태양 질량의 1.44배 이하인 별은 중성자별이나 블랙홀로 나아가지 못하고 백색 왜성으로 일생을 마감한다. 약관 20살의 젊은이가 영국 케임브리지 대학교에 유학가기 위해 인도에서 배를 타고 영국으로 향하는 18일 동안 해낸 이 위대한 계산은 현재는 찬드라세카르 한계(Chandrasekhar Limit)라 불리며 별의 질량과 최후의 관계에 관한 중요한 이론이지만 발표 당시에는 전혀 받아들여지지 않았다.

특히 1919년 개기 일식 때 빛이 중력에 의해서 휘어지는 현상을 관측해낸 아서 에딩턴 같은 과학계의 거장으로부터 공격을 받고 나서 20대 초반의 찬드라세카르는 크게 상심했다. 하지만 그는 꾸준히 연구를 계속했고 그의 이론은 과학계의 지지를 점점 더 많이 받게 되었으며 1930년대 말에는 에딩턴을 제외한 거의 모든 천문학계 종사자들이 그의 이론에 동의했다.

찬드라세카르는 미국 위스콘신 주에 있는 여키스(Yerkes) 천문대에서 근무할 당시 시카고 대학교(University of Chicago)로부터 물리학과 대학원생을 대상으로 한 강의를 맡아줄 것을 요청받았다. 단 두 명의 박사과정 학생만 수강 신청한 것을 파악한 시카고 대학교가 폐강할 것을 그에게 권유했지만 찬드라세카르는 편도 160km 길을 손수 자동차를 몰고 오가며 두 명의 학생을 놓고 강의했다. 그 두 명의 학생이 바로 1957년 노벨 물리학상 수상자인 "리정다오"와 "양첸닝"이라는 것은 물리학계에서 잘 알려진 일화다. 찬드라세카르 자신도 마침내 "찬드라세카르 한계" 이론을 통해서 1983년에 노벨 물리학상을 받는 영예를 얻는다.

이처럼 정상적인 과학적 절차에 의거해 과학계 안에서 의사소통을 하며 자신의 이론을 검증받는 것은 너무도 당연하다. 하지만 창조과학회는 결코 과학계 내에서 자신들의 이론을 검증받으려고 노력하지 않는다. 축구 선수가 자신의 기량을 인정받을 수 있는 곳은 오직 경기가 벌어지는 그라운드밖에는 없다. 유명한 피아니스트가 자신의 음악적 역량을 인정받는 곳이 콘서트홀 외에 다른 어떤 곳이 있을까? 또한 런웨이가 아니라면 세계적인 패션 모델이 어디서 자신의 가치를 인정받을 수 있겠는가?

과학도 마찬가지다. 모름지기 과학이 그 세부 전공과 관련된 전문가 집단의 검증 없이 그 이론의 타당성을 확인받을 수 있는 길은 없다. 독자들은 어떻게 생각하는가?

8. 법칙과 이론

독자들이 후크라는 이름을 듣게 된다면 아마 피터팬에 나오는 해적 선장 후크를 떠올릴지 모르겠다. 하지만 문학적 감수성보다는 숫자와 공식에 빠져 살아가는 이공계 출신들에게 후크란 이름은 피터팬의 후크 선장(Captain Hook)보다 17세기 영국의 물리학자인 로버트 후크(Robert Hooke)가 더 친근할 것이다. 그중에서도 기계 공학이나 토목 공학을 업으로 삼은 이들은 탄성 이론과 관련된 후크의 법칙을 잘 알고 있으리라. 후크의 법칙이 생소하신 분들을 위해서 공식을 인용해보겠다.

$$F = kx$$

일반인은 물리학 공식이라는 소리만 접해도 굉장히 복잡하고 골치 아플 것 같다고 생각할 수 있지만 후크의 법칙은 매우 간단하다. 저 공식을 우리의 일상 언어로 번역하면 그 의미는 더욱 간단하다. 위의 후크의 공식이 의미하는 바는 "물체는 당기면 늘어난다"이다. 물론 "당기면 늘어난다"를 "탄성체의 변형량은 탄성 한계 안에서는 물체에 가해진 힘과 비례

한다"라고 더 고급스럽게 표현할 수도 있지만 그 뜻은 동일하다.

과학에는 여러 유명한 법칙이 있다. 후크의 법칙은 이공계와 무관한 이들에게는 조금 생소한 법칙일지도 모르겠다. 그럼 많은 사람이 익히 아는 유명한 과학 법칙들에는 어떤 것이 있을까? 물리학에서 뉴턴의 만유인력의 법칙은 모르는 사람이 거의 없는 가장 유명한 과학 법칙 중 하나다. 1687년 『프린키피아』(Principia, 교우사 역간)라는 저서를 통해 세상에 나온 이 법칙은 물체가 가지고 있는 질량과 중력과의 관계를 명확하게 밝혀냈다. 초속 30km의 빠른 속도로 태양 주위를 공전하고 있는 지구에서 인간이 튕겨 나가지 않도록 붙들어주는 이 중력이라는 힘은 두 물체의 질량에 비례해서 커지고 두 물체 사이의 거리의 제곱에 반비례해서 작아지는 성질을 가지고 있다.

뉴턴의 만유인력 법칙은 자연에 대한 이해를 심화시킨 것을 넘어서 인류의 세계관이 기계적 결정론¹으로 바뀌는 데 큰 역할을 수행했다. 기계적 결정론이라는 것은 우주와 자연을 일종의 기계로 인식하는 것이다. 기계의 구동 원리를 이해한다면 그 기계가 미래에 어떻게 작동할지 충분히 계산할 수 있다. 우주 및 자연을 기계로 인식한다는 것도 이와 같다. 자연을 설명하는 과학 법칙 속에 충분한 데이터를 넣어서 계산한다면 미래에

---

1 기계적 결정론이 인류 역사에 긍정적인 역할만 했던 것은 아니다. 이러한 세계관을 통해서 자연에 대한 탈주술화가 가속되고 인간의 삶을 위해서 자연을 이용할 수 있는 이성과 과학의 진보를 이룩할 수 있었다. 하지만 자연을 기계로 인식한다는 것은 심각한 문제를 야기했다. 자신이 사용하는 기계와 인격적인 관계를 맺고 있는 사람은 없다. 따라서 근대 이후 자연에 대한 극단적인 착취와 파괴는 이 기계적인 자연관을 통해서 정당화되었던 것이다. Alfred North Whitehead, 오영환 옮김, 『과학과 근대세계』(서울: 서광사, 2008), 94-95; 그리고 김균진, 『기독교 신학 1』(서울: 새물결플러스, 2014), 181을 참조하라.

어떤 일이 벌어질지 충분히 파악할 수 있다는 것이 바로 이 기계적 결정론이다. 이렇듯 만유인력의 법칙의 발견은 자연에 대한 인간의 이해뿐만 아니라 세계관마저 뒤바꾸어놓은 엄청난 사건이었다.

만유인력의 법칙이 과학 법칙 중에서 가장 잘 알려진 것이라면, 우리가 과학 이론이라고 부르는 것들 중에는 어떤 것들이 유명할까? 아마도 아인슈타인의 상대성 이론이 가장 지명도가 높은 과학 이론일 것이다. 아인슈타인의 상대성 이론은 뉴턴의 만유인력의 법칙 못지않게 유명하며 또 인류에게 엄청난 영향을 끼쳤다. 최초의 핵폭탄 개발도 바로 이 이론을 바탕으로 이루어졌고, 우주의 팽창에 대한 최초의 예견도 이 상대성 이론 방정식에서 나왔다. 2016년도 과학계의 핫이슈는 뭐니뭐니해도 중력파의 검출일 것이다. 그런데 이 중력파의 존재 역시 상대성 이론을 통해 약 100여 년 전에 예견된 것이었다. 그렇다면 뉴턴의 만유인력의 법칙과 견주어 조금도 부족함이 없는 아인슈타인의 상대성 이론은 왜 법칙이라는 이름으로 불리지 않고 이론이라는 초라한 명칭을 지니고 있을까?

어떤 사람들은 그 이유를 다음과 같이 설명한다.

법칙은 확고하게 증명된 사실이고 이론은 아직 뭔가 부족하기 때문에 향후에 더 상세히 연구되고 보완되어 그 부족한 부분이 메워지고 확고한 사실로 입증되면 법칙화된다. 따라서 뉴턴의 만유인력의 법칙은 확고한 사실로서 어떤 경우에도 변함이 없으므로 법칙이란 이름을 얻었지만, 아인슈타인의 상대성 이론은 아직 검증되지 않은 부분들이 있으므로 법칙이란 명칭을 얻지 못하고 이론의 단계에 머무르고 있다.

창조과학에 경도되어 있는 그리스도인 중에는 상대성 이론이 성경의 문자적인 표현과는 다른 오래된 우주의 기원에 관한 설명과 밀접한 관계가 있기 때문에 이러한 생각을 더욱 강하게 주장한다.

결론부터 이야기하자면, 과학에서 법칙과 이론은 아무런 차이가 없다. 뉴턴의 만유인력의 법칙은 어떤 경우에도 불변하는 확고한 사실이 아니다. 만유인력의 법칙은 우리가 살고 있는 이 지구, 더 넓게는 태양계처럼 중력이 그다지 강하지 않은 곳에서는 잘 작동한다. 하지만 우리가 우주선을 타고 영화 "인터스텔라"에 나왔던 블랙홀인 "가르강튀아"처럼 거대 중력의 영향권 근처로 접근한다면, 거기에 가까이 다가갈수록 만유인력의 법칙은 서서히 오작동이 발생하면서 나중에는 아예 작동하지 못하는 무용지물이 된다. 사실 만유인력의 법칙이 오작동하는 사례는 비록 아주 미세한 값이지만 우리 태양계 내에서도 찾아볼 수 있다. 수성은 태양과 가장 가까운 행성이다. 따라서 수성은 태양의 거대 중력을 가장 강하게 받고 있다. 뉴턴의 만유인력의 법칙으로 계산한 수성의 공전 궤도와 실제로 관측한 수성의 공전 궤도에는 미세한 차이가 있다.[2] 수십 년 동안 과학자들에게는 이 문제가 지대한 골칫거리이자 수수께끼였다. 심지어는 "태양과 수성 사이에 발견되지 않은 미지의 행성이 존재해서 수성의 공전 궤도에 영향을 주는 것이 아닐까?"라고 생각하는 학자들도 있었다. 하지만 이 수성의 공전 궤도를 아인슈타인의 상대성 이론으로 계산하면 실제 관측

---

2 Brian Greene, 박병철 옮김, 『멀티 유니버스』(서울: 김영사, 2012), 36-37에는 수성의 근일점 이동 및 다른 상대성 이론의 실제 관측 결과들을 소개하고 있다. 그리고 Stephen Hawking, *A Brief History of Time* (New York: Bantam, 1996), 17 및 40-41에도 수성의 근일점 이동에 대한 설명이 나와 있다.

한 결과와 일치한다.

물론 뉴턴의 만유인력의 법칙은 지금도 광범위하게 사용되고 있다. 사과나무에서 떨어지는 사과의 낙하 운동에서부터, 지구를 도는 인공위성들의 궤도의 움직임도 척척 계산하고, 지구와 다른 행성들의 공전 궤도 또한 정확히 계산한다. 하지만 태양과 가까운 수성의 공전 궤도에서 미세한 오차를 발생시키는 사례와 같이, 이 법칙은 중력이 강해지면 강해질수록 서서히 오작동이 발생하며 블랙홀 근처와 같은 거대 중력 하에서는 전혀 작동하지 못한다.

하지만 아인슈타인에 의해서 정립된 상대성 이론은 뉴턴의 만유인력의 법칙이 가지고 있던 한계를 극복해내고 거대 중력의 영향 하에서도 작동이 가능한, 즉 더 극단적인 환경의 우주에서도 광범위하게 사용될 수 있는 자연에 관한 포괄적인 이해의 틀을 인류에게 제공하고 있다. 따라서 "이론은 법칙의 하위 단계로서 그것이 더욱 발전되면 법칙이 된다"라고 말하는 것은 과학에 대한 무지와 오해에서 비롯된 것이다. 굳이 과학에서 법칙과 이론과의 차이를 구분하자면, 법칙은 한가지 양상에 대한 설명을 제공하는 반면 이론은 추론, 검증된 가설 및 법칙 등 다양한 명제들을 포함한 더욱 포괄적인 설명 체계라는 점이다.[3]

특히 이러한 법칙과 이론이 상·하위 종속 개념이라는 오해는 진화론에서 더더욱 맹위를 떨치고 있다. "진화론은 확고하게 검증된 법칙이 아니라 단지 이론에 불과할 뿐이다. 진화론도 이론일 뿐이고 창조론도 이론

---

3 전미과학교육센터(National Center for Science Education)의 설명을 사용했다. http://ncse.com/evolution/education/definitions-fact-theory-law-scientific-work

인데, 그리스도인은 성경에 기반한 이론을 선택해야 하지 않겠는가!"라는 이야기를 우리는 심심치 않게 듣곤 한다. 『한 권으로 배우는 신학교』라는 책에 아빌린 기독교 대학의 역사학 교수인 알리 후버가 "하나님의 존재 증명"이라는 제목으로 기고한 글의 한 구절을 다음과 같이 인용한다.

> 소진화는 확인할 수 있고 검증이 가능하며 따라서 문제되지 않는다. 대진화
> 는 확인할 수 없고 **이론일 뿐이며** 따라서 논쟁의 대상이다.[4]

이 문장은 지금까지 설명했던 과학 이론에 대한 오해를 잘 표현하고 있다. 이런 식의 오해는 과학 시대를 살아가는 사람들이 교회에 등을 돌리게 만들 뿐이다. 진화론은 분명히 과학 이론이다. 자연에 관한 특정한 설명이 이론이나 법칙으로 정립이 되려면 얼마나 혹독한 검증 절차를 거쳐야 하는지 과학에 문외한인 사람들은 상상이 잘 안 갈 것이다. 모든 과학 이론이나 법칙은 엄청나게 복잡하고 철저한 검증 절차를 거치며, 사실상 하나님께서 이 세상을 창조하신 경륜과 섭리에 대한 인류의 지혜와 통찰을 담고 있다. 나아가 만유인력의 법칙과 상대성 이론의 예에서 볼 수 있듯이, 과학 이론들은 훨씬 더 자연을 잘 설명하는 이론이나 법칙이 나타나면 그 자리를 넘겨주고 과학사의 뒷장으로 사라진다. 따라서 특정한 과학 이론이나 법칙이 영원히 변치 않는 만고불변의 진리는 아니다. 그것은 자연에 대해 더 나은 이해가 나타날 때까지 한시적으로 받아들여지는 제한적 성격을 가지고 있다.

---

4   David Horton 편집, 전의우 옮김, 『한 권으로 배우는 신학교』(서울: 규장, 2012), 382.

창조론은 결코 과학 이론이 될 수 없다. 왜냐하면 하나님의 우주 창조는 만고불변의 진리이자 우리의 신앙고백이기 때문이다. 따라서 창조론은 한시적이고 제한적인 성격을 갖는 과학 이론이 될 수가 없다. 또한 하나님의 초월적인 창조를 정량적인 과학의 법칙과 이론에 담아낸다는 것은 어불성설이다. 창조과학으로 대변되는 이러한 과학적 창조론은, 현대 과학이 성경의 문자적인 표현과 다른 자연에 대한 이해를 제공하는 현대 과학을 비틀어서 억지로라도 성경의 문자적 표현에 부합하게 만들려는 강박에 사로잡혀 있는 것이다. 이것은 언뜻 보기에는 매우 신앙적인 것 같아 보이지만, 실은 성경과 복음의 능력에 대한 믿음이 결여되어 있는 것이라고 할 수 있다. 결국 성경과 복음의 능력에 대한 확신이 결여된 빈자리를 이러한 퇴행적인 사이비 과학이 파고드는 것은 심각한 문제가 아닐 수 없다. 즉 성경이 하나님의 말씀이 되려면 성경 그 자체뿐만 아니라 다른 무언가의 힘이 더 필요하다고 생각하기 때문에 하나님의 말씀으로서 성경의 경전성을 현대 과학의 힘을 빌려서 확보하려는 웃지 못할 촌극이 벌어진 것이다.

9. 김연아 선수의 연기와 엔트로피

1970-80년대 서울과 같은 대도시에서 학창 시절을 보낸 이들이 여름 방학 때 놀러갈 수 있는 최고의 장소는 아마 시골에 있는 본가 내지는 외갓집이 아니었을까 싶다. 시골에 계신 할아버지, 할머니를 뵙고 몇 주 동안 즐거운 시간을 보내는 것은 그 당시 방학을 보내는 학생들에게 줄 수 있는 가장 큰 선물이었을 것이다. 초가지붕이 주를 이루던 시골의 저녁 풍경은 정말 푸근하고 아늑했다. 땅거미가 서서히 지기 시작하는 저녁 무렵이면 초가지붕 사이로 솟구친 굴뚝에선 밥 짓는 연기가 모락모락 피어오르기 시작한다. 장작 타는 냄새와 뜸드는 밥의 구수한 내음이 섞여 마을 어귀까지 퍼져나간다. 그러면 집으로 돌아와 할머니가 차려주신 저녁상을 뚝딱 해치우고 아직 여름 저녁 해가 떨어지지 않은 밖으로 다시 나간다. 그리고 뒷산에 올라가 어슴푸레 어둠이 덮이기 시작하는 마을의 초가지붕 사이로 솟은 굴뚝을 본다면 어떤 변화를 찾아볼 수 있을까? 밥 지을 때 모락모락 올라오던 연기는 어느덧 서늘해진 공기 속으로 흩어져서 이윽고 흔적도 남아 있지 않은 것을 쉽게 확인할 수 있다.

엔트로피 법칙, 혹은 열역학 제2법칙을 설명하기 위해 다소 에둘러왔다. 앞서 묘사한 것처럼 연기가 굴뚝에서 모락모락 올라온 다음 공기 중으로 흩어져 사라지는 현상이 바로 엔트로피 법칙[1]의 생생한 예다. 엔트로피 법칙은 창조과학회측에서 진화에 대한 강력한 반대 증거로 사용하고 있다. 엔트로피 법칙 때문에 진화가 불가능하다는 주장은 미국 창조연구소(Institute for Creation Research, ICR)의 설립자인 헨리 모리스에 의해서 제기되었다. 그렇다면 진화론을 한 방에 때려눕힐 수 있다고 주장하는 엔트로피 법칙이 의미하는 것은 무엇일까?

엔트로피 법칙 또는 열역학 제2법칙으로 불리는 이 법칙은 열 에너지를 가진 분자들이 무작위로 확산되는 것을 설명한다. 따라서 분자들은 한 곳에서 질서 정연하게 정렬된 상태로 모여 있기보다는 무질서하게 퍼져나가기 마련이며 또한 그렇게 퍼져나가면서 가지고 있던 열에너지를 전파한다.[2] 따라서 열은 반드시 높은 곳에서 낮은 곳으로 흐른다. 즉 엔트로피 법칙은 분자의 확산과 열에너지의 이동에 관련된 과학 법칙이다. 질서 정연하게 모여 있던 분자들이 무질서하게 흩어지는 현상과, 이러한 현상이 일어날 때 분자들이 가지고 있는 열에너지도 흩어지는 분자들을 따라서 골고루 전파되기 때문에 열이 높은 곳에서 낮은 곳으로 흐르는 현상을 "엔트로피가 증가한다"라고 표현한다. 엔트로피의 증가는 자연 상태에서 매우 흔하게 찾아볼 수 있다. 맑은 물에 잉크 한 방울을 떨어뜨리면 잉크

---

1 엔트로피를 비가역적인(사용할 수 없는) 에너지의 함수로 이해하는 고전 역학적 접근은 널리 알려져 있다. 정보 이론에 입각한 현대적 의미의 엔트로피에 대한 이해는 Brian Greene, 『멀티 유니버스』, 384-390을 참조하라.
2 이러한 분자의 대류에 의한 열 전달 외에도 복사에 의한 열 전달, 그리고 고체의 경우는 전도에 의한 열 전달도 존재하지만 궁극적으로는 모든 종류의 열 전달은 엔트로피를 증가시킨다.

가 물 속으로 확산되는 것이라든지, 펄펄 끓는 찌개를 식탁 위에 놓아두면 찌개가 서서히 식으면서 주변 온도와 똑같아지는 것들이 일상에서 접할 수 있는 엔트로피 증가의 사례들이다.

엔트로피가 감소한다는 것은 반대 현상을 의미한다. 이것은 무질서하게 펴져 있는 분자들이 질서 정연하게 모여드는 현상을 뜻한다. 아시다시피 이런 현상은 자연 상태에서 발생할 확률이 대단히 낮다. 카페라떼 위에 하얀 우유로 그린 예쁜 하트 모양은 커피 잔이 조금만 흔들려도 번져서 커피와 섞인다. 질서 정연했던 하트 모양의 우유는 커피 잔이 흔들림에 따라 커피와 섞이면서 무질서인 엔트로피가 높아진 것이다. 이 상태에서 커피 속으로 완전히 스며든 우유 분자들이 무작위로 운동하면서 다시 예쁜 하트 모양을 만들어내는, 즉 엔트로피가 낮아지는 현상이 벌어질 수 있을까? 자연 상태에서는 거의 불가능하다.

창조과학회에서는 무작위로 확산되어야 하는 분자들이 결합해서 복잡한 화합물이 만들어지고, 이러한 화합물들이 또 결합되어 더더욱 복잡한 구조의 고분자 화합물이 만들어져, 종국에는 생명 현상이 가능한, 정교하기 이를 데 없는 복잡한 분자 기계가 생성된다는 것은 항상 증가해야 하는 엔트로피 법칙을 위반하는 불가능한 일이라고 주장한다.

뜬금없을 수 있지만 잠깐 화제를 전환해서 김연아 선수에 대해 이야기해보자. 김연아 선수를 보면 정말 대단하다는 생각밖에 안 든다. 대부분의 진보나 발전은 주로 연속적인 흐름 속에서 전개되는데, 어떻게 저런 불연속적인 도약을 혼자만의 힘으로 이루어냈는지 경이롭기까지 하다. 비록 김연아 선수가 소치 동계 올림픽에선 석연치 않은 판정으로 은메달에 그친 아쉬움이 깊게 남아 있지만, 그녀가 세계 피겨 스케이팅 역사에서 확고한 여왕의 반열에 오르게 된 밴쿠버 동계 올림픽에서의 환상적인 연기가 자아냈던 감동은 아직도 생생하기만 하다. 나는 밴쿠버 동계 올림픽을 미국의 NBC 방송국의 중계를 통해 시청했는데, 당시 피겨 해설 위원이었던 산드라 베직(Sandra Bazic)이 김연아 선수의 프리 스케이팅을 중계하면서 진심으로 감격해서 소리치던 말을 지금도 선명하게 기억한다. "오! 정말 영광이네요. 이건 제가 본 최고의 올림픽 연기입니다."

밴쿠버 올림픽에서 김연아 선수는 228.56점이라는 놀라운 점수로 금메달을 차지했다. 그럼 여기서 한 가지 재밌는 생각을 해보자. 김연아 선수가 228.56점이라는 완벽한 연기를 펼치려면 어떤 조건이 필요할까? 만약 이탈리아 여자 피겨 스케이팅 선수인 카롤리나 코스트너(Carolina Kostner)나 일본의 아사다 마오 같은 김연아 선수의 경쟁자들이 김연아 선수가 선율에 맞춰 연기하고 있는 링크를 들락날락 하면서 김연아 선수의 동선을 방해한다면, 과연 김연아 선수가 무결점의 완벽한 연기를 펼칠 수 있을까? 당연히 불가능할 것이다. 김연아 선수가 연기하는 동안 링크가 개방되어 다른 선수가 자유롭게 출입한다면 그녀는 무결점의 완벽한 연기를 펼칠 수 없다. 링크가 철저하게 차단된 상태에서 김연아 선수가 다른 선수들의 방해를 받지 않고 연기해야만 그런 세계적 점수가 나올 수 있다. 즉 김연아 선수가 이상적인 연기를 하려면 링크는 김연아 선수 혼자만이 연기할 수 있는 조건이 갖추어져야 하고 다른 선수들에게는 개방되지 않고 철저하게 닫혀 있어야만 한다.

엔트로피의 법칙도 마찬가지다. 엔트로피 법칙이 이상적으로 작동하려면 그 시스템(계, 系)이 개방되어 있으면 안 되고 반드시 폐쇄되어 있어야만 한다. 시스템이 열려 있다는 의미는 외부에서 열에너지가 그 시스템

안으로 들어오거나 또는 시스템이 보유하고 있는 열에너지가 외부로 흘러나갈 수 있는 조건을 의미한다. 시스템이 열려 있어 열이 들락날락하는 가운데 외부와 열 교환이 이루어진다면 그 시스템 내에서 엔트로피 법칙은 이상적으로 작동하지 못한다. 열린 시스템에서는 외부로부터 받은 열에너지나 외부로 흘러나간 열에너지가 어지럽게 교차하면서 그 시스템 내에는 국부적으로 엔트로피가 감소하는 현상이 곳곳에서 발생할 수 있다. 그렇다면 진화가 이루어지는 무대인 지구라는 시스템은 어떠할까? 과연 지구는 열린 시스템일까, 닫힌 시스템일까?

주지하다시피 지구는 열린 시스템이다. 지구는 태양으로부터 지속적으로 어마어마한 에너지를 공급받고 있다. 또한 지구는 복사를 통해 우주 공간에 막대한 에너지를 방출하고 있다. 따라서 지구는 폐쇄 시스템이 아니라 무한한 열 교환이 외부 세계와 자유롭게 일어나는 열린 시스템이며, 시스템 내부에서 엔트로피의 변화는 헤아릴 수 없이 복잡하고 역동적으로 벌어지고 있다. 남극과 같은 극지방과 열사의 사막 지역을 비교해보면 엔트로피 감소의 예를 극명하게 깨달을 수 있다. 남극지방의 온도는 겨울에 영하 50도 이하로 내려간다. 하지만 내가 사는 캘리포니아의 데스 밸리(Death Valley) 사막 지역의 여름 수은주는 영상 섭씨 50도가 넘어가기도 하고 이란의 루트 사막은 2005년 섭씨 70.6도를 기록하여 세계에서 가장 더운 곳으로 선정되었다.

그러므로 우리가 사는 지구라는 행성에서 장소에 따라 120도 이상의 편차가 나타나는 것은 지역적으로 어마어마한 엔트로피 감소가 발생할 수 있다는 것을 극명하게 보여주는 예라고 할 수 있다. 또한 같은 장소라도 고도에 따라 온도의 차이가 나타나는 예도 쉽게 볼 수 있다. 만년설로

덮인 5,895m 높이의 킬리만자로 산 영봉 아래 위치한 사바나 지역에서 살아가는 동물들이 뜨거운 지열이 아지랑이처럼 올라오는 초원에서 풀을 뜯어먹는 사진은 같은 장소라도 고도에 따라 온도 차이가 있는, 즉 엔트로피가 감소한 현상을 보여주는 좋은 사례라고 할 수 있다.

김연아 선수가 이상적인 연기를 하려면 다른 선수들에게는 철저하게 폐쇄된 링크 위에서 홀로 연기해야 하듯이, 엔트로피 법칙이 이상적으로 작동하려면 그 배경이 되는 시스템이 외부와의 열 교환이 이루어져서는 안 되는 폐쇄 시스템이어야만 한다. 하지만 위의 예들에서 볼 수 있듯이 지구는 확실한 개방 시스템이다.

물론 지구가 개방 시스템이라고 할지라도 엔트로피의 부분적인 감소가 가역적인 에너지원을 만들어내고, 그 에너지를 동력삼아 어떤 특정한 공정(specialized process)이 진행되어 특화된 결과물(생명 현상이 가능한 고분자 화합물)이 생성될 수 있는 확률이 대단히 낮은 것은 사실이다. 하지만 창조과학회에서 주장하듯이 엔트로피 증가 법칙에 의해서 진화가 원천적으로 봉쇄된다는 것은 지극히 아전인수격인 왜곡이다. 창조과학자 헨리 모리스는 이렇게 이야기했다.

엔트로피 법칙은 사실 닫힌 계라는 말로 한정된다. 그러나 이 기준은 사실 있으나 마나 한데, 실제 세상에는 닫힌 계란 있지 않기 때문이다. 열역학 법칙들을 오로지 열린 계에서만 시험하고 증명했기 때문에 이 법칙들은 열린 계에 적용된다는 것이 분명하다.[3]

---

3   Henry Morris가 *The Troubled Waters of Evolution* (San Diego: Creation-Life, 1974)에서 표현한 것을 Philip Kitcher, 주성우 옮김, 『과학적 사기』, 158에서 재인용했다.

헨리 모리스는 나처럼 토목 공학 전공자이자 버지니아 공과대학 (Virginia Tech)에서 토목 공학과 교수를 역임했다. 그런데 위의 발언은 공대 교수의 말이라고 하기에는 너무도 터무니없는 말이 아닌가! 이상적인 조건을 완벽하게 발현시키지 못한 실험을 통해서 증명된 엔트로피 법칙이므로 우주와 열 교환이 활발하게 일어나는 전 지구적인 환경에서도 엔트로피 법칙이 완벽하게 작동할 수 있다는 말이 과연 맞는 말일까? 이것은 김연아 선수가 심리적으로 가장 편하게 느낄 수 있을 만큼 친숙한 링크 상태, 음향, 조명 등 이상적인 조건을 갖추진 못한 밴쿠버에서도 228.56의 세계 신기록을 세웠기 때문에, 더더욱 해괴한 조건, 즉 연기 도중에 다른 선수들이 링크를 들락거리면서 연기 동선을 방해하는 악조건 속에서도 김연아 선수가 거뜬히 228.56점을 얻어낼 수 있다고 하는 궤변과 다름 없다.

물론 이 세상에는 완벽하게 닫혀 있음으로 외부와의 열 교환을 전혀 하지 않는 시스템은 존재하지 않는다. 아무리 잘 만든 보온병에 온수를 집어넣었다 할지라도 시간이 지나면 보온병 안에 있는 물은 주변 온도와 똑같아진다. 그럼에도 우리는 실험을 할 때 이상적인 조건에 최대한 가까운 모습을 만든 다음 그러한 조건 아래서 자연이 어떻게 반응하는지를 알아낸다. 이런 노력은 순수 과학뿐만 아니라 응용 과학인 공학에서도 마찬가지다. 토목 공학자가 교량의 재료를 실험할 때는 콘크리트같이 강성과 내구성이 있는 재료를 가지고 실험을 한다. 하지만 아무리 정확한 배합 설계로 생산된 콘크리트라고 할지라도 이상적인 설계 조건을 100% 완벽하게 구현하지는 못한다. 그래서 토목 공학자는 무겁고 실험하기 힘든 콘크리트 대신에 가볍고 다루기 쉬운 두부나 도토리묵 같은 것들을 가지고 실험해서 교량 구조물의 거동을 파악하는 따위의 짓은 하지 않는다.[4] 헨리 모리스의 주장은 미국에서도 꽤 지명도 높은 대학에서 가르쳤던 인물의 말이라고 하기에는 참으로 어처구니가 없는 말에 불과하다.

엔트로피 증가 법칙 때문에 진화가 불가능하다는 주장은 기독교 변증에서도 종종 등장한다. 기독교 변증가인 래비 재커라이어스는 『무신론의 진짜 얼굴』에서 생물학에서 말하는 진화론은 물리학의 엔트로피 증가 법칙에 위배된다고 기술한다.[5] 하지만 이것은 심각한 오류를 내포하고 있다.

김연아 선수가 연기를 하고 있는 아이스 링크의 예를 다시 한 번 상기해보자. 김연아 선수가 연기하는 도중에 다른 피겨 스케이팅 선수들뿐만 아니라 6명이 한 팀인 아이스하키팀 둘이 시속 160km의 퍽(Puck, 아이스하키에서 쓰는 둥근 원반 모양의 공을 퍽이라고 한다)을 날리며 시합을 하고 있다면 과연 김연아 선수가 제대로 연기를 할 수 있을까? 228.56점의 환상적인 연기는 커녕 시속 160km로 날아다니는 퍽과 12명의 아이스하키 선수들의 바디 체크(Body Check, 선수들이 몸을 부닥쳐 수비하는 아이스하키 기술), 그리고 12개의 스틱이 난무하는 링크에서 김연아 선수는 자칫하면 큰 부상을 당할 수도 있다.

생물학의 진화론은 물리학의 엔트로피 증가 법칙에 위배된다는 논리대로라면 우주 전체가 어떤 별도 은하도 존재하지 않는 무의 공간이어야만 한다. 우주에 별이 생성되고 또 은하가 생성되는 것 역시 엔트로피 증가 법칙에 위배되는 현상이므로 우주에는 별이나 은하가 일절 없어야 한

4   같은 책에서 Philip Kitcher는 강체 역학을 젤리 덩어리의 운동을 해석하는 데 적용한다는 비유를 사용했다(159 참조).
5   Ravi Zacharias, 권기대 옮김, 『무신론의 진짜 얼굴』(서울: 에센티아, 2016), 61-62.

다. 하지만 우주에는 무수히 많은 별과 또 그 별들로 구성된 천억 개 이상의 은하가 존재한다. 그 이유는 엔트로피 법칙 홀로 우주의 모든 물리적 현상을 지배하는 것이 아니기 때문이다. 아이스하키팀 선수들이 김연아 선수가 연기하는 링크에서 동시에 시합을 하면 김연아 선수가 전혀 연기를 할 수 없듯이, 우주에도 엔트로피 법칙이 이상적으로 작동하지 못하게 간섭하고 억제하는 다른 많은 물리적 인자들이 있다.

그렇다면 수많은 별과 은하를 만든 우주의 거시 구조 형성에 가장 결정적 역할을 한 법칙은 과연 무엇일까? 그것은 바로 "중력의 법칙"이다. 중력이라는 실체가 엔트로피 증가 법칙에 의해 중구난방으로 퍼져나가려는 물질들을 끌어모아 천억 개의 별을 거느린 은하를 천억 개 이상 거느리고 있는 우주의 거시 구조를 탄생시킨 장본인이다. 따라서 생물학의 이론인 진화론이 물리학 법칙에 위배된다는 유의 저급한 논증은 제대로 된 기독교 변증을 위해서는 자제되어야만 한다.

창조과학의 주장에 동의하는 그리스도인들 중에는 엔트로피에 대한 또 다른 잘못된 이해를 갖고 있는 이들이 많이 있다. 엔트로피는 물리량이다. 물리량이라는 것은 온도, 속도, 질량, 거리 등과 같이 양으로 표현할 수 있는 성질의 것이다. 엔트로피가 무질서로도 표현되기 때문에 이것이 마치 "하나님이 부재한 상태에서 인간이 타락하고 혼탁한 정도"라고 생각하는 경우가 많이 있지만 이는 매우 그릇된 이해다. 나는 과거 어떤 사람의 블로그에서 "아담이 타락하기 이전의 완벽한 에덴 동산에서는 결코 엔트로피의 증가가 없었을 것이다"라는 글을 보고 깊은 한숨을 쉰 적이 있었다.

만일 에덴동산에서 엔트로피의 증가가 없다면 어떻게 될까? 태양이 따사롭게 햇살을 비춰도 온기를 느낄 수 없고, 추워서 불을 쬐도 따뜻하지 않고, 열이 높은 곳에서 낮은 곳으로 흐르지 않는다면 즉 엔트로피가 증가되지 않고 감소된다면, 차가운 것은 더 차가워지고 뜨거운 것은 더 뜨거워져서 한쪽은 초열 지옥이 되고 다른 한쪽은 극한의 지옥이 될 것이다. 또 인간을 포함한 모든 동물은 자동차 혹은 다른 내연 기계와 같은 열기관이다. 우리는 당(glucose)을 분해해서 그 열을 동력삼아 생명 현상을 유지하고 있는데 엔트로피의 증가가 없으면 이러한 열을 동력으로 사용하지 못한다. 그렇게 되면 하나님이 창조하신 아름다운 낙원, 생명력이 넘치는 에덴 동산은 한순간에 죽음의 기운이 물씬한 저주받은 공간이 될 것이다. 따라서 엔트로피의 증가는 어쩌면 하나님이 우리에게 주신 축복인지도 모른다.

사실 성경을 통틀어 엔트로피의 증가가 없다면 좋을 사건은 단 하나밖에 없다. 바빌로니아 제국의 느부갓네살 대왕이 다니엘의 세 친구인 사드락, 메삭, 아벳느고를 7배나 더 뜨겁게 한 풀무불에 던졌을 때는 엔트로피의 증가가 없는 것, 즉 7배나 뜨거워진 한 풀무불의 열이 뜨거운 곳에서 차가운 곳으로 흐르지 않는 것, 그 엄청난 화마가 다니엘의 세 친구를 삼키지 않는 것이 좋았을 것이다. 그 외에는 엔트로피의 증가가 발생하지 않는 것, 즉 열평형이 일어나지 않고 열이 거꾸로 흐른다는 것은 우리가 살아가는 이 세상이 생명이 존재할 수 없는 지옥으로 한순간에 변한다는 것이므로 결코 일어나서는 안 될 끔찍한 현상이다.

너무도 많은 그리스도인이 과학자들이 마치 무신론적인 신념으로 똘똘 뭉쳐서 이러한 간단한 엔트로피 법칙도 무시하고 진화론을 지지하는 사람들인 줄 오해한다. 하지만 우리가 엔트로피의 대략적인 정의만 이해한다면 창조과학회가 이 엔트로피 증가의 법칙을 대단히 오용하고 있다는 사실을 쉽게 파악할 수 있다.

10. 석유 산업과 물고기 화석

2013년 크리스마스 이브에 회사에서 가깝게 지내던 인도 출신 친구 하나가 사우디아라비아로 떠났다. 그는 사우디아라비아 국영 석유 회사에 프로젝트 엔지니어로 취직했다. 그 친구는 인도에 계신 부모님을 만나러 일년에 한 번씩 인도를 방문했는데 로스앤젤레스에서 인도까지의 거리가 만만치 않아 3주간의 휴가 중 비행기에서 보내는 시간이 거의 나흘이나 된다고 항상 고충을 털어놓곤 했다. 그는 미국에 비해서 휴가 일수가 몇 배 더 많은 반면 상대적으로 근무 강도는 높지 않고, 무엇보다도 5-6시간 비행으로 인도에 갈 수 있는 곳으로 이직을 했으니 부모님을 찾아뵙기가 한결 수월할 것이다.

그런데 내가 더욱 놀란 것은 그 회사의 급여 및 복리 후생 시스템이었는데 믿기지 않을 정도로 후하게 대우해준다는 점이었다. 그때 석유 산업의 규모와 위용을 그 친구를 통해서 다시금 깨달았다. 세계 최대의 석유 회사인 사우디 아람코(Saudi Aramco)의 2015년 매출은 4,780억 달러로 1달러 대 1,100원의 환율로 환산한다면 약 525조 원을 상회하는 규모다. 이는 일본의 자존심인 토요타 자동차(2,480억 달러)나 한국의 삼성전자(1,824

억 달러)의 2015년 매출 합계를 넘어서는 규모다. 세계에서 지질학 연구를 가장 많이 진행하는 곳이 다름 아닌 석유 회사의 연구소다. 세계 유수의 석유 회사들은 경제성 있는 석유 매장지를 탐사하여 석유를 생산하기 위해 막대한 연구 개발 예산을 들여가며 지질학 연구를 수행하고 있다.

시카고 대학교의 고생물학자인 닐 슈빈(Neil Shubin) 교수는 물고기에서 육상 동물로 전이되는 과도기적 동물 화석을 찾고 있었다. 3억8천5백만 년 전에는 육상 척추 동물들은 존재하지 않고 물고기만 존재했다. 이것을 어떻게 알 수 있을까? 바로 화석이다. 3억8천5백만 년 전에 생성된 지층에서 출토되는 화석에는 육상 척추 동물의 화석이 한 점도 발견되지 않는다. 진화론을 깨는 것은 사실 무척이나 간단하다. 그 당시 지층에서 예쁜 강아지 같은 포유류의 화석을 한 점만 캐낸다면 진화론은 송두리째 무너지고 말 것이다.[1] 양서류 같은 육상 척추 동물들의 화석은 2천만 년이 더 지난 3억6천5백만 년 전의 지층부터 발견되기 시작한다. 자, 그렇다면 다음과 같은 가설이 만들어진다.

3억8천5백만 년 전과 3억6천5백만 년 전 사이에 생성된 지층을 탐사하면 물고기가 육상 동물로 변화하는 진화적 분기점을 지니고 있는 화석을 발굴할 수 있다.

닐 슈빈 교수는 석유 회사의 도움을 받아서 3억8천5백만 년과 3억6천5백만 년의 딱 중간인 3억7천5백만 년 전에 생성된 지층을 상대로 조사

---

1   Richard Dawkins, 『지상 최대의 쇼』, 200.

를 시작했다. 육상 동물로 전이되는 변이를 지니고 있는 물고기의 화석을 찾으려 한다면 지층의 생성 연대도 중요하지만 그에 못지않게 중요한 것은 지층의 생성 위치라고 할 수 있다. 만일 실제로 이런 동물이 살았다면 깊은 심해 대신 얕은 물가에 살면서 육지로 기어나오기 시작했을 테니까, 반드시 3억7천5백만 년 전에 얕은 강가나 개울가를 끼고 형성된 지층을 탐사해야 한다.

시카고 대학교에서 이러한 모든 조건이 부합되는 가장 가까운 장소는 펜실베이아 주의 필라델피아다. 하지만 닐 슈빈 교수는 빌딩이 들어섰고 고속 도로가 지나가는 대도시에서 화석 발굴 작업을 할 수는 없으므로 다음으로 최적의 조건을 지닌 곳을 찾아보았다. 마침내 발굴 장소로 최종 결정된 곳은 NV2K17이라고 명명된 엘즈미어 섬(Ellesmere Island)이라는 북극해에 위치한 섬의 한 지층이었다.[2] 이곳은 북극점에서 불과 950km 떨어져 있는 춥고 황량한 곳인데, 닐 슈빈 교수는 약 5년간에 걸쳐 철저한

2   Daeschler, E. B., Shubin, N. H., & Jenkins Jr., F. A., "A Devonian tetrapod-like fish and the evolution of the tetrapod body plan", Nature 440, 757 (2006).

탐사를 벌인 끝에 위의 사진[3]과 같은 희한하게 생긴 물고기의 화석을 발견한다.

이때 발견한 것은 악어처럼 머리가 납작하게 생긴 물고기의 화석이었다. 이 물고기 화석은 탐사대에 많은 도움을 준 북극권 캐나다의 이누이트족에게서 받은 "틱타알릭"(이누이트족의 언어로 민물에 사는 큰물고기라는 뜻을 가지고 있다)이라는 이름이 붙여진다. 이것은 생김새만 놓고 보면 여느 물고기와 별반 다를 것이 없어 보인다. 일반 물고기와 같이 아가미가 있고 비늘을 지녔고 지느러미를 사용해 헤엄쳤다. 화석을 바탕으로 복원된 원래의 틱타알릭의 모습은 다음 사진과 같다.[4]

하지만 틱타알릭은 해부학적으로 일반 물고기와는 전혀 다른 아래와 같은 엄청난 변화를 가지고 있었다.[5]

---

3   시카고 필드 자연사 박물관 (Field Museum of Natural History)에 전시된 틱타알릭의 화석이다.
4   시카고 필드 자연사 박물관에 전시된 틱타알릭의 복원 모형이다.
5   Neil Shubin교수의 *Your Inner Fish* (New York: Vintage, 2009)를 참조하라. 이 책에

(1) 어류는 두개골과 어깨뼈가 연결되어 있다. 따라서 몸통과 머리를 따로 움직일 수 없다. 하지만 틱타알릭의 두개골은 어깨뼈와 분리되어 있다. 우리가 국민체조의 목 운동을 할 때 목을 자유롭게 돌릴 수 있듯이 틱타알릭도 몸통과 상관없이 머리를 돌릴 수 있었다.

(2) 그러나 틱타알릭의 가장 놀랍고 중요한 특징은 지느러미의 해부학적 골격이었다. 지느러미 속의 골격이 어깨뼈, 팔꿈치뼈, 손목뼈 같은 육상 동물의

팔이나 다리 같은 관절로 분화된다. 우리 인간처럼 몸무게를 지탱하며 팔굽혀펴기를 할 수 있는 어깨, 팔꿈치, 손목을 지닌 물고기였던 셈이다. 어류의 지느러미 속에는 잔가시 같은 자잘한 뼈들이 많지만 옆의 사진에서[6] 볼 수 있듯이 틱타알릭의 지느러미 속의 골격은 육상 사지 동물의 뼈와 그 배치 형태 및 개수가 비슷하다. 즉 육상 동물의 팔, 다리 골격이 물고기의 지느러미 거죽에 쌓여 있었다.

는 화석 발굴 및 틱타알릭이 물고기와 육상 사지 동물의 골격을 골고루 가지고 있는 해부학적 구조에 대한 자세한 설명이 나온다. 목의 골격에 관한 설명은 23-24을 참조하라. 지느러미의 골격에 관한 설명은 두 번째 장, 특히 39-40을 참조하라. 더 자세한 해부학적인 설명은 「네이처」 Shubin, N. H., Daeschler, E. B., & Jenkins Jr., F. A., "The pectoral fin of Tiktaalik roseae and the origin of the tetrapod limb", *Nature* 440, 764-769 (2006)를 참조하라.
6   시카고 필드 자연사 박물관에 전시된 틱타알릭의 지느러미 골격이다. 이 사진은 전형적인 육상 사지 동물의 팔, 다리 골격 형태를 보여주고 있다.

이런 발견을 다룬 논문이 2006년도에 「네이처」(Nature)에 발표되었을 때 그 반응은 정말 어마어마 했다. 그러나 이 화석을 발견한 것도 큰 성과지만, 우리는 이 화석이 출토될 곳을 정확히 짚어낸 지질학적 예측력에 더욱 주목해야만 한다. 우리는 탐사대가 아무 곳이나 땅을 파다가 복권에 당첨되듯이 잭팟이 터진 것이 아니라, 정확한 지점을 예측했고, 또 그곳에 실제로 이러한 화석이 있었다는 점을 주목해야만 한다. 즉 우리는 자연을 더욱 깊이 이해하고 파악하는 과학이라는 활동이, 이런 화석을 발굴할 수 있는 정확한 예측을 인간에게 제공해주었다는 점에서 과학의 의의를 찾을 수 있다. 인간이 재화를 생산하는 산업 현장에서는 당연히 이러한 현대 과학을 이용한다. 정확한 예측을 제공하지 못하는 과학은 산업 현장에서 폐기될 수밖에 없을 것이다.

창조과학회는 스스로를 기독교 신앙을 위해 위해 핍박받는 사람들로 표현한다. 그들은 기존의 정상 과학보다 자신들이 주장하는 과학 이론이 정확하지만 과학자 사회가 무신론적 편견과 아집에 사로잡혀서 자신들의 주장을 인정하지 않는다고 주장한다.

과연 이런 주장이 맞는 것일까? 한 마디로 어불성설에 불과하다. 앞서 언급했지만, 사우디아라비아 국영 석유 회사인 사우디 아람코의 2015년 매출은 525조 원에 이른다. 그 뒤를 잇는 중국의 석유 회사 시노펙의 2015년 매출도 500조 원을 넘어섰다. 이 두 회사의 2015년 매출 합계만 해도 1,000조 원을 넘어선다. 2015년도 대한민국 정부 예산이 약 375조 원이니까, 독자들은 1,000조 원이 어느 정도의 금액인지 짐작할 수 있을 것이다. 여기에다 로열 더치 쉘, 엑슨모빌, 브리티시 페트롤륨, 그리고 쉐브론 같은 전통적인 미국과 유럽의 메이저 석유 회사를 다 포함한 세계 석유 산업 전체를 생각한다면 그 규모를 가늠하기도 어렵다. 이 거대한 산업계가 단순히 아집에 사로잡혀서 더 좋은 예측을 제공받을 수 있고 더 많은 이익을 안겨줄 수 있는 창조과학 이론을 배척한다는 것이 말이 될까?

틱타알릭의 발견에서 볼 수 있듯이 현대 지질학은 3억7천5백만 년 전 물고기가 육상 동물로 전이되는 과도기적 화석을 담고 있는 지층을 정확히 찾아냈다. 석유를 찾는 것도 결국 화석을 찾아내는 것이다. 석유 자체가 고생물의 화석이기 때문이다. 그래서 거대한 재화를 창출하는 석유 업계는 현대 지질학을 사용해서 석유 매장지를 탐사하고 시추한다.

만일 창조과학회에서 주장하는 홍수 지질학에 기반한 이론들이 타당하고 현대 지질학보다 더 정확한 석유 매장지 및 그 매장량에 대한 예측을 제공한다면, 석유 업계에서 가만두지 않았을 것이다. 채산성 있는 석유 매장지를 찾기 위해 전 세계의 창조과학 전문가를 영입하려고 혈안이 되었을 것이다. 그렇다면 우리가 할 일은 자명하다. 전 재산을 다 팔아서 창조과학과 관련된 업체의 주식을 사 모아야 할 것이다. 하지만 현실은 어떠한가? 과연 그런 일이 벌어졌는가?

11. 구조물에 사용되는 충진재와 진화 이야기

우리가 거주하는 집을 자세히 살펴보면 창틀 혹은 문틀이나 벽, 목욕탕의 욕조와 욕실 타일, 또는 수도 파이프와 세면대가 맞닿아 있는 부분 등은 어김없이 빈틈을 메워주는 충진재가 덧입혀 있는 모습을 쉽게 발견할 수 있다. 이처럼 건축 구조물에서 물성이 다른 이질적인 두 재료가 만나는 부분에서 발생하는 틈새를 메우기 위해 시공하는 충진재를 코킹(caulking) 재료라고 부른다. 건축 구조물은 주로 정적인 하중을 감당한다. 반면 도로나 교량 그리고 항만 같은 토목 구조물은 달리는 자동차, 기차, 이착륙하는 비행기, 파랑과 너울 등에 의한 동적 하중을 감당한다. 이러한 동적 하중을 감당하는 부재들의 틈새를 메우는 역할을 하는 재료를 실란트(sealant)라고 부른다. 모든 구조물에는 부재와 부재 간의 틈새를 막아주는 충진재를 시공하여 거기에 물이나 공기가 침투하거나 이물질이 끼어들지 못하게 한다. 흥미로운 것은 우리 인체 역시 충진재 기능을 하는 물질이 필요하다는 점이다.

　우리는 이런 충진재 역할을 하는 단백질을 콜라겐(collagen)이라고 부르며, 콜라겐은 우리 몸의 구성 성분 중 가장 많은 양을 차지하고 또 가장 중요한 단백질이다. 만일 우리 몸에 콜라겐이 부족해서 충진성이 떨어진다면 어떤 일이 벌어질까? 충진성이 부족할 경우 나타날 수 있는 대표적 현상이 바로 괴혈병이다. 괴혈병에 걸리면 우리 몸에서 가장 이질적인 두 조직인 잇몸과 이가 만나는 곳이 수밀하게 충진되지 못하고 이격되어 그 틈새로 피가 새어 나와 심각하면 죽음에 이를 수도 있다. 아시아와 아메리카 사이에 있는 베링 해협을 발견한 탐험가 비투스 베링(Vitus Bering)이 바로 괴혈병에 희생된 대표적 인물이다. 콜라겐을 만드는 주재료는 비타민 C다. 대부분의 동물들은 간에서 포도당을 이용해 비타민 C를 합성해낸다. 하지만 사람은 비타민 C를 합성할 수 없다. 사람 이외에 비타민 C를 체내에서 합성할 수 없는 동물은 침팬지, 오랑우탄, 고릴라, 과일 박쥐, 그리고 애완용 쥐인 기니피그 등이 있다. 따라서 사람을 비롯하여 이 동물들은 반드시 음식을 통해 비타민 C를 섭취해야만 한다. 비타민 C는 신선한 과일이나 야채에 많이 들어 있다. 동물의 몸에도 비타민 C는 다량으로 함유되어 있다. 따라서 동물의 고기를 통해서도 비타민 C를 섭취할 수 있다. 그러나 비타민 C는 열에 약한 구조를 가지고 있기에 고기를 불에 익히면 비타민 C가 파괴된다.

　육류를 불에 익혀 먹는 인류는 육류를 통해 비타민 C를 확보하는 것이 거의 불가능하다. 그래서 인류가 비타민 C를 취득하는 주공급원은 신선한 과일이나 채소다. 그러나 북극 같은 극지방에 사는 이누이트족은 신선한 야채나 과일을 통해 비타민 C를 공급받을 기회가 거의 없다. 따라서 이들은 사냥해서 잡은 동물을 불에 익히지 않고 날고기를 먹음으로써 비타민 C를 섭취해왔다. 18세기에 이러한 사실을 알 까닭이 없었던 비투스 베링은 탐험지인 베링 해협의 한 섬에서 비타민 C 부족으로 인한 괴혈병으로 사망한다.

미국에서 한국으로 날아가는 비행기는 북태평양을 바로 건너가지 않고 미국 북쪽인 캐나다를 지나 알래스카를 거쳐 베링 해협을 넘어 캄차카 반도를 따라 남쪽으로 내려가서 한국 영공으로 진입한다. 즉 미국발 한국행 비행기들은 북쪽으로 올라가 북극권을 거쳐서 다시 남쪽으로 내려오는 항로를 이용하고 있다. 한국에서 미국 서부로 여행하는 독자들은 괴혈병으로 죽어간 비투스 베링과, 혹독한 자연 조건에서도 날고기를 먹음으로써 생존할 수 있었던 이누이트족의 생존의 지혜를 생각하면서 베링 해협을 건너보는 것도 여행의 풍미를 더할 듯싶다.

대분분의 동물은 비타민 C를 체내에서 합성할 수 있지만 왜 인간은 생존에 필수적인 비타민 C를 체내에서 합성할 수 없을까? 그 해답은 인간의 염색체 8번에 있다. 8번 염색체에는 포도당에서 비타민을 합성해내는 4단계의 공정을 진행시키는 4개의 유전자가 있다. 3개의 유전자는 제대로 작동하고 있지만 마지막 단계를 진행시키는 GLO라는 유전자가 변이를 일으켜 기능을 상실해버렸다. 결국 이 4번째 유전자의 고장으로 인해 인간은 비타민 C를 체내에서 합성할 수 없게 되었다.

진화론에서는 진화를 "변이를 수반한 유전"이라고 정의한다. 이는 생존에 유리한 변이가 일어난 개체는 다른 개체들보다 쉽게 생존하고, 그 유리한 변이를 물려받은 후손들을 많이 남기게 되며, 그런 식으로 수많은 세대가 지나면서 많은 변이들이 누적되면 조상과는 다른 형질과 장치를 지닌 다른 종으로 분화할 수 있는 메커니즘을 의미한다. 하지만 비타민 C의 합성 유전자의 손실은 결코 생존에 유리한 변이는 아니었을 것이다. 생존에 유리하기는커녕 오히려 치명적인 변이였을 것이 확실하다. 그런데 어떻게 인류는 지금껏 살아남을 수 있었을까? 그것은 바로 채소나 과일이 인류의 주 먹거리였기 때문이다. 인류는 체내에서 비타민 C를 합성하는 유전자의 기능을 상실했지만 먹거리를 통해서 비타민 C를 보충할 수 있었기 때문에 생존이 가능했다. 인류 이외에 체내 비타민 C 합성 기능을 상실한 다른 동물들은 침팬지, 오랑우탄, 고릴라, 과일 박쥐, 기니피그 등이 있고 이 동물들은 전부 과일을 주식으로 한다. 유전자에 발생한 치명적 결함이 생존에는 치명적 약점으로 작용하지 않았던 것은 인류를 포함한 이 동물들의 먹거리 때문이었다.

여기서 재밌는 점을 발견할 수 있는데 그것은 인간과 침팬지, 그리고 오랑우탄과 고릴라는 진화적인 근연 관계가 가깝다는 점이다. 이것은 무엇을 의미할까? 먼 옛날 과일을 주식으로 삼고 있었던 인간과 다른 유인원들의 공통 조상의 GLO 유전자가 변이를 일으켰다. 그 변이가 일어나서 기능을 못하게 된 유전자는 유전을 통해 후손들에게 계속 전달되어 오다가 인간과 다른 유인원들이 비교적 가까운 과거에 진화적인 분기점들을 겪으면서 다른 종으로 분화되어왔다는 설명이 성립된다. 인간, 침팬지, 오랑우탄, 고릴라는 근연 관계가 가까우므로 위의 설명이 타당해보인다. 하지만 인간과 진화적인 근연 관계가 먼 과일 박쥐와 기니피그가 공통적으로 지닌 GLO 유전자의 기능 상실은 어떻게 설명해야 할까?

브라운 대학교의 생물학과 교수 케네스 밀러는 『단지 이론일 뿐이라고?』라는 저서에서 다음과 같은 에피소드를 소개한다.

케네스 밀러 교수는 과제를 제출한 두 학생의 보고서가 너무도 똑같아서 부정행위를 의심하고 교수실에 불러서 이야기를 했다. 두 학생은 부정행위를 한 적이 없다고 손사래를 치며 다음과 같이 이야기한다.

"교수님 저희들은 룸메이트입니다. 매일 스터디를 같이 하고 참고 도서도 같은 것을 보기 때문에 자연히 생각이 같을 수밖에 없고, 따라서 비슷한 보고서를 제출했다고 생각합니다."

이 주장에 대해 케네스 밀러 교수는 다음과 같이 대답했다.

"자네들 말이 맞을 수도 있구먼."

혐의를 벗어날 수 있겠구나 하고 느낀 학생들의 얼굴에선 화색이 돌았다. 하지만 뒤이어서 케네스 밀러 교수는 다음과 같이 질문했다.

"그런데 이 두 보고서를 보면 똑같은 철자의 오류가 있는 단어 6개가 정확하게 겹치는데 이것도 좀 설명해줄 수 있겠나?"[1]

두 학생이 스터디만 같이 하고 서로의 보고서를 공유하지 않았다면, 두 보고서에는 철자의 오류가 동일한 단어가 6개나 겹칠 리 없었을 것이다. 이렇듯 철자가 오류인 단어들을 공유한다는 것은 두 학생들이 보고서의 워드 프로세서 파일을 공유했고 한 학생이 다른 학생의 보고서를 통째로 베껴 썼다는 것을 증명하는 것이다.

후손에게 유전 물질을 전달하는 과정도 마치 워드 프로세서 프로그램의 "복사 및 붙여넣기"와 흡사하다. 부모가 가지고 있는 유전 물질이 자녀

---

1   Kenneth Miller, *Only a Theory* (New York: Penguin 2008), 99-103에 나오는 에피소드를 요약했다. 원래 Miller는 학생들이 보고서를 서로 베꼈던 에피소드를 기능을 상실한 베타 헤모글로빈을 생산하는 동일한 구조의 유전자를 인간과 유인원이 공유하고 있다는 사실을 설명하는 데 할애했다. 유사 유전자라고 불리우는, 기능을 상실한 유전자들을 통한 진화의 증거는 굉장히 다양하다.

에게 고스란히 전달된다. 마치 위 에피소드에 나오는 한 학생이 다른 학생의 보고서를 "복사 및 붙여넣기" 했을 때 철자 오류가 고스란히 전달되듯이, 부모의 특정한 유전자의 구조 오류도 똑같이 후손에게 전달된다.

인간과 침팬지의 GLO 유전자의 고장난 구조는 상당히 흡사하다. 하지만 침팬지보다 근연 관계가 먼 오랑우탄의 GLO 유전자의 고장난 구조는 좀 더 많은 차이점이 존재한다. 그리고 인간과 근원 관계가 아주 먼 과일 박쥐나 기니피그의 고장난 GLO 유전자의 구조는 인간과 비교하면 전혀 다른 염기 서열을 보여준다. 이러한 현상은 정확하게 공통 조상을 보여주는 강력한 증거가 된다. 4천만 년 전 인류와 다른 유인원의 공통 조상의 GLO 유전자가 기능을 상실하는 변이를 일으켰고 그 변이를 수반한 GLO 유전자는 계속 후손에게 유전되어왔다. 기능을 상실한 결정적 변이를 겪은 GLO 유전자이지만 계속해서 다양한 변이들이 일어나며 유전되었다. 따라서 가장 최근에 진화적인 분기점을 경험한 인류와 침팬지의 GLO 유전자의 서열은 매우 흡사할 수밖에 없다. 다소 오래된 과거에 인류와 침팬지의 공통 조상과 진화적 분기점을 겪었던 오랑우탄이나 고릴라의 GLO 유전자의 서열을 인간의 GLO 유전자의 서열과 비교하면 침팬지보다 차이점이 더 크게 나타날 수밖에 없다. 그리고 인간과 진화적인 계통이 전혀 다르므로 근연성이 떨어지는 과일 박쥐나 기니피그의 고장난 GLO 유전자의 서열은 인간 및 다른 유인원과는 완전히 다를 수밖에 없다.[2]

---

2 Jerry Coyne, *Why Evolution Is True* (New York: Penguin, 2009), 66-69. 국내에는 김명남 옮김, 『지울 수 없는 흔적』(서울: 을유문화사, 2011)이라는 이름으로 번역되었다. 이 책은 GLO 유전자의 변이에 대해서 자세히 설명하고 있다.

과거에 생물학자들은 해부학적인 구조 혹은 외관상의 특징을 통해 진화적인 계통을 정립할 수밖에 없었다.[3] 그러나 현대 유전학의 발달은 진화에 대한 새롭고 다양한 증거들을 제공하고 있다. 마치 차량의 블랙박스가 차가 이동한 경로와 그 경로를 운행하는 중에 어떤 일들이 벌어졌는지를 영상 데이터로 생생히 기록하듯이 생물의 세포 속에 있는 유전자는 지구 상에 존재하는 모든 종들의 진화적 경로와 사건을 기록한 블랙박스 역할을 하고 있다. 이러한 현대 유전학을 통해 밝혀진, 장구한 시간대에 걸쳐 우리의 세포 속에 남겨진 진화의 증거 한 가지를 다음 장에서 살펴보도록 하자.

---

3   같은 Jerry Coyne의 *Why Evolution Is True*, 10쪽을 참조하라.

12. 합본된 두 권의 하드커버 책

벌써 몇 년 전 일이다. 서울에 사는 누이동생이 캘리포니아를 방문한 적이 있었다. 당시 누이동생은 제한된 일정 때문에 오래 머물지는 못했지만 조카들에게 줄 선물을 나와 함께 사러 갔다. 누이동생은 고등학교에 입학하는 큰 조카를 위해 백팩을 사려고 했는데, 고르는 백팩 종류들마다 전부 나를 의아스럽게 만들었다. 왜냐하면 그녀는 모두 작은 크기의 백팩을 고르고 있었기 때문이었다. 아시다시피 내가 고등학교를 다니던 1980년대만 해도 학과목들이 많아 늘 가방에 책을 빼곡히 넣어가지고 다녀야 했기에 큰 가방이 필요했다.

그렇지만 지금은 학교마다 사물함이 있어서 많은 책을 가지고 다닐 필요가 없다고 한다. 아무튼 내가 1980년대 중반에 치른 대입 학력고사는 아마 대입 역사상 가장 많은 과목이 포함된 입시였을 것이다. 이때는 제2외국어까지 학력고사 과목에 포함되어 있었고 학력고사 과목은 아니었지만 논술까지 준비해야 했기에 정말 어마어마하게 많은 책을 들고 학교를 오가야만 했다.

그래서인지 모르겠지만 대학에 입학해서는 너 나 할 것 없이 무거운 책을 분철(分綴)하는 것이 유행이었다. 말이 좋아서 분철이지 정확하게 표현하자면 두꺼운 책을 조각조각 찢어 가볍게 만들어 가지고 다녔던 것이다. 특히 공대 1학년 신입생들은 교양 기초와 전공 기초라고 불렸던 과목들만 배웠다. 주로 영어, 국어, 물리, 화학 같은 과목들이었다. 이 책들 중에서 유난히 무겁고 두꺼웠던 물리나 화학 같은 책들은 어김없이 분철 대상이었다. 자연 과학과 관련된 전공으로 전과를 하지 않는 이상 토목 공학과에서는 더 이상 쓸모없는 과목의 책이었기 때문에 우리들은 주저 없이 분철했고 해당 학기가 끝나면 미련 없이 책을 방치했다.

그런데 이 패턴이 2학년 때부터 조금씩 달라졌다. 바야흐로 전공과목을 배우기 시작하자 모두들 책을 찢어서 분철하는 버릇을 버리기 시작한 것이다. 전공과목 도서들은 교양 과목보다 훨씬 더 무겁고 두꺼운 책들 일색이었지만 우리는 평생 먹고 사는 것을 책임질 밥줄과 관련된 책들이라고 생각해 그랬는지 분철하지 않고 무거운 채로 들고 다니곤 했다. 2학년 때 분철하지 않고 들고 다녔던 가장 두터운 책이 다스(Das) 박사가 쓴 『토질 공학 원론』이었다. 그 책은 고동색 하드커버로 된 책이었다. 역시 다스 박사가 저술한 초록색 하드커버의 『기초 공학 원론』은 3학년 때 교재로 사용했는데 이 책도 분철하지 않고 그대로 들고 다녔다.

이 두 책들은 토질 및 기초 공학과 관련된 토목 공학과의 베스트셀러 텍스트였다. 나를 포함해서 대부분의 동기생들은 이 두 과목을 3년 시차를 두고 공부했다. 2학년을 마치고 상당수 동기들이 군입대를 했다가 3년 후 복학했기 때문이다. 우리는 군복무를 마치고 3학년에 복학해서 기초 공학을 배울 때는 3년 전에 배웠던 토질 공학을 반드시 복습해야만 했다. 나를 포함해서 복학했던 동기들 모두가 3년 전에 배웠던 책을 고스란히 간직하고 있었고 두 권의 책을 함께 갖고 다니면서 공부했던 기억이 있다. 1학년, 2학년 때는 무거운 책들을 분철해서 갖고 다녔지만 이때는 심지어 이 두 권을 합본해서 갖고 다니고 싶다는 생각까지 했다.

만약에 이 두 권을 인쇄소에 의뢰해서 정교하게 제본하지 않고 집에서 대충 합본을 해버린다면 어떻게 될까? 당연히 책의 앞표지는 고동색 하드커버가 될 것이고, 뒷표지는 초록색 하드커버가 될 것이다. 그리고 고동색의 뒷표지 하드커버와 초록색의 앞표지 하드커버를 딱풀이나 강력 접착제로 붙여놓았기 때문에 책의 맨 앞과 맨 뒤에만 있어야 하는 하드커버가 책 중간에도 있게 될 것이다.[1]

유전학이 발달하면서 우리는 생명체의 유전 현상에 대해 상세한 이해를 얻었다. 세포 속에 있는 염색체는 유전 정보를 담고 있다. 생명체마다 다양한 숫자의 염색체를 가지고 있다. 사자와 호랑이는 38개의 염색체를 가지고 있고, 개와 늑대는 78개의 염색체를 가지고 있듯이 근연 관계가 가까운 종들은 같은 숫자의 염색체를 가지고 있다.

인간의 세포 속에 있는 염색체 개수는 46개, 즉 23쌍이다. 23개는 아버지에게 물려받고 다른 23개는 어머니로부터 물려받아 23쌍을 이루고 있다. 침팬지와 고릴라, 그리고 오랑우탄 같은 거대 유인원들은 24쌍, 즉 48개의 염색체를 가지고 있다. 유전학의 발달은 인간과 거대 유인원이 같은 조상에서 비교적 가까운 과거인 500만 년 전에 진화적 분기점을 경험하고 서로 다른 생물종으로 갈라져 나왔다는 공통 조상 이론에 대한 치명

1　인간 염색체와 거대 유인원 염색체의 개수 연구에 대한 자세한 설명은 브라운 대학교의 교수인 Kenneth Miller의 *Only a Theory* (New York: Penguin, 2008), 103-107에 잘 소개되어 있다.

적 도전이 되었다. 왜냐하면 35억 년 된 지구 상의 생명의 역사 중에서 인간과 거대 유인원이 공통 조상으로부터 분기가 됐던 500만 년 전은 염색체 개수가 달라지기에는 너무도 가까운 과거였기 때문이다. 쉽게 예를 들자면 35억 년 된 지구 상의 생명의 역사를 35살 된 청년의 나이로 환산한다면 인간과 거대 유인원류가 분기된 500만 년은 불과 두 주일 전에 일어났던 사건이다. 이렇게 짧은 시간 안에 세포 속에 있는 염색체의 개수가 달라지는 엄청난 변화를 설명해내지 못한다면 결국 과학자들은 공통 조상 이론을 바탕으로 하는 진화론을 폐기할 수밖에 없었다. 이러한 도전을 극복하기 위해 과학자들은 다음과 같은 가설을 세운다. "인간의 세포 속에 있는 두 개의 염색체가 서로 들러붙어서 한 개의 염색체가 되었다."

세포 속에 있는 두 개의 다른 염색체가 붙어서 한 개의 염색체로 바뀌었다면 그것은 500만 년이라는 상당히 짧은 시간 내에 염색체 숫자가 변해버린 이유에 대한 타당한 설명이 될 수 있다. 하지만 만약에 인간의 세포 속에 보이지 않는 딱풀 같은 것이 있어서 두 염색체를 들러붙게 만들었다면 과학자들은 과연 이것을 어떻게 찾아낼 수 있었을까?

텔로미어(telomere)라는 것은 반드시 염색체의 양쪽 끝부분에 자리잡고 있다. 마치 책의 하드커버가 책의 제일 앞면과 제일 뒷면에서 본문의 페이지들을 보호하듯이 텔로미어도 염색체의 양쪽 끝단에 자리 잡고서 유전 물질이 들어 있는 염색체를 보호해주고 있다. 또한 염색체의 중앙부에는 감수 분열을 할 때 방추사가 연결되는 센트로미어(centromere)가 있다. 만약에 거대 유인원류와의 공통 조상에서 분기되어 나온 인류의 조상이 과거 어느 시점에서 돌연변이를 일으켜 세포 속에 있는 두 염색체가 들러붙어 한 개의 염색체가 됨으로써 전체 염색체의 수가 23쌍이 되었다고 한다면, 반드시 이 텔로미어가 양쪽 말단뿐만이 아니라 정중앙에도 있는 염색체가 존재해야만 한다. 또한 텔로미어가 양쪽 말단뿐만이 아니라 정중앙에도 있는 염색체는 한 개의 센트로미어가 아닌 두 개의 센트로미어를 지니고 있어야만 한다. 그렇지 않다면 인간과 거대 유인원류의 공통 조상론은 성립될 수 없고 따라서 진화론은 무너지고 말 것이다.

과연 과학자들은 인간의 세포 속에서 텔로미어가 양쪽 끝뿐만 아니라 중간에도 존재하는 염색체를 찾아냈을까? 2005년도에 「네이처」(*Nature*)에는 이런 염색체가 인간의 세포 속에 들어 있음을 밝혀냈다는 논문이 게재되었다. 해답은 인간 염색체 2번에 담겨 있었다. 그 논문은 마치 2권의 하드커버 책이 합본이 되어 두꺼운 하드커버 표지가 책 한가운데 떡하니 버티고 있듯이, 인간의 2번 염색체에는 텔로미어가 염색체의 양쪽 말단뿐만이 아니라 한가운데도 자리를 잡고 있으며 센트로미어도 하나가 아니라 둘이 존재한다는 것을 밝혀냈다.

인간과 거대 유인원의 염색체 개수가 다른 이유를 설명하는 인간 2번 염색체의 융합에 대한 이 연구 역시 과학의 절차와 방법을 잘 보여주는

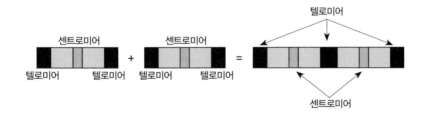

융합 전 두 염색체　　　　**인간 2번 염색체**

염색체의 양 끝에 있는 텔로미어가
중앙에도 나타나며 두 개의
센트로미어를 가지고 있다

예로서, 먼저 자연 현상에 대한 합리적인 가설을 세운다. 그리고 그 가설이 옳다면 발생할 수 있는 현상을 예측한다. 그 예측이 맞는지 틀리는지 실험이나 관측을 통해서 확인한다. 인간 염색체 2번에 대한 논문은 이러한 과학적 절차와 방법이 효과적임을 잘 보여주는 예라고 할 수 있다.

물론 우리 중 누구도 인류의 조상이 변이를 겪음으로써 두 개의 염색체가 융합되며 거대 유인원류와 진화적 분기점을 경험하는 것을 직접 목격한 사람은 없다. 왜냐하면 이 사건은 500만 년 전에 벌어진 사건이기 때문이다. 하지만 우리는 과학적인 방법과 절차를 통해 그 사건이 500만 년 전에 실제로 일어난 사건임을 추적해낼 수 있다. 혹자는 이렇게 질문할지도 모르겠다. "그래서 어쨌단 말인가? 그런 것을 밝혀내는 과학이 우리의 삶과 무슨 상관이 있는가? 하나님의 형상을 가진 인간이 영장류와 공통 조상을 공유한다는 그 따위 연구는 인간의 존엄성을 약화시킬 뿐 아닌가?"

인간의 염색체의 융합을 추적하는 기술과 우리의 일상과는 큰 관련이 없어 보일 수 있다. 하지만 첨단 유전학 지식은 유전 공학, 제약, 농학 같은 첨단 바이오 산업에 직접 응용된다. 우리는 현대 과학 기술이 제공하는 문명의 이기들 속에서 살아가고 있다. 따라서 우리는 일상에서 알게 모르게 이러한 첨단 바이오 산업이 제공하는 편익을 누리며 살고 있다. 우리는 마트에서 산 식료품들을 통해 바이오 산업이 주는 편익을 누릴 수 있고, 약국에서 구입해 복용하는 감기약에도 진화론을 응용한 현대 유전학의 성과가 들어 있다. 병원에서 사용하는 항암 치료도 첨단 유전학과 바이오 테크놀로지를 활용하는 것이다.

또한 우리는 첨단 유전학 지식을 통해서 인간과 거대 유인원들의 관련성뿐만 아니라, 인간과 다른 종류의 생명체들이 전혀 다른 차원의 존재가 아니라 우리가 살아가는 지구 생태계에서 밀접하게 연결되어 있다는 점을 깨닫고 생명과 생태 환경에 대한 소중함을 인식하는 기회로 삼는다면 하나님께서 창조하신 창조세계 전체에 대한 이해와 존중의 태도를 향상시킬 수 있다.

하나님께서는 우리 인류가 출현할 수 있도록 매우 긴 시간에 걸쳐 모든 환경을 조정하시고 관장하셨다. 하나님께서는 장구한 시간의 흐름 속에서 인간이 하나님의 형상을 담지할 수 있는 놀라운 축복을 허락하셨다(창 1:26). 또한 그분은 자신의 형상을 담지한 인간에게 모든 생물을 다스리라(창 1:28)는 특권을 주셨다. 성경에 나타난 하나님의 창조의 메시지를 현대 과학이 설명하는 자연에 투사해볼 때, 우리는 이 모든 일을 행하신 하나님의 탁월한 경륜 앞에 경탄하며 진정한 감사를 올려드릴 수 있음을 발견하게 된다. 또한 우리 인간은 하나님의 형상을 지닌 하나님의 대리인으로서, 하나님이 보시기에 좋았다는 이 창조세계 및 이곳에서 살아나가는 모든 생명을 아끼고 돌볼 수 있는 생태학적 소명을 발견해야 마땅하다.

13. 고리종 이야기

1991년은 내가 군 복무를 마치고 복학한 첫 해였다. 복학 후 첫 학기를 우여곡절 끝에 마치고, 경북 점촌 지역에서 열린 여름 농촌 선교에 참여했다. 하루 늦게 출발한 탓에 다른 참가자들과 함께 버스를 타고 내려가지 못하고, 승용차를 타고 점촌으로 향했다. 당시 충청북도 괴산에서 문경 새재를 넘어가는 길에 발견했던 두 가지가 아직도 기억에 선명하다.

첫 번째는 언어였다. 괴산에서 문경으로 다가갈수록 충청도 사투리가 점점 경상도 사투리로 변하더니 괴산과 문경의 경계에서 접했던 말은 충청도 사투리인지 경상도 사투리인지 분간이 안 되다가 새재를 넘는 순간 경상도 사투리로 분명하게 바뀌는 것을 확인했다. 언어적 점이(漸移) 지역이 존재한다는 것을 깨닫게 해준 경험이었다.

두 번째는 충청도에서 경상도로 넘어가던 길가의 풍광이 너무도 아름다웠다는 것이다. 절경(絶景)이라는 말이 무슨 뜻인지를 자연스럽게 깨우치게 만들었던, 그 수려한 경관이 아직도 기억에 생생하다. 그리고 진흥왕이 이 새재를 넘어서 한강 유역으로 진출하려고 그렇게 노력했던 이유가 신라가 험준한 산맥으로 고립되어 있었기 때문이라는 것과, 임진왜란 때 신립 장군이 이 새재라는 천혜의 요새를 두고 사방이 훤히 트여 있는 충주 탄금대에서 배수진을 치고 왜적과 싸운 것이 결코 전략적으로 현명한 선택이 아니었다는 역사적인 깨달음도 덤으로 얻을 수 있었다.

내가 살고 있는 캘리포니아는 한국과 또 다른 풍광이 재미를 더해주는 흥미로운 지형을 가지고 있다. 캘리포니아 주는 남북으로 1,240km에 이르는 긴 태평양 해안선을 접하고 있다. 내륙 방향인 동쪽으로 조금만 눈을 돌리면 격렬한 지진 활동을 일으키는 샌앤드리어스 단층대를 따라 늘어서 있는 해안 산맥(California Coast Ranges)이 태평양 해안선을 좇아서 마치 병풍을 둘러 세운 것처럼 남북으로 길게 뻗어 있는 것을 육안으로 확인할 수 있다. 이 산맥의 산들 중에는 안텔로프힐처럼 몇 백미터가 채 안 되는 나지막한 봉우리들도 있지만 로마 프리에타봉(1,150m)이나 산티아고봉(1,730m)처럼 높고 험준한 산들도 꽤 있다. 이 산들을 뒤로 하고 동쪽으로 나아가면 언제 험준한 산들이 있었느냐 싶을 정도로 어마어마하게 넓은 평원이 펼쳐져 있다. 이 평원은 센트럴 협곡(Central Valley)으로 불린다. 나는 이 평원이 캘리포니아 주 중앙의 거의 대부분을 차지하기 때문에 "센트럴"이라는 이름이 붙여졌다고 생각한다. 비록 좁고 긴 골짜기라는 뜻의 협곡(valley)이라는 이름이 붙여졌지만 이곳은 720km의 길이에 평균 폭이 80km에 이르는 어마어마하게 광활한 평원 지역이다.

협곡을 가로질러 더 동쪽으로 가보면 해안 산맥보다 몇 배 더 웅장하고 스케일이 큰 시에라네바다 산맥(Sierra Nevada Range)이 위용을 드러낸다. 알래스카를 제외한 미국 본토 최고봉인 4,400여 미터의 휘트니 산과 그 유명한 요세미티 국립 공원을 품고 있는 산맥이 바로 이 시에라네바다 산맥이다.

해안 산맥과 시에라네바다 산맥은 캘리포니아 주 거의 북쪽 끝에 있는 레딩(Redding)이라는 도시 부근에서 서로 맞닿아 있다. 그뿐만 아니라 남쪽으로는 로스앤젤레스에서 약 160km 정도 북쪽에 위치한 테하차피(Tehachapi)라는 도시 인근에서 또 다시 합쳐진다.

센트럴 협곡은 마치 카르타고의 한니발 장군이 지휘한 군대의 반월진 속에 갇혀버린 로마 병정들같이, 혹은 이순신 장군의 학익진에 포위당한 왜적의 군선들처럼 두 산맥 사이에 끼어서 완벽하게 갇혀 있는 형국을 이루고 있다. 앞서 언급했듯이 센트럴 협곡은 협곡이라고 불리기에는 엄청나게 큰 평원 지대이지만 해안선을 따라서 늘어선 해안 산맥과 동쪽 내륙쪽에 있는 웅장한 시에라네바다 산맥에 의해 동서남북이 꽉 막혀 있는 분

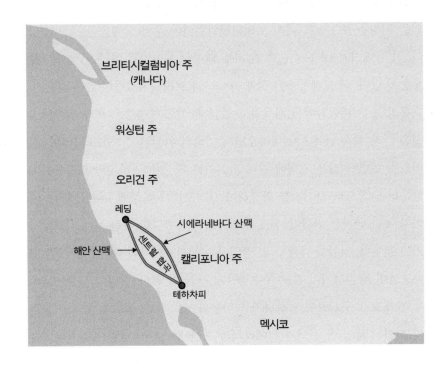

지 같은 지형을 형성하므로 협곡이라는 이름으로 불린다.

이 평원을 둘러싸고 있는 두 개의 산맥에서 벌어졌던 재밌는 사건을 소개하고자 한다. "종"(種, species)은 생물을 분류하는 최소 단위였다. 유성 생식을 하는 생물의 경우는 교미해서 번식할 수 있느냐 여부가 매우 중요한 종 분류 기준이 된다. 그러나 분류의 최소 단위인 종만으로는 충분치 않은지 "아종"(亞種, subspecies)이라는 하위 단계까지 만들어졌다. 아종은 분화가 진행되어 다른 형질들이 많이 발현됐지만 서로 교배를 통해 번식이 가능하기에 다른 종으로는 분류되지 않는 상태다.

태평양을 접하는 미국의 주는 3개가 있다. 앞의 그림에서 볼 수 있듯이 남쪽부터 북쪽으로 올라가며 살펴보면 캘리포니아 주, 오리건 주, 워싱턴 주의 순서로 이루어져 있다. 미국 서해안 주들 중에서 가장 북쪽에 있는 워싱턴 주는 캐나다의 브리티시컬럼비아 주와 국경을 마주하고 있다. 이 아메리카 대륙의 길고 긴 서부 태평양 해안가를 따라 서식하는 도롱뇽이 있다. 이 도롱뇽들은 원래 캐나다의 브리티시컬럼비아 주 같은 미대륙의 북부 해안가에서 서식하고 있었다. 이 도롱뇽들은 미대륙의 해안선을 따라 계속 남쪽으로 내려오면서 미국의 워싱턴 주와 오리건 주까지 이르는 대단히 넓은 지역에 걸쳐 서식지를 확장한다. 하지만 도롱뇽들이 더욱더 남쪽으로 서식지를 확장하여 캘리포니아 북부에 이르렀을 때 예기치 못한 난관을 만난다. 센트럴 협곡이라는 광활한 평원 지대가 펼쳐져 있던 것이다. 광활한 대평원 및 작열하는 캘리포니아의 태양은 조그만 도롱뇽들이 생존하기에 결코 우호적인 조건일 리 없다. 따라서 도롱뇽들은 두 갈래길로 우회하여 남하하기 시작한다. 그것들은 센트럴 협곡을 둘러싸고 있는 해안 쪽 산맥과 시에라네바다 산맥을 따라 남쪽으로 서식지를 넓혀나갔다. 아라비아 카라반들은 톈산 산맥을 피해서 산맥 남쪽과 북쪽으로 실크로드를 개척했다. 하지만 이 도롱뇽들은 오히려 평야 지대를 피해서 평야 지대의 서쪽과 동쪽을 감싸고 있는 산맥을 따라 서식지를 남쪽으로 넓혀갔던 것이다.

따라서 협곡 서쪽에 있는 해안 지대 산맥으로 남하했던 도롱뇽들과 협곡 동쪽에 있는 시에라네바다 산맥을 따라 남쪽으로 옮겨갔던 도롱뇽들은 서로 유전자를 교환할 수 있는 기회가 제한될 수밖에 없었다. 이 작은 도롱뇽들이 80km에 이르는 광활한 대평원을 횡단해서 교미를 통해 유전자를 교환한다는 것은 거의 불가능한 일이었을 것이다.[1] 캘리포니아 해안 지대 산맥과 시에라네바다 산맥을 따라 남쪽으로 내려온 도롱뇽들은 무수히 오랜 기간에 걸쳐 서로 격리될 수밖에 없었고 색깔이 달라지고 얼룩이 뚜렷해지는 등 점점 다른 형질을 발현한다.

오랜 세월에 걸쳐 해안 지대 산맥을 따라 내려온 도롱뇽들과 시에라네바다 산맥을 따라 내려온 도롱뇽들은 대평원이 끝나는 남부 캘리포니아에서 마침내 조우한다. 같은 조상을 둔 두 상이한 도롱뇽 집단이 장구한 시간에 걸친 여행 끝에 재회를 한 남부 캘리포니아에서는 어떤 일이

---

1   협곡 서쪽 해안 산맥에 서식하는 크산토프티카(xanthoptica)라고 불리는 아종은 비록 개체수는 많지 않지만 협곡 동쪽인 시에라네바다 산맥에도 분포하고 있다. 크산토프티카 개체군의 일부는 협곡을 성공적으로 횡단하여 반대편 시에라네바다 산맥에 정착하기도 했다. Richard Dawkins의 *The Ancestor's Tale*, 302과 이 연구를 주도한 버클리 대학교의 웹사이트 (http://evolution.berkeley.edu/evolibrary/article/0_0_0/devitt_02)를 참조하라. 도롱뇽은 흡사하게 보이는 파충류인 도마뱀과는 달리 양서류다. 즉 물이 없으면 생존할 수 없다. 자그마한 도롱뇽이 어떻게 캘리포니아의 태양이 작열하는 센트럴 협곡을 횡단해서 해안 산맥과 시에라네바다 산맥에 동시에 서식할 수 있었을까? 참으로 경이스럽다.

벌어졌을까? 길고 긴 시간 동안 못 만났던 회포를 풀기 위해 두 도롱뇽 집단의 젊은 청춘들이 서로 사랑을 나누고 교미하여 번식했을까? 아쉽지만 그런 일은 벌어지지 않았다. 남부 캘리포니아에서 만난 이 두 집단의 도롱뇽들은 서로 생식이 불가능할 정도로 다르게 변해 있었기 때문이었다.

유성 생식을 하는 생물의 경우에는 상호 간에 생식이 가능한가의 여부가 같은 종으로 분류하는 절대적 기준이 된다. 캘리포니아 북부의 센트럴 협곡이 시작되는 곳에서 도롱뇽들의 격리가 시작된다. 센트럴 협곡 입구에서부터 캐나다에 이르는 북쪽에 사는 도롱뇽들과 협곡 서쪽인 해안 산맥에서 살아나가는 다양한 도롱뇽 개체군들은 이웃하는 도롱뇽 개체군

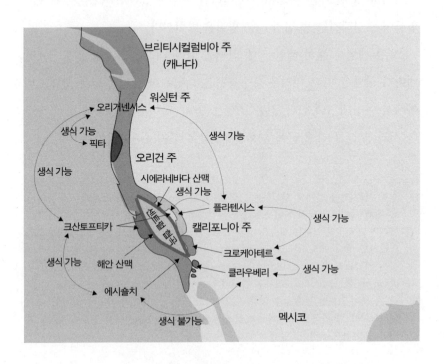

들과 교미를 통한 번식이 가능하다. 또한 협곡 북쪽의 똑같은 도롱뇽들과 협곡 동쪽인 시에라네바다 산맥에서 서식하는 도롱뇽 개체군들도 인접한 장소에 서식하는 도롱뇽 개체군들과 생식이 가능하다. 하지만 협곡을 고리처럼 한 바퀴 돌아서 남쪽에서 만난 두 도롱뇽 개체군들끼리는 생식이 불가능할 정도로 달리 변해버렸던 것이다.

위의 그림에서 볼 수 있듯이 오리거넨시스(Oregonensis)라는 이름의 도롱뇽은 캐나다에서부터 미대륙 서부 해안선을 따라서 미국의 워싱턴 주와 오리건 주에 이르는 광대한 지역에 서식하고 있었다.[2] 이 오리거넨시스 도롱뇽은 갈색 바탕에 희미한 얼룩무늬를 지니고 있다.[3] 해안선을 따라 남쪽으로 계속 내려와 캘리포니아 북부에 이르게 된 오리거넨시스는 센트럴 협곡을 만나서는 서쪽의 해안 산맥과 동쪽의 시에라네바다 산맥 두 갈래로 분기하여 계속 남쪽으로 서식지를 확장한다.

해안 산맥을 따라서 남하를 계속한 오리거넨시스는 크산토프티카 (Xanthoptica)와 에시숄치(Eschscholtzii)라는 아종으로 분화했으며 몸에 지니고 있는 희미한 얼룩은 점점 사라졌고 적갈색 혹은 옅은 핑크나 오렌지 색 같은 단일 색을 띤다.[4] 오리거넨시스는 크산토프티카와 생식이 가능하

---

2 캘리포니아 도롱뇽의 고리종 연구는 버클리 대학교의 Robert Stebbins 교수가 주도했고 Stebbins 교수가 타계한 후에는 David Wake 교수가 연구를 승계했다. 캘리포니아 도롱뇽의 고리종 사례에 관한 Wake 교수의 논문은 다음을 참고하라. David Wake, "Incipient species formation in salmanders of the Ensatina complex," The National Academy of Sciences Vol 9, 7761 (July 1997).
 그리고 Richard Dawkins는 The Ancestor's Tale (New York: Mariner, 2004), 299-310에서 캘리포니아 도롱뇽의 고리종 사례와 다른 여러 고리종 사례들을 소개하고 있다.
3 Richard Dawkins의 The Ancestor's Tale 300 참조.
4 David Wake, "Incipient species formation in salmanders of the Ensatina

며, 크산토프티카는 협곡 서쪽에서 그 협곡이 끝나는 지점에 서식하는 에 시숄치와의 생식이 가능하다. 마치 사슬이 연결되듯이 도롱뇽들은 자신 들이 서식하고 있는 인접 지역의 도롱뇽들과 생식을 통해 번식할 수 있는 같은 종을 형성하고 있다.

한편 동쪽 내륙의 시에라네바다 산맥을 따라 남하를 계속한 도롱뇽들 은 오리거넨시스에게 있었던 희미한 얼룩이 점점 또렷해지는 외관상의 변화가 발생했고 플라텐시스(Platensis), 크로케아테르(Croceater), 그리고 클라우베리(Klauberi)로 분화되었다.[5] 이 도롱뇽들 역시 이웃 지역의 도롱 뇽과 생식이 가능한 아종 관계를 형성하고 있다.

해안 산맥을 따라 서식하는 도롱뇽들과 시에라네바다 산맥을 따라 서 식하는 모든 도롱뇽 집단들은 이웃하는 다른 도롱뇽 집단들과 생식이 가 능한 아종 관계를 맺고 있다. 하지만 협곡이 끝나는 지점인 캘리포니아 남부에서 다시 만난 두 도롱뇽의 아종인 에시숄치와 클라우베리는 서로 교미가 불가능하다. 교미를 통한 번식이 불가능하다는 것은 서로 다른 종 이 되었다는 것을 의미한다.

만약 협곡 북쪽 및 동서 산맥에 사는 모든 도롱뇽 개체군들이 다 멸종 되고 협곡이 끝나는 남쪽에서 만나게 되었던 에시숄치와 클라우베리, 이 두 도롱뇽 개체군들만 남았다면 당연히 우리는 이 두 집단을 다른 종이라 고 정의할 것이다. 하지만 남쪽에서 만난 두 도롱뇽 집단은 해안 산맥과 시에라네바다 산맥을 따라 각기 다른 갈래로 다양한 아종들을 형성하며,

---

complex," The National Academy of Sciences Vol 9, 7761 (July 1997).
5   David Wake의 논문 7761 참조.

원서식지인 협곡 북쪽에서 살아가는 오리거넨시스 도롱뇽 집단과는 전체적으로 같은 종을 이루고 있다.

이러한 사례를 고리종(ring species)이라고 한다. 고리의 끝을 보면 분명 다른 종이다. 하지만 끝을 제외한 전체적인 고리의 모양을 보면 분명 같은 종으로 연결되어 있다. 고리종은 하나하나의 개체군을 이웃 개체군과 연결하면 같은 종이지만 계속 연결해서 고리를 한 바퀴 돌아 다시 만나는 곳에서는 두 개체군이 같은 종으로 폐합되는 고리가 아니라, 서로 다른 종이 됨으로써 끝이 어긋나버린 고리로 끝난다.

이 고리종이 가져다주는 딜레마를 어떻게 해야 할까? 이들을 같은 종으로 묶을 수도 없고 다른 종으로 떼어낼 수도 없다. 한편으로는 같은 종으로 묶어버릴 수도 있고 다른 종으로 떼어낼 수도 있다. 그러므로 고리종은 우리에게 종의 개념이 고정된 것이 아니고 역동적으로 변하고 있다는 사실을 보여주는 좋은 예일 것이다. 앞서 언급한 괴산에서 문경으로 넘어갈 때 충청도 방언이 점이 지역을 거치며 서서히 바뀌기 시작하다가 완전히 경상도 방언으로 바뀌었던 것처럼, 종 개념도 한 종으로 정의하기 어려운 변화를 수반한 점이 단계를 거쳐서 분화가 일어나는 것, 즉 진화가 일어나는 것을 보여주는 좋은 사례라고 할 수 있다.

창조과학회에서는 "종류대로"라는 성경의 문자적인 표현에 집착한 나머지 자연에서 관찰되는 이러한 종 분화와 진화의 증거들을 수용하지 않는다. 하지만 우리는 고리종의 사례를 통해서 종이라는 것은 장구한 세월에 걸친 지구의 역사 속에서 하나님의 연속 창조를 통해 지구 상에 발현된 생명의 다양성을 단지 우리 시대의 시간적 단면 위에서 이해하기 위해 인간이 만든 틀일 뿐이라는 것을 깨닫는다. 따라서 종이란 고정되거나 불변의 것이 아니라, 하나님의 계속되는 창조의 놀라운 경륜을 통해서 충분히 재정의할 수 있는, 자연을 이해하는 방법일 뿐이다.

14. 풀을 먹는 호랑이

우크라이나 출신의 작가 니콜라이 바이코프(Nicolai Baikov)의 작품 중 『위대한 왕』(아모르문디 역간)이라는 소설이 있다. 백두산과 만주 산림을 누비는 한국산 호랑이가 주인공인 이 소설은 동물이 주인공으로 등장하는 동물 문학 작품 중 탁월한 수작이라고 할 수 있다. 이 소설에는 주인공인 호랑이가 호두나무 밑을 지나다가 호두를 깨물어 먹는 장면이 묘사되어 있다. 육식을 하는 호랑이가 견과류 같은 식물의 씨앗을 깨물어 먹는 것이 상당히 생소한 느낌을 준다. 몇 년 전에는 중국의 한 동물원에서 번식기 때 풀을 뜯어 먹는 호랑이가 실재한다는 기사를 읽은 적도 있었다. 아마도 『위대한 왕』의 작가인 니콜라이 바이코프도 만주에서 수십여 년 동안 머물면서 호랑이가 호두를 먹는 것을 직접 관찰했고 이를 자신의 소설에 반영한 것은 아닐까 싶다.

호랑이가 비록 소량의 풀을 뜯어 먹거나 견과류를 먹는다고 해서 초식동물로 분류되지는 않는다. 과학자들은 호랑이 게놈 지도 연구를 통해 호랑이가 갖고 있는 유전학적 성질들을 많이 연구했다. 이 연구에 의하면 호랑이는 단백질 소화 유전자가 특히 발달했고, 사냥에 필요한 근력 유전자도 선택적으로 발달해서 선천적으로 강한 육식성을 지니고 있다.

생물학에서는 생존에 필요한 영양분을 섭취하고 이것을 분해하여 에너지를 얻는 일련의 생화학적 공정(process)을 물질대사(物質代謝, metabolism)라고 한다. 호랑이가 풀을 먹거나 견과류를 먹을 수는 있을지라도 이러한 초식성으로부터는 생존에 필요한 에너지를 얻는 물질대사를 확보할 수 없다는 것을 이 연구가 잘 보여준다. 만약 고기를 전혀 먹지 않고 풀만 뜯어 먹고 사는 호랑이가 발견된다면 어떻게 정의를 내려야 할까? 백수의 왕이라는 호랑이, 포효하는 소리에 온 산의 모든 동물들이 부들부들 떠는 그 늠름한 위용을 가진 호랑이가 풀을 뜯어 먹는다면 과연 그것을 호랑이라고 할 수 있을까? 아니면 풀을 전혀 뜯어 먹지 않고 고기를 우걱우걱 씹어먹는 토끼가 발견된다면 이 변종 토끼는 어떻게 분류를 해야 할까? 생태계 먹이 사슬의 맨 아래 쪽에 위치하면서 항상 포식자들을 피해 도망만 다니던 토끼가 다른 동물을 맹렬하게 공격하고 사냥하여 그 살점을 우걱우걱 씹어먹는다면 과연 우리는 이것을 토끼라고 할 수 있을까? 이러한 특이한 변종들을 기존의 호랑이나 토끼와 똑같은 종으로 분류하기는 어려울 것이다.

미시간 주립대학교 리차드 렌스키(Richard Lenski) 교수의 주도 하에 1988년부터 20년이 넘는 기간에 걸쳐 대장균의 진화 실험(E. coli long-term evolution experiment)이 진행되었다. 그 실험 방법은 다음과 같다. 12개의 플라스크에 똑같은 성분의 각종 영양소가 들어 있는 배양액을 채우고 유전적 성질이 동일한 같은 개체군의 대장균을 집어넣어 배양을 시킨다. 이 12개의 플라스크는 향후 20년 동안 대장균이 격리되어 진화가 진행될 각기 다른 장소라 할 수 있다. 플라스크에 담겨진 배양액에는 대장균이 분해해서 식량으로 사용할 수 있는 영양소뿐만이 아니라 전혀 분해하지 못하기 때문에 먹을 수 없는 글자 그대로 "그림의 떡" 같은 영양소도 들어간다. 배양액 속에 들어간 대장균들은 사용할 수 있는 영양소를 분해하여 그것을 에너지원으로 삼아 증식하기 시작한다. 이윽고 사용 가능한 모든 영양소가 바닥이 나면 대장균들은 증식을 멈추고 일정한 개체 수를 유지한다. 다음날 대장균이 잔뜩 증식해 있는 12개의 플라스크의 배양액에서 정확히 1%의 배양액을 유리 피펫으로 추출해 동일한 영양소를 가득 채운 새로운 12개의 플라스크에 넣어준다. 가용한 모든 식량이 바닥이 나서 굶주림에 허덕이던 대장균 중 아주 운좋은 1%는 유리 피펫이라는 노아의 방주[1]를 타고서 식량으로 가득찬 새로운 플라스크로 옮겨 가 다시 증식을 시작하게 되는 것이다. 하루에도 몇 세대가 증식을 하는 대장균을 이러한 배양 과정을 하루도 거르지 않고 20년 동안 반복하면서 12개의 플라스크를 통한 각각의 유전적인 변화를 약 45,000세대에 걸쳐 관찰한다. 45,000세대는 인류에게는 100만 년에 해당하는 기간이다.

이렇게 실험을 진행하는 도중 33,100세대 근방에서 12개의 플라스크 중 한 플라스크에서 의미 있는 변화가 감지되었다. 배양액 속의 대장균이 증식해서 개체수가 많아지면 그 배양액은 탁해진다. 이 탁해진 정도를 통해 대장균이 얼마나 증식했는지를 가늠할 수 있다. 이 탁해진 정도를 OD(optical density, 광학 밀도)라고 부른다. 33,100세대 직후의 한 플라스크의 OD가 갑자기 6배 가까이 증가하게 된다. 이 배양액을 옮겨놓은 후속

---

1   Richard Dawkins는 『지상 최대의 쇼』에서 "유리로 만든 노아의 방주를 타고"(165쪽 참조)라는 표현을 사용하는데 그것을 인용했다. Dawkins는 대단히 공격적인 강성 무신론자이지만 문학적 표현력은 참 탁월한 사람이다.

플라스크에서도 OD는 줄어들지 않고 계속 같은 값을 유지했다. 이는 대장균의 밀도가 몇 배 더 높아졌다는 이야기인데 참으로 이상한 일이 아닐 수 없다. 왜냐하면 12개의 모든 플라스크에 똑같은 성분의 영양액이 주어졌으므로 한 플라스크에서만 다른 플라스크들보다 몇 배 더 많은 대장균이 증식할 수는 없기 때문이다.

그 이유가 무엇일까? 그것은 바로 시트르산(citric acid, 구연산) 때문이었다. 시트르산은 우리가 귤을 먹을 때 새콤한 맛을 느끼게 하는 약한 산이다. 배양액 영양소 성분에는 시트르산도 포함되어 있었는데 대장균은 산소가 주어진 환경에서(호기성 환경, 好氣性, aerobic) 시트르산을 분해하여 에너지원으로 사용할 수 있는 능력을 일체 갖고 있지 않다. 따라서 산소가 공급되는 환경에서는 시트르산의 분해 능력이 대장균과 살모넬라 같은 병원균을 분류하는 중요한 기준이 된다. 총 12개 중 한 개의 플라스크에 담긴 대장균이 33,100세대 직후 돌연변이가 일어나서 시트르산을 분해하여 에너지원으로 사용할 수 있는 기능이 생긴 것이다. 따라서 나머지 11개의 플라스크에서 배양되던 대장균은 사용 가능한 영양소를 다 소모하고는 증식이 정체되었지만, 변이를 일으켜서 시트르산을 영양소로 사용할 수 있게 된 대장균은 사용할 수 있는 에너지원이 많기 때문에 다른 플라스크에 있는 대장균보다 몇 배 더 증식할 수 있었다.

진화는 생명체의 점진적인 변화를 설명하고 있다. 창조과학회는 "공룡이 알을 낳았는데 새가 나왔다"와 같이 진화의 속도에 대한 왜곡을 유포하고 있다. 물론 진화와 관련한 이론 중에는 단속 평형론같이 진화의 속도를 빠르게 해석하는 이론도 있다. 하지만 이것 역시 점진적인 진화를 설명하고 있으며, 빠른 시간대라는 것도 지질학적인 장구한 세월을 의미한다. 진화론은 한 종류의 생명체가 가지고 있는 유전 정보의 작은 변이들이 수만, 수십만 혹은 수백만 세대에 걸쳐 축적이 되면 기존의 생명체와 상당히 다른 장치들을 가지고 다른 기능을 수행하는 생명체로 변화될수 있다는 것을 설명해낸다. 따라서 기존의 생명체와는 다른 장치를 발현하는 생명체의 출현은 당연히 긴 시간을 필요로 한다.

창조과학회는 이 렌스키의 실험을 폄하한다. 그들은 단세포 대장균이 다세포 생명체가 된 것은 아니기에 의미가 없다고 주장한다. 하지만 대장균이 시트르산을 에너지원으로 사용하게 된 물질대사를 수행하는 기능의 변화는 실험실이라고 하는 환경에서 단지 20년 만에 일어난 변이의 축적의 결과임을 잊어서는 안 될 것이다. 35억 년에 달하는 지구 상의 생명의 역사를 35살 청년의 나이로 환산한다면 20년은 단지 6초에 해당하는 시간에 불과하다. 35살의 청년이 그때까지 살아온 일생 중 6초의 시간 동안 성취할 수 있는 일에는 어떤 것이 있을까? 렌스키 박사의 실험은 비록 지질학적으로 찰나에 불과한 20년이라는 짧은 시간 동안에도 의미 있는 변화를 통해서 종과 종이 분화될 수 있다는 것을 잘 보여준다.

렌스키 박사의 실험은 시트르산을 분해할 수 있는 변종 대장균이 생물 분류학적으로 "너는 이 시점부터 대장균이 아니라 병원균에 더 가까운 놈이야"라고 정의내릴 수 있을 정도로 기존의 대장균과는 물질대사를 수행하는 장치들이 확연하게 달라진 생명체로 변화했음을 분명히 보여주고 있다. 나는 렌스키 박사의 실험을 35억 년의 장구한 세월을 통해 하나님의 연속 창조의 놀라운 경륜 가운데서 이루어져왔던 역동적이고 신비한 생명 현상의 다양성의 증가를 실험실의 제한된 환경에서나마 극적으로 재현한 의미 있는 실험이라고 생각한다.

15. 불타 없어져 가는 진화론

"불타 없어져 가는 진화론"(Evolutionary theory under fire)이라는 글이 창조과학회의 웹사이트에 게재되어 있다. 나는 그 글을 읽다가 "불타 없어져 가는 진화론"의 원래 영어 제목이 "Evolutionary theory under fire"라는 것을 알고는 아연실색했다. 이러한 과장은 번역의 융통성을 넘어선 의도적 왜곡이라고 할 수 있다. 영어에서 under fire라는 관용구는 "공격을 받다", "비판을 받다" 정도로 번역할 수 있다. 따라서 Evolutionary theory under fire를 수사적인 표현으로 번역을 한다면 "격론에 휩싸인 진화론" 정도가 적당한 표현이 될 것이다.

Evolutionary theory under fire는 「사이언스」(Science Magazine)의 편집자였던 로저 르윈(Roger Lewin)이 1980년 10월 중순경 미국 시카고에 있는 필드 자연사 박물관(Field Museum of Natural History)에서 개최된 진화론 학술 회의를 요약해서 「사이언스」에 게재했던 글의 제목이었다. 전문적인 편집인이고 여러 권의 책을 출간한 과학 저술가답게 로저 르윈은 사람들의 이목을 끌 수 있는 다소 자극적인 제목을 지었다. 창조과학회에서는 이 글을 인용해 시카고 회의에서 대진화가 부정되었다고 주장하고 있다. 창조과학회의 웹사이트에 있는 주장을 여기 인용한다.

"불타 없어져 가는 진화론"이란 제목의 이 기사는 이번 회의를 진화론의 큰 전환점이 될 역사적 회의였다고 평가한다. 왜냐하면 이번 회의에서 소진화가 쌓여 대진화를 이룬다는 종래의 진화론의 기본 명제가 부정되었기 때문이다. 종내(種內)에서의 작은 변이(變異), 즉 소진화(microevolution)가 일어난다 해서 그것을 연장하여 한 종에서 더 진보된 다른 종으로 변화한다는 대진화(macroevolution)가 일어난다고 할 수 있겠는가라는 중심 제목을 두고 회의를 했으나, 그 대답은 분명히 No!라고 결론지었다.

먼저 위의 인용글에서 언급된 "소진화"(microevolution)와 "대진화"(macroevolution)가 무엇을 의미하는지를 알아보고 그다음 창조과학회의 주장에 어떤 문제점이 있는지에 대한 논의를 진행하도록 하자.

소진화란 같은 종 안에서 일어나는 진화적 다양성을 의미한다. 예를 들어 개의 경우 멕시코가 원산지인 조그마한 치와와부터 스위스 알프스에서 브랜디가 담긴 술통을 목에 걸고 조난당한 사람들을 구조하는 거대한 세인트버나드 같은 대형견까지 다양한 품종들이 존재한다. 어떤 품종은 몸집이 작고 어떤 품종은 몸집이 크고, 어떤 품종은 털이 길고 어떤 품종은 털이 짧고, 어떤 품종은 주둥이가 길고 어떤 품종은 주둥이가 뭉툭하지만 이들 모두 생물학적으로 개라는 동일 종이다. 유성 생식을 하는 생물의 경우 같은 종이면 자연 상태에서 교배하여 번식 능력이 있는 자손을 낳을 수 있다.

반면에 대진화란 종의 장벽을 뛰어넘어 다른 종으로 종분화(speciation)

를 이루는 진화적 변화를 의미한다. 현재 지구 상에서 발생한 현란한 생명 다양성의 원인을 설명하는 과학 이론이 바로 이 대진화인 것이다. 우리가 흔히 진화라고 말할 때의 진화란 바로 새로운 종들이 탄생하는 이 대진화를 의미하는 경우가 많다.

창조과학회에서는 대진화를 받아들이지 않는다. 그들은 창세기에 있는 문자적 표현인 "종류대로" 하나님께서 생명체를 창조하셨기 때문에 종의 장벽을 넘어서 다른 종으로 분화되는 대진화는 절대로 받아들일 수 없다고 생각한다. 그러던 차에 진화 생물학의 세계적인 대가들이 시카고에 모여서 회의를 한 결과, 소진화는 발생하지만 대진화는 발생하지 않는다고 자발적으로 선언했다고 하니, 창조과학회의 입장에서 볼 때 이처럼 좋은 일이 또 어디 있겠는가? 사실 "대진화 불가" 선언이란 지구 상에 존재하는 생명 다양성에 대한 과학적인 설명을 포기하는 일이다. 어떻게 이런 사건이 일어날 수 있었는지 그 진위를 파헤쳐보자.

결론부터 말하자면 위에 인용한 창조과학회의 글은 원저자인 로저 르윈이 「사이언스」에 게재한 내용을 왜곡한 것이다. 로저 르윈의 원글은 다음과 같다.

시카고 회의의 중심 의제는 소진화를 이끄는 메커니즘들이 대진화의 현상을 설명하는 데까지 확대될 수 있느냐는 것이었다. 회의에 참석한 다른 입장에 있는 분들에게는 폭력처럼 여겨질 위험성도 있지만, 대답은 명백하게 "아니오"(No)였다. 그러나 명확하지 않은 점은 소진화가 대진화와는 완전히 무관한 것이냐는 점이다. 그 둘은 현저할 정도로 겹쳐지면서 연속성을 유지하는

것처럼 보인다.[1]

사건의 전말은 부분적인 발췌를 통한 왜곡이었다. "No"라는 대답까지
만 발췌해서 세계적인 진화학자들이 대진화, 즉 진정한 의미의 진화를 부
정한다고 선전한 것이다. 창조과학회의 홈페이지에 실려 있는 이 글은 많
은 기독교인들의 개인 홈페이지 및 블로그 등에서 공유에 공유를 거듭하
면서 하나님께서 생물을 "종류대로" 창조하셨다는 것을 변증하는 꽤 인기
있는 아이템이 되었다.

선한 의도가 끝까지 선하려면 그 의도를 관철시키는 방법도 선해야
한다. 선한 의도를 이루려는 방법이 이렇듯 올바르지 않다면 그 의도 자
체를 무색하게 만들고 말 것이다. 나는 창조과학회의 홈페이지에 "불타
없어져 가는 진화론"이라는 글을 게재한 저자가 아마 공인된 학술지에 논
문을 게재할 때는 이렇게 고의적인 조작과 왜곡을 하지 못할 것이라고 생
각한다. 자신의 전공과 관련한 글쓰기를 할 때는 엄밀하게 자료를 다루면
서, 어찌 하나님의 창조를 변증하는 글쓰기를 할 때는 조작과 왜곡을 우
습게 자행할 수 있단 말인가?

로저 르윈의 「사이언스」 기고문에 따르면 시카고 회의의 주요 주제는

---

1   Roger Lewin, "Evolutionary Theory under Fire," Science Vol. 210, 883–887 (21
    Nov. 1980). The central question of the Chicago conference was whether the
    mechanisms underlying microevolution can be extrapolated to explain the
    phenomena of macroevolution. At the risk of doing violence to the positions
    of some of the people at the meeting, the answer can be given as a clear,
    No. What is not so clear, however, is whether microevolution is totally
    decoupled from macroevolution. The two can more probably be seen as a
    continuum with a notable overlap.

전통적인 점진적 진화론과 새롭게 대두된 단속 평형 이론과의 조율에 대한 것이었다. 즉 진화의 속도(tempo)에 관한 것이었다. 한 종에서 다른 종으로 분화되는 데는 매우 오랜 시간이 걸린다는 것이 다윈 이후 진화 생물학의 주류였다. 장구한 시간에 걸친 점진적인 진화, 이 전통적인 관점을 점진주의(Gradualism)라고 부른다. 다음 그림은 점진주의적 관점에서 종 A가 종 B로 분화되는 것을 도해한 것으로, 매우 긴 시간 동안 완만하게 누적되는 진화 과정을 거쳐 종분화가 이루어지는 것을 표현하고 있다.

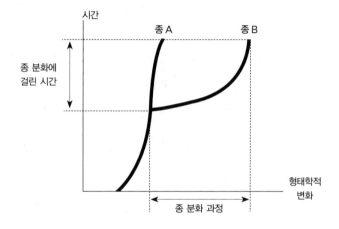

반면에 단속 평행 이론(Punctuated equilibrium)은 종과 종 사이가 분화되는 과정이 길고 점진적인 것이 아니라 비교적 짧은 시간에 급속하게 이루어진다고 설명한다. 단속 평형 이론은 하버드 대학교 고생물학과의 스티븐 제이 굴드(Stephen Jay Gould) 교수와 미국 자연사 박물관의 닐스 엘드리지(Niles Eldridge) 박사에 의해 1972년에 제창되었다. 다음 그림은 단속 평형 모델을 도해한 것이다.

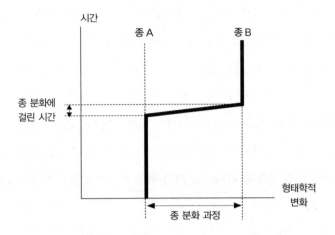

이 그림을 보면 종분화는 짧은 시간에 이루어지고 형태적인 변화가 없는 안정기가 길게 계속되는 양상이 표현되어 있다.

위의 두 그림들은 한 종에서 다른 한 종으로 분화되는 양상을 도해한 것이다. 하지만 자연계에서 발생되는 진화의 양상은 단선적이지 않다. 오히려 그것은 공통 조상에서 여러 갈래로 가지치기를 하며 생명 다양성을

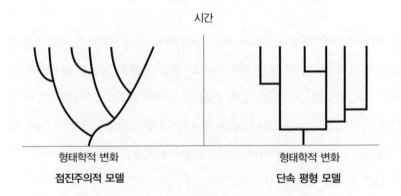

증가시키는 역동적인 모습을 띠고 있다. 이러한 양상을 그림으로 도해하면 앞과 같다.

많은 독자들이 진화에 대해 갖기 쉬운 오해 중 하나가 진화는 단선적인 가닥으로만 이루어진다고 추측하는 것이다. 하지만 진화의 과정은 단선적이지 않다. 동시에 여러 갈래의 가지가 뻗어나가는 나무처럼 다선적으로 분기되어 진행된다. 굴드는 현생 포유류 중 최다 종수를 자랑하는 박쥐, 영양, 혹은 설치류의 진화 과정을 나무로 표현한다면 수천 개의 가지를 지닌 복잡한 나무가 될 것이라고 언급한 적이 있다.[2]

창조과학회에서는 단속 평형 이론을 가리켜 "괴물 이론"이라고 폄하한다. 어미와 똑같은 새끼가 태어나는 것이 아니라 어미와 생판 다른 괴물이 태어난다는 의미다. 창조과학회는 "어느 날 파충류가 알을 낳았는데 그 알에서 새끼 파충류 대신 새가 알을 깨고 나왔다"라고 표현하며 중간종의 화석이 없는 것에 대한 궁여지책으로 만들어진 것이 단속 평형 이론이라고 주장한다.

나는 위 그림에서 단속 평형 모델에서 종 A에서 종 B가 분화되는 시간을 짧게 묘사해놓았다. 과연 얼마나 짧을까? 창조과학회의 주장대로 파충류 어미가 새를 낳듯이 어느 날 갑자기 한 세대만에 급격하게 이루어질 수 있을까? 장구한 지질학적 시간에서 "짧다"라는 표현은 수만 년 이상을 의미한다. 단속 평형 이론에서 주장하는 급격한 종 분화는 수십만 내지는 수백만 년에 걸쳐 서서히 분화가 일어난다는 기존의 점진주의 이론을 전

---

2   Stephen Jay Gould, 김동광 옮김, 『생명, 그 경이로움에 대하여』(서울: 경문사, 2004), 48.

면적으로 부정하는 것이 아니다.[3] 그것은 점진적인 과정으로 진화가 일어나기도 하지만 때로는 급속한 종 분화가 몇만 년 안팎에서 발생할 수 있다는 설명을 제공하고 있다.

우리가 집에서 즐겨보는 텔레비전의 변천사를 진화와 비교해보자. 1930년대 중반부터 2000년대 중반에 이르기까지 거의 70여 년 동안 가정에는 무거운 브라운관을 지닌 텔레비전 밖에 없었다. 2000년대 중반에 이르자 새로운 모델의 텔레비전이 등장하기 시작한다. 새로운 기술이 상용화되면서 브라운관이 도태되고 텔레비전이 갑자기 가볍고 얇아진 것이다. 브라운관의 두께와 텔레비전의 무게가 70여 년 동안 점진적으로 줄어들었던 것이 아니었다. 어느 순간 갑자기 프로젝터 타입의 DLP, 플라즈마 타입의 PDP, 그리고 LCD 타입 등 벽에 걸 수 있을 만큼 홀쭉하고 가벼워진 텔레비전들이 다선적으로 등장한 것이다. 즉 급격한 형태의 변화가 한 순간에 단속적으로 이루어진 것이다.

그리고 이러한 다선적인 변천 과정이 전개되는 것과 동시에 프로젝터 타입의 DLP는 곧 시장에서 도태된다. 출현하자마자 단종되어버린 것이다. 이 텔레비전을 진화에 비교한다면 그것은 종 분화에는 성공했지만 곧 멸종된 경우에 해당될 것이다. 플라즈마 타입의 PDP는 LCD 타입과의 경쟁에서 서서히 밀려나면서 2016년인 지금은 거의 단종 직전에 이르렀다. 텔레비전 변천 과정에서 유일하게 생존한 LCD 타입도 백라이트 유닛으로 LED를 사용하는 타입, 그리고 유기 발광 다이오드를 사용하는 OLED(Organic LED) 타입 등등으로 계속 분기되면서 변화하고 있다.

---

3 Stephen Jay Gould, *The Panda's Thumb* (New York: Norton, 1992), 185.

텔레비전을 설계하는 엔지니어의 입장에서 보자면 어느 날 갑자기 브라운관이 도태된 것은 아닐 것이다. 오히려 그는 오랜 기간에 걸쳐 신기술들을 수없이 개발하고 테스트를 해왔기 때문에 그 기술 변천사를 꿰뚫고 있었으므로 새로운 텔레비전의 등장이 급작스럽지는 않았을 것이다. 하지만 텔레비전의 조형적인 외관을 설계하는 디자이너들은 어느 날 갑자기 새로운 기술을 적용한 텔레비전이 개발되어 하루아침에 확 바뀐 모델을 디자인해야만 했을 것이다.

유전학의 관점에서 보면 점진주의적 모델이 더 타당하게 보일 수 있다. 유전학자들은 세대에서 세대를 거치는 동안 점진적으로 누적되는 변이들을 추적할 수 있으므로 당연히 진화를 바라보는 시각이 점진주의적 관점이 될 수밖에 없을 것이다. 반면에 화석 증거에 많은 부분을 의존하는 고생물학자의 관점에서 진화의 양상을 결정짓는 형태학적 변화는 격변적으로 단속되며 불연속적으로 전개되는 것처럼 보일 것이다. 따라서 고생물학자는 단속 평형 모델이 타당하게 여겨질 수 있다고 생각한다.

1980년 10월 미시간 호의 호반에서 열렸던 시카고 회의는 진화의 속도와 관련하여, 진화 생물학 분야의 국제적 석학들의 의견을 조율했던 역사적인 회의였다. 그러나 한국교회 한쪽에서는 이 기념비적인 회의에서 세계적인 진화 생물학자들이 진화를 부정했다는 왜곡된 정보를 만들어 하나님의 창조를 뒷받침하는 인기 있는 증거로 악용하고 있을 따름이다.

16. 태초에 하나님이 천지를 창조하셨느니라

아인슈타인도 틀렸다: 빅뱅의 태동

미국 캘리포니아 주 로스앤젤레스 북쪽에는 패서디나라는 도시가 있다. 그곳에는 "칼텍"이라는 별명으로 더 유명한 캘리포니아 공과 대학(California Institute of Technology)이 있다. 칼텍은 미국 동부에 있는 MIT와 더불어 공학과 과학 분야에서 미국 최고 수준을 자랑하는 세계적으로 유명한 대학이다. 미국 CBS 방송국에서 방영되고 있는 인기 시트콤 빅뱅이론(Big Bang Theory)은 바로 칼텍에 근무하는 괴짜 천재 물리학자들의 에피소드를 다룬 코미디물이다. 이 시트콤 주제가의 도입부 가사는 현대 우주론의 빅뱅 이론을 대단히 함축적으로 잘 표현하고 있다.

우리의 우주는 뜨겁고, 응축된 상태였었죠.
그런데 약 140억 년 전에 팽창이 시작됐었죠.

"우주가 어떻게 생겼을까?"는 인류의 오래된 수수께끼였다. 오랜 옛날부터 인류는 우주의 기원과 그 정확한 모습을 궁금해했다. 17세기 과학 혁명 이후 인류가 이해했던 우주는 "무한한 과거로부터 원래 모습 그대로 변함없이 존재해온" 정적인 모습이었다. 이러한 우주관을 정상 우주론이라고 부른다. 20세기가 시작될 무렵까지도 모든 과학자는 정상 우주론을 받아들였다.

그러던 차에 느닷없이 빅뱅 우주론(Big Bang Cosmology)이 등장했다. "우주는 부동적인 것이 아니라 까마득히 먼 옛날에는 좁쌀보다도 더 작은 공간에 뭉쳐 있었는데 어느 한 시점에서 갑자기 폭발을 일으켜 팽창하기 시작해 오늘에 이르렀다"는 것이 바로 빅뱅 우주론의 골자다. 아니, 과학자들이 정신나간 사람들이 아니라면 어떻게 이런 허황된 생각을 할 수 있었을까? 독자들은 여행을 떠나기 전 가방을 꾸리며 고생해본 경험이 있을 것이다. 작은 여행 가방에 많은 짐을 챙겨 넣으며 그중 부피가 커서 안 들어가는 짐을 억지로 욱여넣었던 일도 적잖게 있었을 것이다. 여행용 가방에 속옷이나 양말 같은 짐을 욱여넣기도 힘든데, 우리가 사는 이 지구가 좁쌀보다 작은 공간에 우그러져 들어간다는 것을 상상할 수 있겠는가? 지구를 좁쌀보다 더 작은 공간에 욱여넣는 것도 이해가 가지 않는데 심지어 지구 부피보다 130만 배나 더 큰 저 거대한 태양, 그런 태양이 수천억 개가 존재하는 우리 은하, 우리 은하 이외의 다른 천억 개 이상의 외부 은하 등등, 설명이 불가할 정도로 광활한 우주 전체가 좁쌀보다 작은 공간에 포함되어 있었다는 황당한 설명을 어떻게 받아들여야 할까?

빅뱅 이론은 1915년부터 태동하기 시작했다고 봐야 한다. 1915년에 아인슈타인이 일반 상대성 이론을 발표했다. 일반 상대성 이론은 열 개의 비선형 편미분 방정식으로 이루어져 있다. 1921년 러시아의 물리학자 알렉

산더 프리드만은 이 아름다운 방정식의 해를 구했는데 그 결과는 놀랍게도 우주의 팽창을 암시하고 있었다. 그 후 1927년 벨기에의 물리학자이자 가톨릭 사제인 조르주 르메트르가 일반 상대성 이론 방정식을 푼 결과 우주는 좁쌀보다 더 작은 엄청난 고밀도의 점에서 시작됐다는 해를 구한다. 정상 우주론을 굳게 믿고 있었던 아인슈타인은 이 결론을 매우 싫어했다. 같은 해인 1927년 벨기에에서 열린 제5차 솔베이 물리학회에서 조르주 르메트르를 만난 아인슈타인은 다음과 같은 신경질적인 반응을 보였다. "당신의 수학 실력은 빼어나지만 물리적 식견은 끔찍하군요." 그는 우주가 결코 팽창한 적도 없고 현재도 팽창하지 않는다고 단호하게 결론내렸다.

과학자들은 대부분 자연주의적 경향이 강한 편이다. 따라서 우주가 정적이고 고정되었다고 가정하는 것이 과학자들의 자연주의적 기호에 부합한다. 왜냐하면 정적인 우주가 아니라 한 점에서 팽창하는 우주 모델은 우주의 시작점을 상정할 수밖에 없고, 그렇다면 자연스럽게 "우주의 시작 이전에는 어떤 일이 있었는가?"라는 질문에 직면할 수밖에 없기 때문이다. 이러한 우주의 시작 이전, 즉 기원과 관련된 질문은 과학자들이 대답할 수 없는, 불편하기 짝이 없는 질문일 수밖에 없었다. 그렇기 때문에 과학자들은 우주는 처음부터 항상 그대로였다는 정상 우주론의 신념을 고수하면서 이런 곤란한 질문들을 사전에 봉쇄했다. 아인슈타인 역시 그런 자연주의적 성향이 강한 과학자였기에 결국 자신의 일반 상대성 이론 방정식을 수정하게 된다. 그는 우주 상수(Cosmological Constant)라는 상수항을 추가하여 팽창도 수축도 하지 않는 고정된 우주를 만들어버렸다.

하지만 아인슈타인이 자신의 일반 상대성 이론 공식을 비틀어가면서까지 우주가 고정된 것임을 주장했다고 해서 실제 우주의 모습이 그래야만 했던 것은 아니었다. 아인슈타인이 조르주 르메트르에게 핀잔에 가까운 충고를 했던 제5차 솔베이 물리학회에서 불과 2년밖에 지나지 않은 1929년, 미국의 천문학자인 에드윈 허블은 과학 역사상 가장 위대한 관측을 수행한다. 에드윈 허블이라는 과학자는 우리가 일반적으로 과학자에 대해 갖고 있는 선입견과 사뭇 다른 스타일의 과학자였다. 많은 이들이 과학자 하면 헝클어진 머리에 후줄근한 옷을 입고 뭔가 깊은 생각에 몰두하고 있는 아인슈타인 스타일의 이미지를 손쉽게 떠올릴 텐데 에드윈 허블은 전혀 달랐다. 그는 훤칠한 외모를 지녔고 만능 운동 선수였으며, 시카고 대학교에서 법학을 공부한 변호사이자 천문학 박사 학위까지 받은 수재였다. 언제나 정장을 말끔히 차려입고 입에는 항상 파이프 담배를 물고 있었던 그는 요즘 명품 정장의 광고 모델로 활동해도 손색이 없을 정도로 멋쟁이였다.

과학계의 엄친아 에드윈 허블이 1929년 우주가 팽창하고 있다는 사실을 밝혀냈다. 그가 우주의 팽창을 밝혀낸 원리는 간단했다. 바로 도플러 효과였다. 도플러 효과는 우리가 일상적으로 많이 경험하는 현상이다. 우리가 먼 길을 떠나는 친구를 배웅하기 위해 기차역 플랫폼에 서 있다고 가정해보자. 저 멀리서 기차가 시야에 들어오기 시작한다. "철커덩, 철커덩" 관절 구부러지는 소리를 내며 플랫폼으로 들어오는 기차가 우리에게 불과 50여 미터 떨어진 곳까지 다가와서 느닷없이 경적을 울려댄다. 우리가 서 있는 근방까지 온 기차에서 울리는 경적 소리는 유별나게 크고 강하게 들린다.[1] 이윽고 기차역에서 짧은 작별 인사를 나눈 친구를 태운 기

---

1   본문에서는 이해하기 쉽게 "크고 강하게"라고 표현했지만 파장이 짧아지는 효과이므로

차가 다시 움직이기 시작한다. 이번에는 우리가 서 있는 플랫폼에서 똑같이 50여 미터 정도 떨어진 곳을 지나던 기차가 다시 경적음을 울렸다. 이상하게 경적소리는 기차가 다가올 때처럼 우렁차게 들리지 않는다. 기차는 우리가 서 있는 곳에서 똑같은 거리를 지나가고 있지만 우리가 느끼는 소리의 세기는 기차가 우리 쪽으로 다가올 때가 훨씬 더 세게 느껴진다.

우리는 소리 같은 파동이 그 파동을 일으키는 파동원이 우리 쪽으로 다가올 때 세기가 강해지는 것처럼 여겨지는 효과를 느낀다. 역으로 파동원이 우리에게서 멀어진다면 우리는 그 세기가 약해지는 것 같은 효과를 느낀다. 빛도 소리와 같은 파동의 성질을 지니고 있다. 우리가 프리즘을 통과한 빛을 분석해보면 빛이 빨간색부터 파란색까지 무지개 색깔의 스펙트럼으로 분해되는 것을 확인할 수 있다. 만약 먼 곳에서 오는 별빛을 분석했을 때 에너지가 약한 빨간색 쪽으로 스펙트럼이 치우친다면 그 별은 우리가 사는 이 지구로부터 멀어지고 있다는 사실을 보여주는 것이다. 이러한 현상을 적색편이라고 한다. 또한 먼 곳에서 오는 별빛이 만일 에너지가 강한 파란색 쪽으로 치우친다면 우리는 그 것을 청색편이라 부른다. 이 청색편이는 그 빛을 내는 별이 우리 쪽으로 다가오고 있음을 알려주는 현상이다.

에드윈 허블은 멀리 있는 은하들의 적색편이를 관측하여 우주가 팽창하고 있음을 최초로 알아낸 것이다. 우주의 팽창이라는 어마어마한 현상을 증명해낸 방법 역시 어마어마하게 복잡하고 난해하리라고 생각하는 독자가 있을지 모르겠다. 하지만 실제 그 방법은 의외로 간단하며 우리가

"높고 날카롭게"라는 표현이 더 정확하다.

일상적으로 곧잘 경험하는 단순한 과학 이론을 이용한 것에 불과했다. 앞서 기차가 다가오는 예를 들었지만, 이러한 도플러 효과는 우리가 일상적으로 생활하는 주변에 널려 있다. 당장 집을 나서 집 앞의 큰 길에서 차들이 다가올 때 내는 엔진 소음을 그 차들이 우리를 지나쳐 멀어질 때와 비교해보면 도플러 효과를 확실히 느낄 수 있다. 이 도플러 효과를 이용해서 만든 간단한 장치가 바로 야구장에서 볼 수 있거나 아니면 과속 차량을 단속하는 교통 경찰관들이 사용하는 스피드 건이다.

창조과학회에서 주장하는 6천 년 지구와 우주의 나이를 철석같이 믿고 계신 이들은 혹시라도 교통 경찰관에게 과속으로 걸렸을 때 다음과 같이 쿨하게 한마디 던지면서 범칙금 통지서 발부를 거부해보라. "나는 창조과학을 믿는 사람이오. 따라서 우주 팽창을 증명했다는 도플러 효과를 받아들이지 않으며, 똑같은 원리를 이용한 스피드 건 따위는 신뢰하지 않소."

독자들은 여기서 경찰이 발부하는 속도 위반 통지서를 거부하라는 다소 냉소적인 표현이 무슨 의미인지 어렵지 않게 짐작할 수 있을 것이다. 오래된 우주의 기원을 부정하는 것은 단지 그 우주론 자체만 부정하는 것이 아니라 그 이론의 바탕을 이루고 있는, 우리의 일상생활과 밀접하게 관련된 수많은 과학 이론마저도 배척해야만 한다는 것을 의미한다.

우주에 남겨진 빅뱅의 화석: 우주 배경 복사를 찾아서

아무튼 에드윈 허블의 우주 팽창에 대한 관측으로 인해 과학계가 발칵 뒤집어진다. 영원히 고정적인 우주에 대해 회의를 갖게 된 과학자들이 등장하기 시작했다. 일반 상대성 이론 공식을 수정해서 우주 상수를 첨가했던 아인슈타인은 그것이 자신의 일생 최대의 실수였다고 고백하기에 이르렀다.[2] "우주가 지금 팽창하고 있고 이전에도 팽창했다면 알렉산더 프리드만이나 조르주 르메트르가 풀어낸 일반 상대성 이론의 해법처럼 과거의 어느 시점에서는 온 우주를 이루고 있는 모든 물질이 좁쌀보다 작은 공간 속에 모여 있었던 것이 아닐까?"라는 생각을 하게 된 과학자들이 하나둘 나타나기 시작했다. 그 대표적인 과학자가 구소련에서 미국으로 망명한 조지 가모프였다. 조지 가모프는 아주 먼 과거의 어느 시점에 빅뱅이 실제로 일어났었다면 그 사건이 현재의 우주에 어떤 흔적을 남겨 놓았을까를 착상한다. 빅뱅이 일어났을 때 폭탄이 터지듯 엄청난 굉음이 울렸을까? 그렇지는 않았을 것이다. 그 당시 우주는 소리를 전달할 수 있는 공기가 아직 만들어지기 전이었기 때문이다.

하지만 모든 우주의 물질이 좁쌀보다 작은 공간 속에 응축되어 있다면 과연 어떤 상태였을까? 내가 담당하는 프로젝트 현장은 대부분 캘리포니아 혹은 네바다 사막 지대에 있다. 어느 날 프로젝트 현장을 다녀오는 길에 자동차의 타이어 공기압 경고등이 켜졌다. 캘리포니아에 소재한 대부분의 주유소에는 25센트짜리 동전 두세 개를 넣으면 타이어에 공기를 주입할 수 있는 펌프가 있다. 그때는 한창 뜨거웠던 여름날이었다. 나

---

2   Einstein이 일생 최대의 실수라고 취소했던 우주 상수의 필요성이 최근 다시 대두되고
     있다. Einstein은 우주의 팽창을 막기 위해서 우주 상수항을 추가했다. 하지만 역설적으
     로 현재는 우주의 팽창의 속도가 더 커진 이유를 설명하기 위해서 우주 상수가 재등장
     하고 있다.

는 주유소에 들어가 공기 펌프 앞에 차를 세웠다. 문을 열고 차에서 내리자 섭씨 40도가 훌쩍 넘는 사막의 뜨거운 열기가 확하고 들이닥쳤다. 나는 쭈그리고 앉아서 펌프의 공기압 게이지를 보면서 타이어에 공기를 주입하기 시작했다. 이윽고 공기를 주입하는 펌프의 게이지가 적정 공기압을 가리켰다. 나는 타이어의 튜브 밸브에 꽂았던 공기 펌프의 니들 (niddle)을 뽑기 위해 한 손은 니들을 잡고 다른 한 손은 타이어를 잡았다. 그 순간 깜짝 놀랐다. 주입된 공기가 타이어 속에서 팽팽하게 압축됨으로써 타이어의 온도가 너무 뜨거웠기 때문이다. 공기가 주입되고 압축된 타이어의 온도는 섭씨 40도를 넘는 사막의 온도와는 비교가 안 될 정도로 뜨거웠다.[3]

모든 물체는 압력이 높아지면 온도가 상승한다.[4] 자동차 타이어 속에 공기를 넣어 압축력을 조금만 높여도 온도가 올라가는 것을 간단하게 확인할 수 있는데, 하물며 빅뱅 당시 좁쌀 만한 공간에 온 우주를 이루는 모든 물질이 응축되어 있던 상태는 우리의 상상을 초월할 정도로 고압 상태였을 것이다. 따라서 그 무지막지한 고압이 만들어내는 온도 역시 상상을 초월할 정도로 높을 수밖에 없었을 것이다. 그처럼 어마어마하게 높은 온도는 과연 어떻게 되었을까?

그 뜨거운 온도는 우주가 팽창하면서 서서히 낮아졌을 것이다. 출력이

---

3 Brian Greene, *The Elegant Universe*, 348에도 타이어에 공기를 주입하는 예가 나와 있다.
4 공이나 자전거 혹은 자동차 타이어에 공기를 주입할 때 타이어가 따뜻하게 덥혀지는 현상은 쉽게 파악할 수 있지만 앞서 설명한 엔트로피 법칙에 의해서 덥혀진 공이나 타이어는 얼마 지나지 않아 식어서 주변 온도와 똑같이 돼버리고 만다.

일정한 보일러가 작은방의 온도를 변함없이 뜨겁게 유지하고 있다고 가정해보자. 방의 크기가 서서히 늘어난다면 어떻게 될까? 보일러의 출력을 높이지 않는 한 방의 온도는 점점 더 낮아질 것이다. 똑같은 이치다. 태초에 우주가 한 점에 모여 있을 때 무한히 높았던 온도는 우주가 팽창을 통해서 크기가 늘어나면 늘어날수록 점점 더 낮아지게 되었을 것이다.

과연 우리가 바라보는 우주 공간이 그러한 열을 가지고 있을까? 우주 공간을 들여다보면 이러한 열은 전혀 찾아볼 수 없고 오히려 차갑고 컴컴한 어둠밖에 없는 것처럼 보인다. 빅뱅으로부터 138억 년이 지난 현재 엄청난 크기로 팽창해버린 우주에서 그 태초의 열은 너무 낮아져서 거의 감지할 수도 없고 그 열이 내는 빛은 눈에 보이지도 않지만, 그럼에도 여전히 온 우주를 가득 메우고 있지 않을까? 이러한 현상은 우주 배경 복사(Cosmic Background Radiation)라고 불리고 있으며 만약 이러한 태초의 열이 우주 공간을 가득 메우고 있다면 이것은 정말 빅뱅의 강력한 증거가 될 것이다. 다른 우주론으로는 이 현상을 설명할 수 없고 오직 빅뱅 이론만이 이러한 현상을 설명해낼 수 있기 때문이다. 따라서 과학자들은 이러한 눈에 보이지 않는 열을 찾고자 부단히 노력했다.

미국 뉴저지 주의 홀름델이란 도시에는 전화 회사인 AT&T의 벨연구소가 있다. 이 연구소의 전파 망원경을 이용해 우주에서 날아오는 다양한 전파를 연구하던 연구원 펜지어스(Penzias)와 윌슨(Wilson)은 1964년 이상한 잡음을 검출한다. 이 전파 잡음은 전파 망원경의 방향을 아무리 바꾸어도 끊임없이 검출되는 것이었다. 그렇다면 "우주의 모든 곳에서 똑같은 주파수의 마이크로파 잡음을 방출하고 있다"는 것인데 펜지어스와 윌슨은 아무리 생각해도 그런 현상이 벌어질 리가 만무하다고 생각했다. 따라서 전파 망원경에 이상이 있다고 생각한 펜지어스와 윌슨은 전파 망원경의 구석구석을 깨끗하게 청소하고 수리했다. 그 와중에 전파 망원경 혼(Horn) 내부에 둥지를 튼 한 쌍의 비둘기를 내쫓고 그 비둘기 부부의 보금자리였던 둥지마저도 매정하게 헐어버렸다. 이렇듯 법석을 떨며 망원경을 손질했으나 잡음은 없어지지 않았다. 과학자들이 찾아내기 위해서 혼신의 노력을 기울였던 우주 배경 복사를 펜지어스와 윌슨이 우연히 찾아낸 것이다. 그리고 우주 배경 복사를 찾아낸 공로로 펜지어스와 윌슨은 1978년 노벨상을 수상한다.

우주 배경 복사의 발견은 정상 우주론의 퇴출을 알리는 서곡이었다. 하지만 이 발견으로 인해 빅뱅 우주론이 확고하게 정립된 것은 아니었다. 오히려 빅뱅 우주론은 더욱더 엄밀하고 혹독한 다음과 같은 과학적 검증을 통과해야만 했다.

첫째, 펜지어스와 윌슨이 발견한 마이크로파 잡음이 빅뱅의 흔적이라면 그것은 반드시 뜨거운 물체에서 나오는 열복사이어야만 한다. 앞서 언급했듯이 관측되는 마이크로파 잡음이 태초의 우주가 좁쌀보다 더 작은 공간에 응축되어 있던 상태의 고온이 식어서 나타난 것이라면, 이 마이크로파 잡음은 반드시 고온의 물체가 방출하는 열복사의 스펙트럼을 나타내야 한다. 만약 펜지어스와 윌슨의 전파 잡음이 열복사가 아니라면 이것은 빅뱅의 증거가 될 수 없으며 우주의 기원은 다시 미궁 속으로 빠져버리는 것을 의미한다. 이 마이크로파 잡음이 열복사인가 아닌가를 밝혀내기 위해서는 지구가 아닌 우주에서 스펙트럼 분석을 해야 했다. 왜냐하면 지구의 대기권을 통과한 이 마이크로파는 교란이 발생해 지상에서는 정밀분석을 할 수 없기 때문이다.

둘째, 우주 배경 복사는 온 우주에 골고루 분포되어 있어야 한다. 우리 우주가 엄청나게 작게 응축된 고온과 고압의 상태에서 빅뱅에 의해 팽창하고 태동되었다면 우주 배경 복사는 반드시 온 우주에 균일하게 분포해야만 한다. 펜지어스와 윌슨은 마이크로파 배경 복사가 방향과 상관없이 온 우주에서 골고루 날아온다는 것을 발견했지만 그것만으로는 부족하다. 균등하고 등방적인 배경 복사가 우주에 분포하는가를 반드시 정량적으로 확인해야 한다.

셋째, 두 번째 검증과는 다소 모순될 수도 있는 것으로, 배경 복사가 온 우주에 걸쳐 완벽하게 균등한 분포를 보여서는 안 된다. 만약 배경 복사가 칼로 두부 자르듯이 매끈하고 정확하게 온 우주 안에서 균등하게 분포하고 있다면 전체 우주는 열적 평형 상태에 이른다. 열적 평형 상태의 우주는 마치 고여 있는 물에 비유될 수 있다. 흐르지 않고 고여 있는 연못을 가정해보자. 연못의 크기가 점점 더 커지고 있다. 연못에 담겨 있는 물의 양이 일정하면 연못의 크기가 커질수록 연못의 수심은 점점 낮아진다. 연못의 크기가 무한히 커진다면 연못의 수심은 0으로 수렴될 것이다. 물은 강물처럼 흐름이 있어야 침식이 생기고 퇴적물이 쌓이고 지형이 바뀌는 변화가 일어날 수 있듯이 우주의 열적 평형 상태도 동일하다. 우주의 어느 곳에서도 똑같은 온도를 이루고 있었다면 마치 고여 있는 물처럼 아무 흐름도 일어날 수 없을 것이다. 그런 우주는 결코 은하나 별, 그리고 하나님의 형상을 담지하고 있는 인류가 살아가는 지구 같은 행성을 만들어내질 못한 채 팽창에 팽창을 거듭하며 온도는 점점 더 낮아져서 서서히 소멸되어갈 수밖에 없었을 것이다.

하지만 빅뱅 이후에 팽창하는 우주 안에서 아주 미세한 온도 차이가 존재한다면 우주의 운명은 어떻게 바뀔까? 약간 높은 온도를 지닌 밀도가 높은 지역은 주변보다 조금 더 큰 중력을 가질 수 있다. 마치 수위 차가 있으면 물이 흐를 수 있듯이, 국부적으로 산재했던 밀도가 다소 높았던 지역은 주변의 물질들을 중력에 의해 끌어당기고 흡수하여 점점 더 커져서 결국에는 지금 우주에 존재하는 별이나 은하들을 탄생시킴으로써 현재 우주의 거시 구조를 만들어냈다. 하지만 만약 초기 우주의 국부적인 온도 편차가 무척 두드러졌었다면 마치 나이아가라 폭포의 거대한 수위 차에 의해 낙하하는 물이 모든 것을 파괴하듯이, 비균질성에 의한 거대한 중력의 편차에 의해 파괴적인 난류가 발생하고 모든 것을 휩쓸어버리는 파멸적이고 불안정한 우주가 태동되었을 것이다.[5] 따라서 현재와 같이 안정적인 우주의 모습을 이루기 위해서는 초기 우주의 온도는 균일해야 하지만 약간의 온도 편차를 반드시 가지고 있어야만 한다.

이 배경 복사를 정밀탐사하기 위해 1989년 11월 18일 미국 나사(NASA)는 코비(Cosmic Background Explorer, COBE)라는 인공위성을 띄운다. 로스앤젤레스로부터 북쪽으로 약 241km 떨어진 반덴버그 공군 기지에서 발사되어 우주 궤도에 안착한 코비 위성은 발사된 다음 해인 1990년에 우주 배경 복사의 스펙트럼을 분석하여 이 마이크로파가 정확하게 절대온도 2.73도[6]에 해당하는 열복사임을 밝혀낸다. 빅뱅 이론은 첫 번째 검증을 무사히 통과했다. 하지만 더욱 혹독한 두 번째, 세 번째 검증을 위해서 코비 위성은 수 년에 걸친 우주 탐사에 나서게 된다.

---

5 John Polkinghorne, 우종학 옮김, 『쿼크, 카오스, 그리고 기독교』(서울: SFC, 2009), 51.
6 물이 어는 섭씨 0도가 절대 온도 273.15도다. 따라서 절대 온도 2.73도는 영하 270.42도다.

우주 배경 복사에 대한 정밀 사진을 촬영하는 작업을 거대한 교량 위에서 하늘을 향해 사진을 찍는 상황과 비교해보자. 훨씬 더 긴 경간의 교량을 만드는 것은 모든 토목 공학자들의 꿈이다. 긴 경간을 만들 수 있는 대표적 교량 형식은 현수교와 사장교다. 현수교는 양쪽에 주탑을 세우고 주탑과 주탑 사이에 늘어뜨린 케이블에서 수직으로 내려뜨린 행어 로프가 교량 상판을 붙잡아주는 형식의 다리다. 이 타입의 교량 중에서 가장 유명한 것은 1,280m의 경간을 자랑하는 샌프란시스코의 금문교와 세계 최장 경간인 1,991m의 일본 아카이시 대교 등이 있다. 우리나라의 남해 대교와 광안 대교도 현수교 형식이다. 한편 사장교는 주탑으로부터 경사지게 배열된 케이블들이 교량 상판을 직접 붙잡고 있는 형식이다. 올림픽 대교와 서해 대교 등이 대표적인 사장교다.

　　다음 사진은 뉴욕에 있는 브루클린브리지의 모습이다.

브루클린브리지는 현수교와 사장교의 특징을 모두 갖고 있는 교량이다. 따라서 이것을 현수교로 분류할 것인가, 사장교로 분류해야 하는가에 대해서는 여러 상반된 의견이 충돌하고 있다. 브루클린브리지는 현수교와 사장교의 특징이 섞여 있는 교량답게 케이블이 꽤 복잡하게 배열되어 있다. 이 복잡한 패턴의 케이블과 교량의 주탑 너머로 하늘의 모습이 생생하게 찍혀 있다. 또한 교량의 주탑이나 어지럽게 배열된 케이블에 의해 가려진 하늘 부분은 사진기의 각도 혹은 사진을 찍는 위치를 바꿔가면서 촬영한다면 여러 장의 사진 속에 충분히 담아낼 수 있을 것이다.

코비 위성은 수년간 궤도를 공전하며 까맣게만 보이는 우주 공간에서 날아오는 마이크로파의 배경 복사를 분석했다. 당연히 우주 공간에 분포하는 수없이 많은 별들과 은하들이 배경 복사가 날아오는 것을 가리기도 했다. 하지만 마치 브루클린브리지 위에서, 사진을 찍는 위치를 바꿔가며 다양한 각도에서 케이블과 주탑 너머로 보이는 하늘을 촬영할 수 있듯이, 코비 위성도 수없이 많은 별들과 은하들이 관측 시야를 가리는 것을, 지구 둘레를 공전하면서 다양한 각도에서 관측을 진행해서 극복해가며 전 우주적인 배경 복사의 분포 지도를 만들었다.

결과적으로는 지구 궤도를 도는 인공위성에서는 배경 복사의 관측이 불가능한 약간의 사각지대가 존재할 수밖에 없다. 브루클린브리지의 예를 들자면, 얇은 케이블과는 달리 덩치가 큰 주탑 뒤에 가려진 하늘은 주탑 건너편으로 완전히 이동하지 않는 한 아무리 각도를 옮겨서 촬영을 한다고 해도 보이지 않는 사각지대가 존재하기 마련이다. 위의 그림[7]에서

---

7   사진은 NASA 웹사이트 〈http://www.nasa.gov/content/goddard/hubble-sees-

볼 수 있듯이 우리 지구가 속해 있는 은하에 의해 관측 시야가 방해받는 각도에 펼쳐져 있는 우주 공간은 코비 위성이 우리 은하를 벗어나지 않는 한 관측할 수 없다.

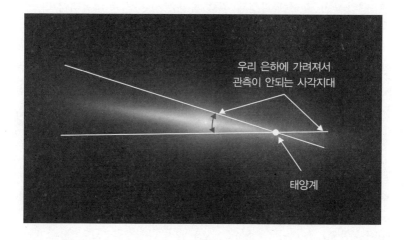

1977년에 발사된 보이저 1호가 태양계를 벗어난 것은 2012년이다. 35년의 기나긴 우주 비행 끝에야 태양권 계면을 벗어나 인터스텔라의 우주(interstellar space, 성간 우주)에 들어설 수 있었다. 따라서 우리 은하가 관측 시야를 가리는 사각지대를 벗어나는 곳까지 관측 탐사선을 보내려면 수백만 년 이상이 소요될 수밖에 없으므로 위의 그림에서 볼 수 있듯이 사각지대가 없는 완벽한 관측을 수행한다는 것은 불가능할 것이다. 다만 주탑에 가려진 하늘도 붉은색이 아니라 파란빛을 띠듯이 사각지대의 우주도 인류가 관측해낸 대부분의 우주와 연속적인 속성을 지니고 있다고 판단하는 것이 타당하다.

수년간의 노고 끝에 완성된 우주 배경 복사 사진은 다음과 같다.[8]

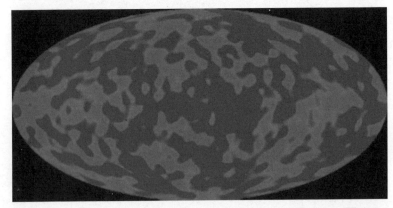

■ 파란색   ■ 빨간색

얼핏 보기에는 단순하게 보이는 사진이다. 하지만 저 속에는 현대의 첨단 우주 항공 기술, 전자 제어 기술, 광학 관측 기술 등 인류가 보유한 첨단 과학 기술이 전부 녹아들어 있다. 이것은 파란색과 빨간색이 얼기설기 섞여 있는 우주 전체에 분포하는 배경 복사의 사진이다. 우주에 분포하는 배경 복사열이 좀 더 높은 지역은 빨간색, 좀 더 낮은 지역은 파란색으로 표시되었다(하지만 이 책에는 흑백 사진이 실려 파란색과 빨간색이 얼기설

---

8   사진은 NASA 웹사이트 〈http://apod.nasa.gov/apod/ap980207.html〉에서 가져온 것이다.

기 섞여 있는 모습이 제대로 드러나지 않았다). 빨간색 부분과 파란색 부분의 온도 차이가 꽤 날 것이라고 쉽게 생각할 수 있을지 모르겠지만, 실제로 저 빨간색 지역과 파란색 지역의 온도 차이는 불과 십만 분의 일도밖에 나지 않는다. 빅뱅 당시 발생했던, 우리가 도저히 상상할 수 없을 정도의 뜨거운 열이 차디차게 식은 화석이 되어 지금 이렇게 광활한 우주에 십만 분의 일도의 편차로 거의 균일하게 분포하고 있다는 것을 인류는 첨단 과학 기술을 통해서 기어코 증명해냈다. 십만 분의 일도의 편차! 이것은 인간이 절대 감지해낼 수 없는 극히 작은 온도 차이다. 우리가 살고 있는 지구만 하더라도 극지방의 온도는 영하 50도까지 떨어지는 반면 이란 동부의 루트 사막은 영상 70.6도를 기록했던 적이 있다. 즉 우리가 사는 이 지구의 가장 추운 곳과 가장 더운 곳의 온도 편차는 무려 120도를 넘나든다. 우주의 크기와 견준다면 실로 비교조차 할 수 없는 작디 작은 지구에서도 지역에 따라서 120도의 온도 편차가 존재하건만 저 숨막히도록 광활한 우주가 단지 십만 분의 일도의 온도 편차를 갖는 균일한 배경 복사열로 채워져 있다는 사실은 형언할 수 없을 정도로 경이스럽기만 하다.

이로써 우주 배경 복사가 빅뱅의 증거가 되려면 균일한 분포를 띠어야 하지만 온도에 미세한 요동이 있어야 한다는 두 번째와 세 번째의 검증 절차를 완벽하게 통과했음이 증명되었다. 앞의 사진은 태초의 빅뱅 당시의 엄청난 고온의 열이 지금은 차디찬 절대온도 2.73도에서 불과 십만 분의 일도의 편차로 전 우주에 골고루 분포되어 있음을 보여주는 엄청난 증거다. 단지 십만 분의 일도밖에 안 되는 극히 미세한 온도 편차가 현재와 같이 무수히 많은 별과 천억 개 이상의 은하를 거느린 거대한 우주를 탄생시킬 수 있는 역동성을 만들어낸 것이다.

1994년 이 결과를 발표했던 과학자 조지 스무트는 우주 배경 복사 분포 지도를 "마치 하나님의 얼굴을 보는 것 같다"라고 표현했다. 과연 이것은 올바른 표현이었을까? 나는 터무니없이 잘못된 표현이라고 생각한다. 우주 배경 복사 분포 지도는 정상적인 하나님의 얼굴이 아니라 하나님의 창조세계인 우주가 배냇머리가 송송 달려 있는 채 갓 태어난 아기 때의 얼굴일 뿐이다.[9]

이를 통해 빅뱅 이론은 우주의 기원을 설명하는 확고한 이론으로 자리를 잡았다. 1915년 빅뱅 이론이 태동되었을 때부터 그것이 확고하게 검증되기까지는 무려 80여 년의 세월이 걸렸다. 이 세월 동안에 걸친 수많은 과학자들의 노고, 엄밀하고 혹독한 검증을 위한 실험 장비와 관측에 투자된 물량을 금액으로 환산한다면 과연 얼마나 될까? 상상 이상의 어마어마한 금액이 나올 것이다. 이렇듯 빅뱅 이론은 하나님이 창조하신 창조세계인 우주에 대한 우리의 이해를 심화시켜준 인류가 이룩한 소중한 지적 성취다. 코비 프로젝트 이후로 WMAP와 Planck 위성 등 보다 정밀한 관측 장비를 갖춘 위성들이 속속 궤도에 안착하여 더욱더 정밀한 우주 배경 복사 분포 지도를 만들어내며 우주가 기원할 당시의 모습들을 소상하게 파악해나가고 있다.

독자들도 우주에서 지구로 날아오는 우주 배경 복사의 마이크로파가 만들어내는 잡음을 들어본 경험이 있으리라 생각한다. 옛날 흑백 TV 시설, 정규 방송 시간이 끝날 무렵 방송국에서는 애국가를 내보냈다. 애국가가

---

9   정확하게는 빅뱅 후 38만 년 지난 당시의 모습이다.

끝나면 방송국에서는 전파 송출을 중단한다. 그러면 텔레비전의 안테나는 허공을 날아다니는 각종 전파 잡음들을 잡아내기 시작한다. 이러한 비정규 방송 시간대에 텔레비전 안테나에 잡히던 "치지직" 하던 잡음의 약 1%가 우주에서 날아온 우주 배경 복사 마이크로파다. 물론 지상파 방송국이 24시간 방송을 하는 지금도 이 우주 배경 복사 소음을 들을 수 있다. 텔레비전의 채널을 공중파 방송국의 신호를 수신하는 채널이 아닌 다른 채널로 맞추면 텔레비전 수상기가 이런 소음을 잡아낸다. 하나님께서 우주를 창조하시는 순간 발생했던 엄청난 고온의 열이 식은 후 마이크로파로 전환되어 만들어내는 138억 년 전의 신비한 태고의 소리가 우리들이 시청하는 공중파 채널들 사이사이에 숨겨져 있다는 것이 참으로 신기하지 않은가?

17. 대륙 이동과 몸에 맞는 볼

20세기가 시작되면서 인류는 이전에 감히 다가갈 수 없었던 극한의 장소에 발을 들여놓기 시작한다. 지구의 가장 꼭대기, 모든 것을 얼려버리는 북위 90도의 북극점은 인류가 감히 도달할 수 없었던 금단의 장소였다. 1909년 미국의 로버트 피어리가 인류 최초로 이 북극점에 발을 들여놓는다. 3년 후인 1912년에는 노르웨이의 로알 아문센이 인류 최초로 남위 90도의 남극점을 정복한다. 특히 남극 대륙의 경우, 신생 독립국이었던 노르웨이의 아문센과 당시 세계 최강국이었던 영국의 스콧은 남극점을 정복하기 위해 마치 육상 경주를 방불케 하는 피말리는 경쟁을 벌였고 이 사건은 많은 이야기를 만들어냈다.

결과적으로 아문센이 스콧보다 약 5주 정도 먼저 남극점에 도착하여 인류 최초로 남극점을 밟은 사람이 되었다. 아문센보다 뒤늦게 남극점에 도달한 스콧은 귀환 도중 추위와 굶주림으로 탐험대 전원과 함께 사망한다.

아문센은 장기간에 걸친 북극 탐사를 통해 이누이트 원주민들의 생활방식을 익혀서 남극점 정복에 응용했다. 그는 이누이트 원주민들이 입는 털가죽옷을 입었고, 육류와 곡류를 갈아서 낸 가루에 지방을 버무려 응고시킨 페미컨같이 가볍고 열량이 높은 이누이트족의 보존 식량을 만드는 법을 배웠으며, 개썰매를 이용해 탐험에 필요한 짐을 운반했다. 그리고 군더더기 활동 없이 오직 남극점 정복이라는 목표만을 향해 전진했다.

반면에 스콧은 유럽에서 입는 모직 방한복을 착용했다. 아문센 탐험대가 입었던 이누이트족의 털가죽옷은 남극의 눈보라에도 젖지 않았던 반면 이 모직 방한복은 습기에 취약해 남극의 혹한을 막을 수 없었다. 스콧과 탐험대가 식량으로 준비해간 통조림은 혹독한 추위에 얼어 터지고 식량 손실을 크게 입었다. 개 썰매 대신 짐을 나르는 데 사용하려고 했었던 만주 조랑말은 남극의 혹독한 추위에 얼어죽었으며, 20세기 초인 그 당시 첨단 과학의 결정체라고 자랑했던 모터 동력을 사용한 썰매도 영하 40-50도를 넘나드는 혹한에서는 무용지물이 되고 말았다. 더군다나 스콧은 다른 활동을 전혀 안 하고 남극점 정복에만 몰두했던 아문센과는 달리 지질학자, 생물학자들을 대동하고 과학 연구도 병행했기에 남극점을 향한 전진 속도가 느릴 수밖에 없었다.

스콧 탐험대가 세상을 하직한 때는 3월 무렵으로 추정된다. 하지만 10월까지는 전혀 구조 활동을 펼칠 수 없었다. 해가 전혀 뜨지 않는 밤이 6개월간 지속되는 남극의 겨울이 시작되었기 때문이다. 가혹하고 장엄한 자연의 힘은 반년이나 되는 기간 동안 인간의 구조 활동을 전혀 허락하지 않았다. 이윽고 남극의 겨울이 끝나는 10월 말 활동을 시작한 구조대는 11월 초에 전원 사망한 스콧 탐험대를 발견한다. 이 조난 지점은 스콧이 출발 전에 설치했던 1t의 식량을 비축한 식량 저장소에서 불과 17km밖에 떨어지지 않았기 때문에 더욱 안타까움을 자아냈다. 한 가지 더욱

애잔했던 점은 꼭 필요한 장비마저 버리면서 짐을 줄여가며 조난을 벗어나려는 필사적인 노력을 하는 와중에도 남극점 정복 도중 채취한 15kg에 달하는 글로소프테리스(glossopteris)라는 페름기의 낙엽성 나무 화석을 힘겹게 끌고 다녔던 것이었다.[1] 그 화석이 얼마나 소중한 과학적 가치를 지니고 있는가를 알고 있던 스콧 탐험대는 목숨을 잃어가면서까지도 화석을 포기하지 않았다.

이런저런 판단 착오로 인해 몰살을 당했던 스콧 탐험대의 성과에 대해서는 여러 비판이 있을 수 있다. 하지만 과학의 진보의 혜택을 누리는 우리들은 이런 숭고한 희생에 감사하는 마음을 가져야 한다. 과학적 진보와 그로 인해 인류가 누리는 혜택은 이렇게 현장에서 목숨을 걸고 자연의 실체를 파악하기 위해 사투를 벌이는 이들을 통해 성취되었다. 생과 사의 갈림길에 놓여 있는 거친 현장이 아닌, 안락한 사무실에 앉아 종교적 이데올로기에 맞춰 자연에 대한 왜곡을 일삼기만 하는 젊은 지구론 유의 사이비 과학 활동은 결코 "하나님이 보시기에 좋았다"는 아름다운 창조세계에 대한 인류의 이해의 지경을 단 한 뼘이라도 넓힐 수 없다.

스콧 탐험대가 끝까지 포기하지 않고 지켜냈던 글로소프테리스 화석은 남극에서 발견된 최초의 글로소프테리스 화석이다. 이 글로소프테리스 화석은 오스트레일리아와 뉴질랜드, 남아메리카와 아프리카 남부에서도 출토된다. 심지어 북반구의 인도에서도 발견되곤 한다. 대양으로 격리되어 있는 여러 대륙에서 동일한 나무의 화석이 발견된다는 점은 무척 이상한 일이다. 오늘날 글로소프테리스 화석은 대류 이동에 대한 결정적인

---

1   Jerry Coyne, *Why Evolution is True* (New York: Penguin, 2000), 97-99.

증거 중 하나로 받아들여지고 있다. 먼 과거에는 오스트레일리아, 뉴질랜드, 남아메리카, 아프리카, 인도, 그리고 남극 대륙이 이 글로소프테리스 화석이 출토되는 장소들을 꼭지점으로 하여 서로 맞붙어 있었다가 마치 둥그런 피자가 꼭지점을 중심으로 여덟 갈래로 쪼개지듯이 갈라지기 시작한 후 차츰 거리가 멀어져서 거대한 해양을 두고 격리된 채 오늘에 이르렀다는 것이 바로 대륙 이동설이다.

대륙 이동은 화석에 의한 고생물학적 증거 이외에도 대륙 간의 지질학적 연속성, 빙하의 이동 흔적, 그리고 고지구 자기 등 여러 증거들에 의해 확고하게 증명되었다. 현재는 GPS 측정으로 연간 대륙의 이동 거리를 밀리미터 단위로 정밀하게 측정해내고 있다. 따라서 젊은 지구론에 입각한 창조과학회조차도 이러한 대륙 이동을 부정할 수는 없다. 하지만 성경의 문자적인 표현에 의한 6천 년짜리 젊은 지구가 공식적인 입장인 한국창조과학회는 3억 년의 장구한 시간에 걸친 대륙 이동을 어떻게 설명해낼 수 있을까? 한국창조과학회에서는 노아의 홍수 기간에 하나의 거대했던 대륙이 격변적으로 갈라져서 오늘날의 오대양 육대주의 지리학적 구조를 만들어냈다고 주장하고 있다. 만일 3억 년 동안의 심원한 시간대에 걸쳐서 판게아라고 불리는 하나의 초 대륙이 오늘날의 대륙들로 분리되는 변화가 단지 노아의 홍수 기간인 40일 동안 격변적으로 일어난다면 어떤 일이 벌어질지 다음과 같은 비교를 통해 알아보도록 하자.

내가 살고 있는 미국은 야구가 태동한 나라다. 미국 프로야구 메이저리그에는 야구 종주국의 리그답게 전 세계에서 뽑힌 최고의 선수들이 기량을 뽐내고 있다. 현재 최초의 한국인 메이저리거였던 박찬호 선수 이후 많은 한국 선수들이 이 최고의 리그에서 기량을 펼치고 있다. 추신수 선수는 투수였던 박찬호 선수와는 달리 타자로서 큰 활약을 하고 있다. 선구 능력이 좋은 추신수 선수는 안타뿐만 아니라 사구를 많이 기록하고 있다. 투수가 타자의 몸쪽으로 바짝 붙이는 위협구에도 뒤로 물러나지 않는 추신수 선수의 감투 정신은 칭찬할 만한 강점이라고 생각한다. 하지만 투수의 위협구에 굴하지 않아 몸에 맞는 볼이 많아진다면 자칫하면 큰 부상으로 이어질 수도 있기에 항상 조심해야 한다. 그렇다면 시속 150km로 날아오는 볼에 맞았을 때의 충격은 과연 어느 정도일까? 이를 위해 투수가 던진 공이 얼마만큼 큰 운동 에너지를 가지고 있는지 계산해보자. 야구공의 무게는 약 150g, 즉 0.15kg이다. 이 공을 시속 150km로 던졌을 때의 운동 에너지는 다음 공식에 대입하면 구할 수 있다.

$$F = \frac{1}{2}mv^2$$

F는 운동 에너지를 뜻하고, m은 질량을 v는 속도를 뜻한다. 이 공식에 야구공의 무게인 0.15kg과 시간당 150km의 공의 속도를 초당 속도로 환산한 초속 42m를 공식에 대입한다면 다음과 같은 값을 구할 수 있다.

$$F = 132kg \cdot m/sec^2$$

이것은 132kg의 물체를 초속 1m의 속도로 가속시킬 수 있는 힘을 의미한다. 한편 $Kg \cdot m/sec^2$ 같은 복잡한 힘의 단위를 간단하게 주울(J)으로 정의한다. 즉 투수가 시속 150km로 던지는 공의 힘은 132J이다.

지금 대한민국 육군에서 쓰고 있는 K-2 소총에서 발사되는 총알이 갖고 있는 에너지는 과연 어느 정도일까? 이것도 같은 공식으로 쉽게 구할 수 있다. 총알의 무게는 약 4g(0.004kg)이고 소총에서 발사된 직후의 총알의 속도는 음속 3배 정도 곧 초속 1,000m 정도가 되므로, 이를 통해 2,000J을 계산해낼 수 있다. 다시 말하자면 총알이 갖는 에너지는 2,000kg의 물체에 초속 1m의 가속력을 더해서 1m를 이동시킬 수 있다는 의미이고 우리가 주변에서 찾아볼 수 있는 대표적인 2,000kg의 물체는 중대형 SUV 자동차 정도다. 즉 소총에서 발사된 총알이 가지고 있는 운동 에너지는 중대형 SUV에 초당 1m의 가속력을 더해서 1m를 움직일 수 있는 것이다. 조그마한 크기와 무게의 총알이지만 빠른 속도를 통해 갖게 되는 운동 에너지는 거대한 차를 움직일 수 있는 것이다.

그렇다면 투수가 던지는 공이 갖는 힘은 132J, 소총에서 발사된 총알이 갖는 힘은 2,000J이므로 총알의 위력이 투수가 던지는 공보다 약 15배의 위력이 있다는 것을 쉽게 계산해낼 수 있다. 만약에 추신수 선수가 2013년 시즌에 몸에 맞았던 26번의 공의 위력이 전부 모아져 단 한 번에 타자에게 타격을 가한다면 어떻게 될까? 132J에 26을 곱한다면, 3,400J이 넘는 에너지가 한순간에 집중되는 것이다. 소총에서 발사된 총알이 2,000J에 불과하므로, 이 위력은 소총의 총알보다 훨씬 더 막강한 에너지가 된다. 이런 위력의 타격을 받는다면 천하 제일의 1번 타자도, 90년대 말에 금지 약물 복용으로 인조 인간 같은 근육을 만든 스테로이드 몸짱 선수들도 살 수 없을 것이다. 3,400J의 에너지를 가진 야구공은 사람의 몸을 관통하고 지나갈 위력을 갖고 있기 때문이다.

창조과학회는 노아 홍수 때 격변적으로 대륙들이 움직여 현재의 모습을 갖추었다고 주장한다. 과연 3억 년에 걸쳐서 대륙을 이동시킨 그 거대한 에너지가 노아의 홍수 한순간에 집중된다면 어떻게 될까? 내가 사는 캘리포니아는 환태평양 조산대에 위치하여 지진이 자주 일어난다. 샌앤드리어스 단층대에서 발생하는 극히 미세한 떨림도 이렇듯 어마어마한 지진 에너지를 만들어내고 있다. 지난 2016년 9월 12일에 경주에서 발생한 규모 5.8의 강진도 양산 단층대가 활성화되면서 발생했던 것이다. 단층대가 쪼개져서 1m나 2m 정도 떨어져나간 것이 아니라, 단지 지각 속의 탄성 에너지가 단층대를 통해서 방출되는 것만으로도 리히터 규모 5.8이라는 강력한 지진 에너지를 만들어낸 것이다. 하물며 하나였던 지구상의 거대 대륙을 현재의 유라시아, 남북아메리카, 오세아니아, 남극으로 조각낸 후 10,000km 이상을 이동시킨 막대한 에너지가 단지 지질학적으로는 찰라에 불과한 노아의 홍수 40일의 기간에 집중이 된다면, 과연 지구는 어떻게 되고 말았을 것인가? 당연히 수십 번, 수백 번도 더 산산조각나고 말았을 것이다. 물론 하나님이 기적적으로 개입하셔서 지구가 산산조각 나지 않도록 붙잡아주셨다고 말할 수도 있겠지만, 그렇게 된다면 이것은 더 이상 과학의 영역에 해당할 수 없다. 과학이라는 것은 자연에 존재하는 인과 관계를 다루는 영역이기 때문에 인과율을 벗어나는 기적은 과학이라고 할 수 없기 때문이다.

지금 통용되고 있는 과학 이론들은 모두 다 혹독한 검증 과정을 거쳐 정립된 것이다. 그리고 그 이론들은 우리의 현실과 전혀 관계없는 음풍농월의 뜬구름 잡는 이야기가 아니다. 현대 과학은 인류의 실생활에 직접적으로 관련된 편익과 재화를 생산해내고 있으며 인류의 삶에 다양하게 응용되고 있다. 창조과학회의 주장을 신앙이라는 미명하에 무비판적으로 받아들이고 있는 그리스도인들은 대체 과학이 의미하는 것이 무엇인지를 한번 더 생각해보기를 진심으로 권한다. 성경의 문자적 표현에 천착해서 현대 과학을 왜곡시키는 퇴행적인 활동이 기독교 신앙의 기초가 되어서는 안 될 것이다.

18. "시치미를 떼다"와 궁창 위의 물

우리말 표현에 "시치미를 떼다"란 표현이 있다. 이 말을 들을 때 무엇이 연상이 되는가? 필경 어떤 일을 저질러놓고도 아닌 척하거나 알면서도 일부러 모르는 척 연기하는 모습이 주로 연상될 것이다. 그런데 이 표현에 "떼다"란 단어가 들어있지만 부착되어 있는 것을 잡아 뜯어버리거나 어떤 표식을 떼어내 제거해버리는 물리적인 행위를 떠올리기는 쉽지 않을 것이다. 그렇다면 시치미란 단어는 어떤 뜻일까? 이 단어는 설날 세시풍속과 관련이 있다. 전통적으로 설은 우리 민족의 가장 큰 명절이다. 우리 민족은 떡국으로 세찬을 먹고 어른들께 세배를 드린 후 윷놀이, 제기차기, 팽이치기 등 다양한 놀이를 즐겼다. 이러한 잔치 분위기는 부럼깨기, 쥐불놀이, 지신밟기 등 또 다른 다양한 세시풍속 놀이가 행해지는 정월 대보름까지 이어진다. 하지만 정월 대보름 이후로는 이러한 세시풍속 놀이가 자취를 감추면서 본격적으로 새해 농번기를 준비한다.

요사이 우리는 세찬으로 먹는 떡국 국물을 소고기를 우려서 만든다. 하지만 전통적으로 떡국은 꿩고기를 우려내어 국물을 만들었다. 꿩이 없을 때는 닭을 사용하기도 했기에 "꿩 대신 닭"이라는 속담이 나왔지만, 우리 조상들은 설날 떡국에 사용되는 고기를 장만하기 위해 꿩 사냥을 했고 이때 대개 매를 이용했다. 매의 꽁지에 방울을 달아 꿩을 잡기 위해 날려 보낸 매가 어디쯤 위치해 있는지를 파악했지만 매 자체가 워낙 빠른 날짐승이다 보니 가끔은 주인도 매를 잃어버리는 경우가 있었다고 한다. 그럴 경우를 대비해서 꽁지에 매방울뿐만 아니라 매의 주인이 "어느 마을에 사는 아무개"라고 밝힌 이름표를 달아놓았다. 만일 마음씨 좋은 사람이 주인을 잃어버린 매가 꿩을 사냥한 채 나뭇가지에 앉아 있는 것을 본다면 그는 꽁지에 달린 표식을 보고 주인을 찾아서 매와 꿩을 돌려줄 것이다. 그 경우 매의 주인은 잃어버린 매를 찾아준 사람을 다음번 사냥에 초대하여 잡은 꿩을 선물로 나누어주곤 했다.

반대로 마음씨가 나쁜 사람이 매를 발견한다면 어땠을까? 아마도 그는 매의 꽁지에 붙어 있는 표식을 떼어낸 다음 매뿐만 아니라 그 매가 사냥한 꿩도 가로챌 것이다. 이때 매의 꽁지에 부착되어 원 주인을 알려주는 표식 이름이 바로 "시치미"다. 따라서 "시치미를 떼다"란 말은 지금은 알면서도 모른 척, 해놓고도 하지 않은 척 음흉한 연기를 하는 것으로 이해를 하고 있지만, 본시 무언가 붙어 있는 것을 뜯어내는 물리적 행위에서 유래했다.

우리는 성경이 이야기하는 것들을 부지불식간에 현대적 개념을 통해 이해하면서 곡해하는 경우가 종종 있다. 특히 창세기 1:6 이하의 "궁창"(穹蒼)은 현대 과학에 경도된 우리들이 원래의 이미지를 잘못 그려내고 있는 대표적인 단어다. 한자 번역인 궁창(하늘 궁: 穹, 푸를 창: 蒼)의 뜻을 생각해 보자. 개명 천지인 현대 과학 시대를 살아가는 우리가 떠올리는 궁창 이미지는 "태양빛이 공기에 산란되어 파랗게 보이는 텅 비어 있는 공간"이다. 어느 누구라도 궁창이란 단어를 통해 파란 하늘이 펼쳐진 빈 공간에 구름이 있고 그 위로 비행기가 날아가는 모습을 연상하기 쉽지, 딱딱하고 견고한 방탄 유리벽 같은 이미지를 떠올리지는 않을 것이다.

궁창을 뜻하는 영어 표현은 firmament이다. firm이라는 영어 단어는 "딱딱하고 견고한" 모양을 표현할 때 사용된다. 따라서 firm이라는 철자가 접두사로 쓰인 궁창을 뜻하는 firmament라는 단어 자체에서 딱딱하고 견고한 물체가 암시된다. 그러므로 이 영어 표현은 궁창이라는 한자 단어보다 히브리 원어에 가깝다. 궁창을 뜻하는 히브리 단어는 라키야(raqiya)다. 고대 히브리인들이 생각했던 하늘은 현대를 살아가는 우리들이 생각하는 하늘과는 사뭇 달랐다. 고대 히브리인들은 하늘이 하얀 구름이 펼쳐 있는 푸르고 빈 공간이 아니라, 중세 유럽의 성당의 돔(Dome) 모양의 천장처럼 생긴 딱딱하고 투명한 천정(天頂)으로 막혀 있다고 생각했다.[1] 왜냐하면 그들은 하늘에서 비가 내리는 것을 보니 분명히 물이 존재할 텐데, 물이 허공에 있다면 당연히 땅으로 왕창 다 쏟아져야 하거늘 비가 올 때만 가끔 물이 내려오는 것을 봐서는 물을 막고 있는 투명하고 견고한 천정이 있다고 생각했다. 그 천정에는 수문이 장치되어 있고 그 수문이 열릴 때 떨어지는 물이 비라고 생각했다(창 7:11, "하늘의 창"을 참조하라). 또한 고대 히브리인들은 별과 달, 그리고 태양과 같은 천체물들은 이 투명한 천정에 붙어 하늘에서 움직이고 있다고 생각했다. 그들은 물이 땅으로 떨어지지 않도록 물을 가두어두는 댐과 같은 역할을 하는, 중세 유

---

1   John Walton, *The Lost World of Genesis One* (Downers Grove: IVP, 2009), 29, 그리고 57.

럽 성당의 둥그스름한 돔 모양처럼 생긴 하늘에 있는 거대하고 투명한 구조물을 라키야(궁창)라고 불렀다.

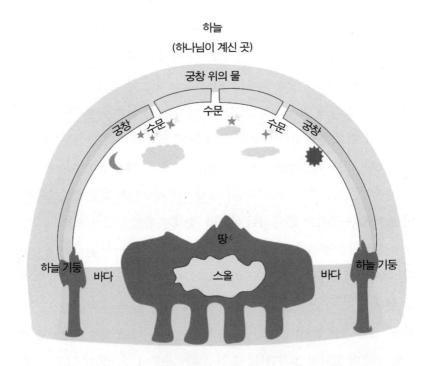

결국 이 궁창이라는 단어에는 지구의 물의 순환 과정을 몰랐던 고대인들의 과학 상식이 담겨 있다. 창세기 1:6 이하에는 하나님께서 궁창을 만드시는 이야기가 나온다. 하나님께서는 궁창을 기준으로 궁창 아래 물과 궁창 위의 물로 물과 물을 나누셨다. 고대 히브리인들은 하나님께서 이렇게 물을 나누신 것이야말로 사람이 살아갈 장소를 만드신 절대적인 은혜라고 여겼다. 하늘에서 내리는 비와 그로 인한 홍수는 삶의 터전을 전부 휩쓸어가는 죽음의 재앙이었다. 따라서 고대 히브리인들은 하나님께서 죽음과 혼돈의 재앙으로부터 인간을 구원하시기 위해 유리처럼 투명하고 견고한 궁창을 만들어 인간의 삶을 위협하는 물을 가두어두신 것이라고 생각했다.[2]

이러한 궁창 개념은 바빌로니아의 천문학을 수용했던 그리스를 거쳐 중세 막바지인 16세기까지 유럽의 천문학을 지배했다. 그런데 16세기 후반인 1577년 11월 덴마크의 천문학자 튀코 브라헤가 혜성을 관측한다. 혜성은 이심률이 큰 타원 궤도를 이루며 저 멀리 궁창 너머에서 행성들이 붙어 있는 궁창을 뚫고 지구 쪽으로 날아오는 것이었다.[3] 만약 이 딱딱하고 투명한 궁창이 실제로 존재한다면 그 궁창은 혜성에 의해 박살이 났을 것이다. 그런데 그런 일은 일어나지 않았다. 따라서 튀코 브라헤는 우주에 궁창은 존재하지 않는다고 결론 내렸다.

창조과학, 특히 젊은 지구론의 입장을 지지하는 사람들은 고대인들의 우주관이 담겨 있는 창세기 1장이 현대 과학의 사실성에 부합해야만 한다는 강박을 가지고 있다. 과학을 통해서 이러한 창조의 흔적을 증명해내겠다는 다양한 시도들 중에는 노아의 홍수와 관련된 것이 많다. 창조과학회에서는 16세기 튀코 브라헤 시절에 이미 폐기된 궁창 개념을 마치 흘러간 옛 노래를 리메이크하듯 되살리고 있다. 창조과학회는 궁창 위의 물이 노아 홍수의 원인이라고 설명한다. 물론 그들은 궁창의 모습을 고대 히브리인들이 생각한 것같이 유리처럼 투명하고 견고한 아치 모양의 천정이 아니라 현대적 개념의 하늘로 이해하고 있다. 그렇게 이해해야 현대 과학

2   김명용, 『칼 바르트의 신학』(서울: 이레서원, 2009), 205-206.
3   이지유, 『처음 읽는 지구의 역사』(서울: 휴머니스트, 2015), 47.

의 모든 성과가 성경 말씀에 담길 수 있기 때문이다. 하지만 노아 홍수를 일으킬 그 막대한 양의 물이 중력의 영향을 받지도 않고 대기 중에 떠 있는 것도 참 이상하다. 더 나아가 창조과학회는 이 궁창 위의 물이 태양으로부터 날아오는 위험한 방사선이나 에너지가 높아 유해한 단파장의 광선을 차단하는 역할을 수행했기 때문에 고대인들의 수명은 지금보다 훨씬 더 길었다고 주장하고 있다. 그리고 위도에 관계없이 온실 효과에 의해 지구 전체가 동일하게 온화한 기후를 가질 수 있었다고 주장한다.

농밀한 이산화탄소 대기를 지닌 금성의 표면은 온실 효과에 의해 섭씨 400도 이상의 초열 지옥이 되어버렸다. 따라서 만일 금성의 이산화탄소 대기의 농도와 비교할 수도 없이 거대한 수권층이 지구를 감싸고 있었다면 지구는 온실 효과에 의한 온화한 기후는커녕 금성 이상의 불지옥이 되어버리고 말았을 것이다.

창조과학회에서는 아담을 비롯해 홍수 이전의 사람들이 대부분 900세 이상을 살았고 특히 노아의 할아버지인 므두셀라가 969세까지 살며 인류 최장수 기록을 세울 수 있었던 이유가 바로 이 궁창 위의 물이 유해 광선을 차단해준 효과 때문이라고 주장한다. 이들은 홍수 이후에는 노아를 포함한 족장들의 수명이 지수함수적으로 감소한다는 통계학적인 방법론까지 동원하며 자신들의 주장을 과학적으로 포장하려고 노력하고 있다. 하지만 이 모든 주장은 과학적으로 일고의 가치도 없다.

일례로 노아의 홍수 때 민물 어종이 어떻게 살아남게 되었는가에 관한 창조과학회의 설명을 살펴보자. 창조과학회는 "홍수 때 염수와 담수가 층을 이루고 있었다", "홍수 때도 담수로 고립된 지역이 있었다", "연어처럼 해수와 담수에 같이 사는 어종이 있다"고 주장한다. 그렇지만 이런 주장들은 전혀 과학적이라고 말할 수 없다. 그것이 과학적인 주장이 되기 위해서는 반드시 설명하고자 하는 현상이 어떻게 발생하게 되었는지를 정량적으로 증명해야만 한다. 즉 담수와 해수가 층을 이룬 곳이나, 담수로 고립된 부분이 있었다면 어떤 메커니즘에 의해 홍수 속에서 그 부분만 해수에 섞이지 않고 담수 상태를 유지할 수 있었는지 유체 역학적으로 규명하고, 그 담수로 고립된 지역에서 살아남은 담수 어종들이 어떻게 전 세계의 담수 지역에 고르게 퍼져나가게 되었는지를 합리적으로 설명해야 한다. 또한 모든 담수 어종이 담수가 해수와 섞이면서 죽어가는 와중에도 연어처럼 담수와 해수에서 동시에 살 수 있는 몇몇 어종들은 어떻게 현대의 수많은 담수 어종들로 "분화", 더 정확히 표현하자면 "진화되었는지" 설명해야 한다.

이러한 합리적인 설명을 일절 제공하지 못하면서 "홍수 때 해수와 담수가 층을 이루고 있었다", "홍수 때도 담수로 고립된 지역이 있었다", "연어처럼 해수와 담수에 같이 사는 어종이 있다"라는 주장만 되풀이하는 것은 결코 과학적 태도라고 할 수 없다.

지구 상의 섬들은 대륙과의 연계성에 따라 크게 두 종류로 나눌 수 있다. 대륙섬(Continental Islands)과 대양섬(Oceanic Island)이 그것이다. 대륙섬은 한 때 대륙과 연결된 적이 있었던 섬이다. 일본, 영국, 마다가스카르 등이 대표적인 대륙섬이다. 반면 대양섬은 바다 한복판에서 탄생해서 한 번도 육지와 연결된 적이 없는 섬이다. 하와이 같은 폴리네시아 섬들이 대표적인 대양섬이다. 대양섬의 큰 특징 중 하나는 담수 어종이 서식하지 않는다는 점이다.[4] 육지의 민물에 사는 담수 어종이 육지로부터 한참 떨

---

4   Jerry Coyne, *Why Evolution Is True*, 104.

어져 있는 대양섬까지 짜디짠 바닷물을 헤엄쳐서 이동한다는 것은 불가능하기 때문이다. 성경을 아무리 읽어봐도 노아 홍수 때 담수 어종을 방주에 태웠다는 기록은 없다. 그리고 홍수로 인해 바닷물이 범람해서 강이나 호수 같은 담수와 섞여버렸다면 노아 시대에 서식하던 담수 어종들은 다 멸종했어야 할 것이다. 그렇다면 현존하는 모든 담수 어종들은 불과 4천 년 전 노아 시대 때 홍수에서 살아남은 바다 어종들 내지는 연어나 숭어 혹은 농어 같은 해수와 담수에서 동시에 살 수 있는 어종들이 진화해서 민물에 적응하여 생겨난 어종일 것이다. 노아 홍수 이후 불과 4천 년 남짓한 시간에 현재 지구 상에 있는 수만 종의 담수 어종이 나타난 것은 현대의 첨단 생물학에서조차도 전혀 주장하지 못하는 과격하기 짝이 없는 진화론이다.

어쨌거나 곁가지를 쳐내고 다시 본론으로 돌아가보자. 노아 홍수 당시 강우량은 얼마나 됐을까? 창세기 7:19-20에 의하면 홍수 수위가 "천하의 높은 산"들보다 "15규빗"이 더 높았다고 한다. 1규빗이 현대 단위로 45cm 정도이므로 천하에서 가장 높은 8,848m의 에베레스트 산보다 15규빗, 즉 약 7m가 높았다는 노아 홍수의 수위는 약 8,855m 정도가 될 것이다. 그 정도 수위의 물의 양은 45억1천6백만 입방 km이며 이것을 중량으로 환산한다면 451경 6천조 t이라는, 가늠하기 어려울 정도로 어마어마한 무게가 나온다. 실상 적당히 말하자면 바다의 평균 수심이 3,800m 정도인 것을 생각하면, 8,855m에 육박하는 수심이면 바닷물의 양보다 몇 배 더 많아야 할 것이다.[5] 이런 어마어마한 물이 공중(궁창)에 떠 있었다면 어떤 일

---

5   양승훈, 『창조와 격변』(서울: 예영, 2006), 361-362에는 터무니없이 과도한 노아 홍수

이 벌어졌을까? 과연 창조과학회의 주장대로 유해 광선 차단 효과에 의한 수명 연장과 전 지구적으로 따뜻한 기후가 형성될까?

창조과학회는 이 물층의 위치가 오존층 아래 존재했다고 설명한다.[6] 오존층은 지구로 들어오는 단파장의 자외선을 차단해주는 역할을 수행하고 있다. 생물의 생존에 유해한 자외선을 차단해주는 오존층의 파괴는 현대의 심각한 환경 문제 중 하나로 대두되고 있다. 대기 중의 대부분의 오존은 지상에서 10km에서 40km 사이인 성층권에 존재한다.[7] 이 오존층 중에서 가장 오존 농도가 높은 25km 지점 바로 밑에서 물층이 시작된다고 가정해보자. 그렇다면 물층의 두께는 약 8,790m가 된다. 태양의 가시광선은 절대 8,790m 두께의 물층을 통과할 수 없다. 바닷속 파래, 다시마, 김, 미역 같은 해조류들이 수심에 따라 다른 색을 띠는 이유는 수심이 깊어지면 깊어질수록 바닷속이 점점 더 어두워지기 때문이다. 수심이 깊어지면 깊어질수록 태양빛이 물입자에 산란되어 흩어져버려 전달되는 태양

수량을 줄이는 해법으로 전 지구적인 격렬한 조산 운동이 일어났다고 주장한다. 노아 홍수 수위가 에베레스트 산보다 높았다면 현재 지구 상의 지표 수량의 약 3배나 되는 수량이 노아 홍수를 통해서 발생했어야 한다. 과학적 상식이 조금이라도 있다면 이러한 어마어마한 수량이 발생하는 대재난이 가능하지 않다는 것을 알 수 있다. 따라서 창조과학회에서는 노아 홍수 이전에는 높은 산이 없었고 홍수의 격변을 통해서 대륙이 이동하고 조산 운동이 일어나서 에베레스트가 만들어졌다고 주장한다. 에베레스트를 포함한 히말라야 산맥이 만들어지는 조산 운동은 대륙이 이동하며 발생한 것이다. 인도판과 유라시아대륙판이 충돌하면서 히말라야 산맥이 만들어진 것이다. 이러한 조산 운동을 일으키는 대륙의 이동이 지질학적으로 찰라의 순간에 노아 홍수 기간에 집중되었다면, 앞장에서 설명한 대로 지구는 산산조각이 났을 것이다.

6 창조과학회 웹사이트 〈http://www.creation.or.kr/library/itemview.asp?no=916〉를 참조하라. 또한 『한자에 담긴 창세기의 발견』(서울: 미션하우스, 1990), 20의 그림에는 궁창 위의 물층이 심지어 오존층 한참 아래 위치하고 있다.
7 NASA 웹사이트를 참조하라. 〈http://earthobservatory.nasa.gov/Features/Ozone/〉

빛이 감소하기 때문에, 제한된 태양빛으로 광합성을 하기 위해 깊은 곳에 사는 해조류일수록 진한 붉은 빛을 띤다. 만일 8,790m의 물층이 대기 중에 존재한다면 우리가 사는 지구는 유해한 방사선과 광선은 물론 우리가 사물을 볼 수 있고 또 식물이 광합성을 할 수 있는 가시광선마저 통과하지 못하는 칠흑 같은 어둠이 가득한 죽음의 땅으로 전락하고 만다.

하지만 이보다 더 큰 문제는 물층이 대기를 누르는 압력일 것이다. 물층 아래 존재하는 대기에는 물층의 무게가 고스란히 전해진다. 8,790m 두께의 물이 내리누르는 압력은 과연 얼마만큼일까? 인간이 잠수할 수 있는 한계는 잠수복의 도움을 받고도 고작 300m 정도밖에 되질 않는다. 그 이상의 수압은 인간이 도저히 견뎌낼 수 없다. 8,790m의 물층이 누르는 대기의 압력은 우리가 8,790m의 물속에 맨몸으로 잠수했을 때와 동일한 수압을 느끼게 만들 것이다. 과연 그런 엄청난 압력을 어느 누가 견뎌낼 수 있을까? 8,790m의 심해 수압에서는 세계 최초로 잠수 장비를 발명한 자크 쿠스토가 아니라 자크 쿠스토의 할아버지라 할지라도 못 배겨낼 것이다. 물론 지하에 내재한 "깊음의 샘"이 터지면서 나온 물이 있기 때문에 궁창 위의 물층의 두께가 그다지 두껍지는 않았다고 주장할 수도 있다. 그렇다면 깊음의 샘에서 터져나온 물의 양은 얼마일까? 노아 홍수 당시 전체 홍수량의 50%가 깊음의 샘에서 나왔을까? 그렇다면 궁창 위의 물층의 두께는 4,395m가 된다. 여전히 인간을 포함한 육상 동물이 견뎌낼 수 있는 압력은 결단코 아니다. 전체 홍수량의 90%가 깊음의 샘에서 나왔을까? 그렇다면 궁창 위의 물층의 두께는 879m가 될 것이다. 이 두께의 물층이 대기에 가하는 압력은 879m의 심해에서 잠수할 때 느끼는 압력이다. 이 역시 잠수 장비를 착용했다고 해도 인간이 견뎌낼 수 있는 한계를 몇 배나 넘어선 압력이다.

　과학은 수치로 된 증거를 통해서 자연의 모습을 설명한다. 창조과학회가 성경의 문자적 표현에 의해 물층이 존재했다는 가설을 세웠다면, 그들은 그 물층의 높이와 물의 양, 그 물층으로 인한 수명 연장 효과 등을 정량적으로 설명해내야 한다. 또한 그 물층으로 인한 역효과, 즉 앞서 말한 것처럼 가시광선이 절대로 투과되지 않는 암흑천지, 그리고 물층의 중량으로 인한 어마어마한 대기압을 성경에 나오는 노아 홍수 이전의 족장들이 어떻게 견디었는지를 일관성 있게 설명할 수 있어야 한다. 하지만 창조과학회의 주장은 이 모든 것을 일관성 있게 설명해내고 있는가? 그렇지 않고 고작 성경에 나오는 문자적 표현들을 뒷받침하기 위해서 이런저런 이야기들을 짜깁기하는 수준에 머문다면 그것은 아무리 느슨한 기준을 적용한다 할지라도 결코 과학의 범주에 포함될 수 없다.

　"시치미 떼다"라는 말을 들을 때에 매의 꽁지에 매달린 주인의 이름표를 똑 떼어내는 것을 연상할 수 있는 것처럼, 우리는 성경에서 궁창이라는 표현을 읽는다면 구름이 흐드러지게 번져 있는 파란 하늘을 연상할 것이 아니라 밥사발을 뒤집어놓은 듯한 돔 모양의 천정을 떠올려야 할 것이다. 그렇지만 고대 히브리인들이 생각했던 우주관을 가지고 창세기를 읽는다고 해서 하나님의 창조에 대한 믿음이 약해지지는 않는다. 오히려 인류의 모든 시간과 역사를 관통하는 하나님의 메시지가 무엇일까를 묵상해보는 놀랍고도 풍성한 은혜가 함께할 것이다.

19. 양이 된 사자와 방사성 연대 측정법

우주에 존재하는 힘을 근원적으로 분류하면 4가지로 구분할 수 있다. 중력, 전자기력, 강한 핵력, 약한 핵력이 바로 그것이다. 이 4가지의 근원적인 힘 중에서 우리가 가장 친숙하게 느끼는 힘은 어떤 것일까? 아마도 "중력"이 아닐까 싶다. 중력은 시속 1,600km 이상으로 회전하고 있는 지구에서 우리가 튕겨 나가지 않도록 단단히 붙잡아주는 힘이다. 또한 초속 30km의 속도로 태양 주변을 공전하는 지구에서 우리가 두 발을 딛고 살 수 있는 원동력이기도 하다.

중력 다음으로 우리에게 친숙한 힘은 "전자기력"일 것이다. 마이클 패러데이와 제임스 맥스웰 같은 19세기의 물리학 거장이 통합된 힘으로 밝힌 전기와 자기력은 현대인들에게 없어서는 안 될 소중한 존재다. 전기 에너지는 어두운 밤을 환하게 밝혀줄 뿐만 아니라 인류가 사용하는 각종 장비를 가동시키는 에너지원이기도 하다. 가전제품 및 무선 전화와 같은 현대의 첨단 정보 통신 기기들도 전자기력이 없으면 작동할 수 없다. 전자기력이 없는 현대 사회란 상상할 수조차 없다.

그렇다면 중력과 전자기력 중 어느 쪽이 더 강할까? 얼핏 생각하면 우리를 지구에 꽉 붙잡아두는 중력이 훨씬 더 강할 것 같다. 하지만 정답은 전자기력이다. 우리가 자석을 사용해서 쇠붙이를 끌어당길 수 있다는 사실은 자석이 쇠붙이를 당기는 힘이 지구가 쇠붙이를 당기는 힘보다 크다는 것을 보여준다.[1] 전자기력은 중력보다 훨씬 더 큰 힘이다. 만일 전자기력이 중력보다 약하면 어떤 일이 벌어질까? 우리 몸을 구성하는 분자들은 전자기력에 의해 결합되어 있다. 지구가 우리를 끌어당기는 중력이 우리 몸을 구성하는 전자기력보다 더 강하다면 우리 몸은 지구 중력에 의해 으스러진 다음 지구 표면에 붙어버리고 말 것이다. 결론적으로 전자기력의 세기는 중력보다 10^{42}배나 크다.[2]

중력과 전자기력은 우리가 일상에서 쉽게 접할 수 있는 힘이다. 그러나 우주에 존재하는 근원적인 힘 중에서 중력과 전자기력을 제외한 나머지 두 힘, 곧 "강한 핵력"(강력)과 "약한 핵력"(약력)은 우리가 일상에서 접하기 힘든 힘이다. 이 힘들은 물질의 기본 입자인 원자의 핵을 만들어주는 힘이다. 원자핵을 구성하는 양성자들은 전기적으로 동일한 성질을 가지고 있기 때문에 기본적으로 서로 밀어내는 척력이 작용하고 있다. 물리학자들은 중력보다 10^{42}배나 더 강한 전자기적인 반발력이 작용하는데도 불구하고 양성자들을 서로 묶어줄 뿐만 아니라 전기적으로 중성인 중성자까지 결합시켜 원자의 핵을 형성시키는 이 힘을 "강한 핵력"이라고 불

---

1 Brian Greene, 박병철 옮김, 『우주의 구조』(서울: 승산, 2004), 360.
2 Brian Greene, *The Elegant Universe* (New York: Norton, 2003), 12을 참조하라. Greene은 10^{42}배나 크다는 것을 중력의 세기가 우리의 팔뚝의 근육에 해당한다면 전자기력의 힘의 크기를 발휘하는 근육의 두께는 현재 관측된 우주의 폭보다 굵어야 한다고 비유를 통해 설명하고 있다. 10^{42}이라는 수치가 얼마나 어마어마한 크기인가를 잘 알려주는 비유라고 생각된다.

렸다.

중세 연금술사들은 모든 금속을 완벽한 금속인 "금"이 병에 걸린 상태라고 생각했다. 그들은 금속의 병을 치료해서 완벽한 상태를 만들 수 있다면 그 금속이 철이든, 납이든, 구리든 상관없이 금으로 바꿀 수 있다고 생각했다. 그리하여 중세 연금술사들은 철 같은 값싼 금속을 인위적인 방법으로 금으로 바꾸는 연구를 했다. 중세를 마감하고 17세기를 지나 18세기에 들어서자 과학이 발달하면서 사람들은 연금술사들의 시도가 어처구니없는 짓이었음을 알아차렸다. 그들은 멀쩡한 물질이 전혀 다른 물질로 바뀌는 것은 말도 안 되는 일이라는 걸 깨달았다.

그러나 이 세상에는 이렇듯 한 물질이 전혀 다른 물질로 변하는 어처구니없는 현상이 실제로 일어나고 있다. 방사성 붕괴 현상이 그것이다. 예를 들면 우라늄은 여러 번에 걸쳐 복잡한 방사성 붕괴를 일으키면서 납으로 변한다. 또 자연 상태에서 볼 수 있는 탄소는 숯처럼 까만 고체 상태로 존재한다. 이 탄소 중에서 원자량이 14인 탄소가 방사성 붕괴를 일으키면 질소로 바뀐다.

혹 화학에 대한 선 이해가 부족한 독자들은 물질이 다른 물질로 바뀌는 이 방사성 붕괴 현상을 마치 석유에서 플라스틱을 합성해내는 화학적 변화 정도로 생각할지도 모르겠다. 하지만 그런 생각은 틀렸다. 화학적 변화는 두 가지 이상의 물질들이 결합하거나 혹은 그 결합체가 분해되어 원래의 물질로 되돌아가는 것에 불과하지만, 방사성 붕괴 현상은 그 물질의 원자핵이 깨어져 완전히 다른 물질로 변하는 것이다.

예를 들면 몸무게 200kg짜리 수사자 한 마리를 동물원 우리에 가두어 놓았다고 가정해보자. 그다음 날 우리에 가보았더니 사자는 온데간데 없고 그 대신 털이 복실복실한 100kg짜리 양 한 마리가 떡하니 자리를 차지하고 있는 일이 벌어졌다. 만일 이런 광경을 목도한다면 과연 어떤 느낌이 들까? 귀신이 곡할 노릇이라는 표현이 연상되지 않을까? 혹 지난 밤에 호그와트 마법 학교에서 해리 포터라도 다녀간 것일까? 그렇지 않다면 어떻게 이런 일이 벌어질 수 있을까?

20세기로 접어들면서 과학이 비약적으로 발전하자 인류는 자신이 살고 있는 세상이 그동안 당연하게 생각했던 상식에서 벗어난 『이상한 나라의 앨리스』(인디고 역간)에 나오는 세상과 같다는 것을 깨달았다. 인류는 우주가 좁쌀보다 작은 공간에서 뺑하고 터지면서 팽창했다는 걸 알았고, 올곧다고 생각한 공간이라는 것이 실은 엿가락처럼 휘어져 있고, 요람에서 무덤까지 모두에게 공평하게 흘러가는 시간이란 녀석도 거대 중력에서는 느려지며 심지어 멈추기까지 한다는 것도 알았다. 방사성 붕괴도 앨리스가 빠져버린 이상한 나라에서 벌어질 법한 희한한 현상 중 하나다. 우리는 동물원 우리 속 사자가 하루밤 사이에 양으로 뒤바뀌고 사자의 몸을 이루던 나머지 100kg은 어디론가 사라져버렸다는 설명으로 방사능 붕괴에 대한 대강의 이해를 얻을 수 있다고 생각한다.

자연계에 존재하는 4가지 힘 중 마지막 힘인 "약한 핵력"은 바로 이러한 방사성 붕괴의 한 가지 원인이 되는 힘이다. 방사성 붕괴가 일어나면 마치 사자가 양으로 바뀌듯이 한 물질이 전혀 다른 물질로 바뀜과 동시에 질량이 다소 줄어드는데 그 줄어드는 질량은 방사선이라는 에너지의 흐름으로 배출된다.

이러한 방사성 붕괴 현상을 이용하여 절대 연대를 측정하는 방법을 "방사성 연대 측정법"이라고 한다. 이 방법을 통해 연대 측정이 가능한 이유는 방사성 물질이 방사선을 배출하면서 다른 물질로 바뀌는 시간이 일정하기 때문이다. 사자 한 마리가 하루밤 사이에 양 한 마리로 바뀌는 『이상한 나라의 앨리스』와 같은 동물원의 예를 계속 들어보자. 동물원의 다른 우리에는 거북이를 넣어놓았는데 이 거북이는 일주일 후 타조로 바뀐다. 수족관에 있는 청상아리 상어는 한 달 후 고릴라로 변한다. 비록 이 동물원은 겉보기에는 이상한 나라의 뒤죽박죽 동물원 같지만 자세히 들여다보면 거기에는 규칙적인 패턴이 존재하는 것을 알 수 있다. 사자는 항상 양으로 바뀌고, 거북이는 매번 타조로 바뀐다. 또 청상아리 상어는 줄곧 고릴라로 바뀌는데 동물들이 변하는 기간은 항상 일정하다. 사자는 하루 만에 양으로 바뀌고, 타조가 거북이로 변하는 데는 일주일이 걸리며, 상어가 고릴라로 변하는 시간은 언제나 정확히 한 달이 소요된다. 그리고 바뀐 동물의 몸무게는 바뀌기 전 동물의 몸무게의 정확히 절반이다.

특정한 핵종이 방사성 붕괴를 일으켜 다른 물질로 바뀌는 시간은 항상 일정하다. 고유한 핵종이 방사성 붕괴를 일으키는 데 걸리는 시간을 표시하는 개념 중에서 가장 유명한 것이 "반감기"다. 반감기는 본래의 물질의 절반이 방사성 붕괴를 일으켜서 다른 물질로 바뀌는 시간을 뜻한다. 모든 방사성 물질은 고유한 반감기를 가지고 있다. 원자량이 238인 우라늄의 절반이 원자량 206인 납으로 바뀌는 데는 항상 45억 년이 걸린다.[3] 같은 우라늄이지만 원자량이 235인 우라늄이 원자량 207인 납으로 바뀌는 시간은 항상 7억 년으로 다소 짧다. 원자량 14인 탄소가 질소로 바뀌

---

3   이렇듯 동일한 물질이지만 원자량이 다른 원소를 동위 원소라고 한다. 동위 원소가 존재하는 이유는 원자핵 속 중성자의 개수가 다르기 때문이다.

는 반감기는 5,730년으로 비교적 짧으며, 일본 후쿠시마 원전 사고로 많이 보도되었던 세슘의 반감기는 극히 짧은 30년이고, 원자량 217의 악티늄의 반감기는 0.018초에 불과하다.

모든 방사성 물질들은 이처럼 종류에 따라 일정한 붕괴 과정을 거친 후 새로운 물질로 바뀐다. 이렇게 방사성 붕괴를 일으키는 원자를 "어미 원소"라고 부르며, 어미 원소가 붕괴되어 만들어진 새로운 원자를 "딸 원소"라고 부른다. 그리고 암석에서 어미 원소와 딸 원소를 검출하여 그 붕괴량과 생성량을 측정한 후, 거기에 붕괴 속도를 대입해서 그 암석의 생성 시기를 결정하는 방법이 방사성 동위 원소 연대 측정법이다.

탄소 연대 측정법은 원자량 14인 탄소 동위 원소가 원자량 14인 질소로 붕괴되는 시간을 이용해서 연대를 측정하는 방법이다. 방사성 연대 측정법 중 탄소 연대 측정법이 가장 먼저 개발되었고, 또 이름이 가장 널리 알려졌기에 이 방법이 방사성 연대 측정법의 전부인 줄로 오해하는 사람들이 많다. 하지만 이 탄소 연대 측정법은 원자량 14인 탄소의 반감기가 5,730년에 불과하기 때문에 4만 년 이상 되는 대상물에는 적용할 수 없다.[4] 따라서 탄소 연대 측정법은 주로 고고학적 유물에만 사용되는 방법이다. 이 방법은 사해 사본과 같은 성경 사본의 연대 측정에 사용되기도 했다.

미국의 인스티튜트 포 크리에이션 리서치(Institute for Creation Research, ICR) 혹은 앤서스 인 제네시스(Answers in Genesis, AIG)같이 젊은 지구론을 주장하는 창조과학 단체는 탄소 연대 측정법 자체를 공격한다. 그들은

---

4   Don Eicher, *Geologic Time* (New Jersey: Prentice-Hall, 1976), 131.

4만 년이라는 측정 한계를 가진 탄소 연대 측정법을 갖고 의도적으로 6천 5백만 년 전에 멸종한 공룡의 화석 연대를 측정한 결과, 수만 년밖에 되지 않은 결과를 얻었다고 이야기하면서 방사성 연대 측정법을 신뢰할 수 없다고 주장한다.

우선 창조과학회의 이와 같은 시도들은 마치 30cm짜리 자로 마라톤 코스를 재는 것 같은 무의미한 시도라는 것을 지적하고 싶다. 30cm짜리 자를 가지고 마라톤 코스를 잰다면 시간적으로도 엄청나게 비효율적일 뿐만 아니라, 그 자를 가지고 30cm씩 140,650번이나 되는 많은 횟수를 재다 보면 중간에 몇 번 빼먹고 계산할 수도 있고, 또한 잴 때마다 발생되는 오차는 등차급수적으로 크게 누적될 수밖에 없을 것이다. 게다가 나는 ICR 같은 미국의 창조과학 단체의 실험자들이 행한 실험의 정도에 대한 의구심을 떨쳐버릴 수 없다. 첨단 과학 실험은 우리가 초등학교 시절 과학 실험 시간에 물을 끓이고 빨간 알코올 온도계를 사용해서 물이 끓기 시작하는 온도가 100도인지를 측정하는 정도의 문제가 아니다. 특히 고고학, 고생물학, 지질학같이 현장에서 시료가 채취되고 실험의 많은 부분이 진행되는 경우는 항상 시료가 오염될 소지가 높다. 실험 프로토콜에 대한 완벽한 이해와 더불어 실험 숙련도가 없으면 제대로 된 실험 성과를 얻을 수 없다. ICR에서는 실험 절차와 방법에 대해서는 전혀 문제가 없다고 주장하지만 지구가 6천 년밖에 되지 않았다는 것을 증명하기 위해 그동안 해왔던 고의적인 자료의 조작 및 왜곡을 생각해볼 때 전혀 신뢰가 가지 않는다.

탄소 연대 측정법 외에도 40여 개 이상 되는 방사성 연대 측정법들이 수십억 년에서 수만 년까지, 즉 심원한 시간대에서 비교적 가까운 과거에 걸쳐 형성되어온, 우리가 살아가는 아름다운 지구의 속살을 이루는 지각과 암석들의 나이를 밝히면서 하나님의 창조의 경륜에 대한 인류의 이해를 확장시키고 있다.

이렇듯 과학자들은 방사성 연대 측정법 및 다른 과학적 성과를 통해 지구의 나이가 45억 년임을 확인했지만 창조과학회는 성경의 문자적 표현에 천착해 젊은 지구론을 공식적인 입장으로 삼고 이 사실을 절대로 받아들이지 않는다. 문자적인 6천 년 지구 창조를 사수하기 위해 창조과학회가 벌이고 있는 방사성 연대 측정법의 흠집 내기 전략은 대략 3가지로 정리할 수 있다.

첫째는 방사성 붕괴율(반감기)이 안정적이지 않다는 주장이다. 방사성 붕괴를 하는 원소들마다 갖고 있는 고유한 붕괴율이 일정하지 않고 임의로 변한다는 것이다. 심지어 어떤 창조과학자는 노아 홍수 때에 지구 상의 방사선 동위 원소들이 급격한 붕괴를 일으켜서 그때 발생했던 열에 의해 홍수물이 다 증발되어 우주 공간으로 날아갔다는 주장도 한다.[5] 험프리스라는 창조과학자가 그 주인공이다. 창세기의 문자적 표현대로 노아 홍수의 수위가 천하의 높은 산보다 15규빗 더 높았다면 현재 지구 상의 바다, 강, 호수, 빙하를 모두 포함하여 지구 전체의 지표수의 3배에 해당하는 수량이 필요하다. 이러한 비상식적인 수량이 발생한 것도 과학적으로 설명이 불가능하지만, 이 많은 물이 지금 어디에 있는지를 설명하는 게 더 큰 난제다. 창조과학회 측은 그 많은 수량이 궁창 위의 물과 깊음의

---

5   Davis Young & Ralph Stearley, *The Bible, Rocks and Time*, 396-397에서 재인용한다. 원문은 Humphreys, Accelerated Nuclear Decay in Vardiman, Smeling and Chaffin, Radioisotopes and the Age of the Earth, 1:351-57이다.

샘에서 나왔다고 설명한다. 물론 앞 장에서 이 주장이 과학적 상식으로 말이 안 된다는 것을 살펴보았다.

창조과학회의 주장을 따른다면 우리는 이 많은 물들이 지금 어디에 있는가라는 질문에 도저히 답할 수 없다. 어떤 이는 그 많은 물은 남북극의 빙하 속에 저장되어 있다고 주장한다. 하지만 남북극의 빙하가 모두 녹는다 하더라도 해수면 상승은 60-70여 m밖에 되지 않는다. 이는 8,848m의 에베레스트 산을 덮어버린 노아 홍수 수량을 설명하기에는 턱도 없이 부족한 양이다. 따라서 창조과학자 험프리스는 방사성 동위 원소들의 반감기가 노아 홍수 이후에 급격하게 짧아졌고 그때 발생된 열에 의해 홍수 물이 증발하여 지구 바깥으로 배출되었다고 주장한다. 그는 현재 암석에 나타난 방사선 연대 측정에 의한 연령이 오래된 것처럼 보이는 이유가 노아 홍수 당시의 반감기가 짧아진 효과에 있다고 주장한다. 그는 자신의 해석에 대한 증거로 다음과 같은 성경구절을 제시한다.

그러므로 내 분노의 불이 일어나서 스올의 깊은 곳까지 불사르며 땅과 그 소산을 삼키며 산들의 터도 불타게 하는도다(신 32:22).

이에 땅이 진동하고 산들의 터도 요동하였으니 그의 진노로 말미암음이로다. 그의 코에서 연기가 오르고 입에서 불이 나와 사름이여 그 불에 숯이 피었도다(시 18:7-8).

험프리스는 이 두 성경 구절이 노아 홍수 당시 방사성 붕괴가 급격히 빨라졌다 것을 보여주는 증거라고 주장한다. 성경을 이런 식으로 해석하는 문제는 차치하고라도 방사성 붕괴가 급격하게 일어나서 현재 지구 상의 물의 3배가 되는 홍수 수량이 전부 증발시킨 열이 발생했다면 그 홍수 속을 떠다녔던 노아의 방주는 어떻게 되었을까? 노아의 방주에 있는 생명체는 부글부글 끓는 찜통 속의 사골처럼 남아나질 못했을뿐더러 지구 전체가 송두리째 달궈짐으로써 어떤 생명체도 생존할 수 없었을 것이다. 따라서 이 주장은 노아의 방주가 현재 지구 수량의 3배나 되는 물을 증발시켜 우주 공간으로 날려보낼 정도의 위력을 가진 핵폭탄이 계속 터지는 아비규환의 피폭 지역을 유유히 항해했다는 이야기로 정리될 수 있다.

반감기 신뢰도에 대한 흠집 내기는 창조과학회의 주요 전략이다. 험프리스같이 노아 홍수 당시에 극단적으로 반감기가 짧아졌다는 주장과는 별개로, 현재 과학계에서 일정하다고 증명된 반감기가 실상은 일정하지 않다는 주장을 통해 방사성 연대 측정법에 의한 45억 년짜리 지구 나이에 대한 신뢰감을 떨어뜨리려는 창조과학회의 노력은 지금도 계속되고 있다.

하지만 방사성 동위 원소의 반감기는 일정하다. 앞서도 설명했지만 핵을 이루는 힘은 자연계에서 발생하는 물리적인 힘이나 전자기적인 힘보다도 훨씬 더 크다. 따라서 그것은 자연 상태에서 벌어지는 격변적인 요인(전기적·자기적 충격 내지는 물리적인 힘)에 의해서 핵이 깨지지 않고 자체의 붕괴 패턴에 의해 일정한 시간에 걸친 붕괴율을 항상 보여주는 것이다. 예를 들면 사자와 개미의 힘의 차이는 엄청나게 크다. 따라서 개미가 아무리 사자를 물어뜯어도 그로 인해 사자가 죽지 않는다. 사자는 자신의 수명이 다하면 저절로 죽는다. 아무리 자연적으로 가혹한 충격이 원자핵에 가해진다고 원자핵은 끄떡없다. 비바람이 불고 폭풍우가 몰아치고 번개가 내리쳐도 원자핵은 멀쩡하다.

원자를 묶어서 분자를 이루는 전기 에너지를 통한 화학적 결합력은 1 전자볼트인 반면, 소립자들을 결속시켜 원자핵을 이루는 핵결합력은 10^9 전자볼트에 이른다.[6] 또한 중력은 핵결합력보다 훨씬 약한 전자기력보다도 10^{42}배나 더 약하다. 그러므로 자연계에서 존재하는 중력이나 전자기력과는 비교가 불가능할 정도로 더 강한 원자핵의 결합을 물리적·전자기적 에너지로 와해시키기는 극히 어렵다.

이렇듯 엄청나게 강하게 결합된 원자핵의 붕괴 속도가 일정하지 않고 제멋대로 변한다면 어떻게 될까? 인류가 인위적으로 원자핵을 붕괴시켜 에너지를 생산하는 장치는 2가지가 있다. 하나는 원자력 발전소이고, 다른 하나는 핵무기다. 물론 핵무기는 엄청난 에너지로 인명을 살상할 용도로 제작되었기에 사용되어서는 안 될 것이다. 원자력 발전소는 인간이 인위적으로 방사성 원소의 붕괴 속도를 조절해서 에너지를 생산하는 장치다. 그런데 이러한 장치의 기반을 이루는 붕괴율 자체에 대한 과학자들의 이해가 틀렸다고 한다면, 원자력 발전소는 삽시간에 거대한 원자 폭탄으로 돌변할 수 있다. 우라늄의 반감기에 대한 과학자들의 이해가 틀려서 그것을 적절히 통제하지 못하고 순식간에 붕괴가 일어나면 분열이 일어나는 원자로는 원자탄으로 돌변할 것이다. 창조과학회의 주장에는 이런 엄청난 내용이 담겨 있다. 만약 그들이 진정으로 방사성 동위 원소의 반감기가 일정하지 않다고 생각한다면 그들은 교회에서 창조과학 세미나를 통한 교인 세뇌에 집중하기보다는 인류의 멸망을 막기 위해 자신들의 신

---

6   G. Brent Dalrymple, *The Age of the Earth* (California: Stanford Univisity Press, 1991), 87.

앙적 양심을 걸고 원전 반대, 반핵 운동부터 전개해야 하지 않을까? 하지만 그들이 원전 반대 운동 대신 대한민국 정부에서 제공하는 원전의 혜택을 누리며 살고 있다는 것은 자신들의 주장이 어떤 과학적 함의를 가지고 있는지 모르거나, 아니면 그들 자신이 주장하는 뒤죽박죽 반감기가 틀렸다는 것을 잘 알고 있든지 둘 중 하나라고 생각한다.

두 번째로 초기 조건을 알 수 없다는 창조과학회의 주장에 대해서 살펴보자. 앞서 설명했듯이 방사성 연대 측정법은 측정하려는 시료 속에 들어 있는 방사성 어미 원소와 그 어미 원소의 붕괴로 생긴 딸 원소의 양을 측정하여 붕괴 시간을 계산해서 연대를 결정하는 방법이다. 하지만 창조과학회에서는 측정하려는 시료 속에 들어 있는 어미 원소와 딸 원소가 순수하게 방사성 붕괴의 산물이라는 것을 어떻게 증명하느냐고 주장한다. 즉 그들은 암석이 생성된 지 한참 후 어미 원소, 딸 원소가 암석으로 편입되거나 빠져나갈 수 있는 가능성을 이야기한다. 초기 조건을 알 수가 없으니 연대 측정을 신뢰할 수 없다는 것이다.

하지만 이러한 주장이 설득력이 부족한 이유는 초기 조건의 편차를 보정할 수 있는 다양한 방법들이 고안되었을 뿐만 아니라, 나아가 더 이상 초기 조건에 의존하지 않는 연대 측정 기법들이 개발되었기 때문이다. 아이소크론(Isochron, 등시선법)이라는 방법은 초기 조건에 구애를 받지 않고 측정 시료의 연대를 찾아낼 수 있다. 일반적인 방법은 어미 원소와 어미 원소에서 생성된 딸 원소, 두 가지 요소를 통해 연대를 결정한다. 어미 원소와 딸 원소, 두 가지 요소를 이용해서 연대를 결정한다면 초기 조건에 의해 연대가 다르게 측정될 소지가 크다.

측량학에 익숙하지 않은 독자들도 "삼각 측량"이라는 용어를 한두 번

쯤은 들어보았으리라고 생각한다. 왜 측량에서는 세 점을 이용한 삼각 측량법을 사용할까? 두 점만으로 측량할 수는 없을까? 측량을 하는 사람이 위치하고 있는 한 점에서 다른 한 점의 좌표를 찾아내기는 어렵다. 하지만 두 점에서 좌표를 구하고자 하는 점을 시준해서 도합 3개 점이 사용된다면, 고등학교 수학 시간에 배운 피타고라스의 정의를 통해서 수월하게 시준하는 점의 좌표를 구할 수 있다. 아이소크론도 세 점을 이용하는 삼각 측량과 마찬가지로 3가지 요소를 이용한다. 어미 원소와 어미 원소에서 생성된 딸 원소, 두 요소만 사용하는 기존 방법에 딸 원소와 동일한 원소지만 어미 원소의 붕괴를 통해서 생성된 것이 아닌 암석의 생성 당시부터 포함된 딸 원소의 동위 원소까지, 총 3가지 요소를 사용하여 연대를 측정한다.[7] 과학자들은 이 방법을 사용해서 초기 조건을 완벽하게 배제할 수 있을 뿐만 아니라 측정하려는 시료의 오염 상태를 쉽게 찾아낼 수 있다.

창조과학회가 사용하는 세 번째 방법은 방사선 연대 측정이 실패하여 잘못된 연대를 찾아낸 사례들을 부각시키는 것이다. 창조과학회 측은 꾸준하게 이러한 사례들을 소개한다. 그중 많은 경우가 미국창조과학 단체인 ICR에서 주도했던 실험들이다. 그리고 창조과학회 측은 일반적인 연구소나 학계에서 실험에 실패한 사례들도 곧잘 인용하여 방사성 연대 측

---

7   Kenneth Miller는 *Finding Darwin's God* (New York: Harper, 2007), 72에서 등시선법을 쉽게 설명하고 있다. 방사성 연대 측정법에 대한 쉽고, 개략적인 소개는 양승훈, 『창조와 격변』, 307-318을 참조하라. 국내에는 번역되지는 않았지만 Davis Young과 Ralph Stearley가 공저한 *The Bible, Rocks and Time* (Downers Grove: IVP, 2008)은 기독교인 지질학자가 저술한 장구한 지구의 역사와 지질학사, 그리고 성경 해석과의 관계를 쉽게 소개한 책이라고 생각한다. 저자들은 14장과 15장에서 방사성 연대 측정법에 대해서 소상히 소개한다.

정법을 공격한다. 많은 그리스도인이 창조과학회 측이 인용하는 이런 사례를 접하고 그들의 주장에 동조해서 방사성 연대 측정법에 문제가 많다고 생각한다. 하지만 그들이 제시한 사례들이 지구 전체에서 행해지는 방사성 연대 측정 시도 중 대체 몇 %나 될까?

많은 사람이 과학 실험은 시도하기만 하면 다 성공하는 줄 생각할지도 모른다. 하지만 성공 못하는 경우가 왕왕 발생한다. 따라서 왜 그런 결과가 벌어졌는지 검토하고 다시 실험을 시도함으로써 마침내 성공에 이른다. 대부분의 독자들은 자동차나 기차를 타고 터널이나 교량을 통과한 경험이 있을 것이다. 과연 시공사들이 그 터널이나 교량을 시공할 때 타설했던 콘크리트를 대상으로 시행한 실험들이 한건의 불합격도 없이 100% 전부 성공했을까? 그런 일은 거의 불가능하다. 콘크리트 강도 실험을 하기 위해 공시체를 만들 때 다짐을 잘못하여 재료 분리가 일어나서 강도가 작게 측정될 수도 있다. 또한 실험용 공시체의 양생이 잘못되어 설계 강도 미만으로 실험 결과가 나올 수 있다. 수없이 행해지는 실험들 가운데는 다양한 이유에서 잘못된 결과가 나오는 경우가 종종 발생한다. 따라서 대한민국의 콘크리트 표준 시방서도 콘크리트 강도 측정 결과가 설계 기준 강도 이하가 될 수 있는 확률을 0으로 정해놓지 않았다. 콘크리트 표준 시방서에는 강도 측정이 설계 기준 강도 이하가 될 확률을 1/20, 즉 5% 이하로 관리하도록 규정되어 있다.

그러므로 창조과학회의 방사성 연대 측정 실패 사례를 너무 철석같이 신뢰해서 방사성 연대 측정법이 무용지물이라고 생각하는 이들은 똑같은 이유로 이제부터는 절대로 터널이나 교량, 그리고 자신의 키보다 높은 콘크리트 구조물에는 발조차 들여놓지 말기를 권한다. 리오넬 메시나 크리스티아누 호날두 같은 세계 최고의 축구 선수도 가끔씩 페널티킥을 실패한다. 만일 내가 이러한 슈퍼스타들의 페널티킥 실축 장면만을 따로 모아 동영상으로 짜깁기해서 보여주며 메시나 호날두가 형편없는 축구 선수라고 주장한다면 과연 그것이 온당한 태도일까? 이런 경우에는 지극히 정상적으로 작동되는 주님의 몸 된 교회의 지체들의 분별력이 왜 젊은 지구론을 필두로 한 창조과학회의 주장 앞에서는 제대로 작동이 안 되는지 참 의아스럽다.

일본의 전국 시대를 마감하고 에도 막부를 열었던 도쿠가와 이에야스(德川家康)는 매우 흥미로운 인물이다. 도쿠가와 이에야스는 약 300년간에 걸쳐 지속된 에도 막부의 기틀을 마련하고 사후에는 닛코(日光)라는 곳에 위치한 동조궁(東照宮)이라는 신사(神社)에 안치되었다.[8] 이 동조궁에는 유명한 세 마리 원숭이 조각이 있다. 미자루, 키카자루, 이와자루라는 보지

8　신사는 지극히 일본적인 종교와 정치 구조를 잘 보여주는 것이다. 막부를 장악한 수반인 쇼군은 실질적으로는 일본을 통치하는 왕의 역할을 하고 있지만, 스스로를 왕으로 규정하지 않고 왕에게 봉사하는 신하로 규정한다. 즉 왕권을 제압하고 일본을 통치하는 행위 자체를, 왕을 위한 봉사로 둔갑시킨 굉장히 모순적인 정치 구조를 형성한 것이다. 한편 일본의 국왕은 이러한 쇼군의 봉사 행위에 대한 대가로 쇼군의 사후에 그에게 제사를 지내주는데, 한 마디로 쇼군은 자신의 정치 행위를 사후의 삶을 위한 왕에 대한 봉사 행위로 여긴다. 우리 나라의 경우는 중고등학교 국사 시간에 배웠던 제정일치의 고대 사회에서 제(祭)와 정(政)이 분리될 때, 왕이 정치적인 권력을 가지고 나라를 다스리는 정(政)의 기능을 갖게 되었고 토속 신앙이 담당하던 제(祭)의 기능은 불교의 유입 등을 통해 정을 담당하던 왕 아래 복속되었다. 하지만 일본의 경우는 왕이 정(政)의 기능 즉 정치적인 왕권은 철저하게 박탈당한 채, 제(祭)의 기능 즉 종교적인 기능만 담당하는 무척 제한적인 역할을 감당하게 되었다. 따라서 사실상 왕의 역할을 담당하는 정의 기능은 왕의 신하인 쇼군이 차지하게 되는 다소 보편적이지 않은 정치 형태가 만들어지게 되었다. 김용옥, 『나는 불교를 이렇게 본다』(서울: 통나무, 2002), 131-132를 참조하라.

도, 듣지도, 말하지도 못하는 세 마리 원숭이 조각은 오랜 시간을 도요토미 히데요시 밑에서 2인자 노릇을 감내했던 도쿠가와 이에야스의 노회한 처세술을 잘 상징한다.

　수년 전 일이다. 풀타임으로 창조과학 사역을 하시는 분과 한 시간 이상 대화할 기회를 가졌는데 참 답답했다. 오래된 지구와 우주를 뒷받침하는 무수히 많은 실험과 관측 결과는 받아들이지 못하고, 극히 제한적인 횟수의 실험 결과를 제시하며 지구의 연대가 약 6천 년 정도라고 주장하는 것은 동조궁에 있는 세 마리 원숭이 조각을 떠올리게 했다. 물론 그분들을 결코 원숭이라고 비하하는 것이 아니라, 단지 그분들의 폐쇄적인 모습과 성향을 지적하고자 함이다. 젊은 지구론에 천착하고 있는 창조과학회의 모습과 동조궁의 세 마리 원숭이 조각이 겹쳐보이는 것은 나 혼자만이 느끼는 감정은 아닐듯싶다.

20. 공동체로 존재하는 그리스도—균일과 격변

"교회는 공동체로 존재하는 그리스도[1]"라는 본회퍼 목사님이 남긴 유명한 격언이 있다. 이 격언은 그리스도의 몸 된 교회로서의 정체성을 정확히 꿰뚫고 있다. 공동체라는 것은 본질적으로 "사람들"을 의미한다. 교회가 사용하는 공간, 교회의 조직 및 구조는 전부 비본질적인 것이다. 교회는 예수 그리스도를 구세주로 고백하는 다양한 사람이 함께 어우러져 이세상에 도래할 하나님 나라를 지향하는 공동체다.

그리스도의 몸 된 교회를 이루는 다양한 지체들의 하나 됨을 유난히 강조한 성경 저자는 사도 바울이다. 한 몸을 이루는 다양한 지체의 중요성에 대한 강조는 바울 서신 곳곳에서 나타나고 있다.

우리가 한 몸에 많은 지체를 가졌으나 모든 지체가 같은 기능을 가진 것이 아니니 이와 같이 우리 많은 사람이 그리스도 안에서 한 몸이 되어 서로 지체가

---

1   Dietrich Bonhoeffer, *The Communion of Saints* (New York: Harper, 1963), 102.
     『성도의 공동생활』(복있는사람 역간).

되었느니라(롬 12:4-5).

몸은 하나인데 많은 지체가 있고 몸의 지체가 많으나 한 몸임과 같이 그리스
도도 그러하니라(고전 12:12).

우리는 그의 몸의 지체임이라(엡 5:30).

사도 바울이 강조한 다양한 지체들 간의 조화에 관한 말씀 가운데서
특히 고린도전서 12:21의 표현은 은유적인 재미를 더해주고 있다.

눈이 손더러 "내가 너를 쓸 데가 없다" 하거나 또한 머리가 발더러 "내가 너를
쓸 데가 없다" 하지 못하리라(고전 12: 21).

"눈이 손에게 쓸 데가 없다고 한다"든지 "머리가 발더러 쓸 데가 없
다"라고 하는 표현처럼 서로 조화를 이뤄야 할 지체들 중 하나가 다른 하
나를 부정한다면 어떻게 될까? 결코 한 몸으로서 정상적인 기능을 발휘
할 수 없을 것이다. 마찬가지로 과학도 다양한 방법론을 통해 자연의 모
습에 대한 이해를 넓혀나가고 있다. 현대 지질학에서는 겉보기에는 상
이한 것처럼 보이는 두 가지 방법론을 통해 지층의 형성 과정과 장구
한 지구의 역사를 도출해낸다. 동일과정론(Unifomitarianism)[2]과 격변론
(Catastrophism)이 바로 그것이다. 그럼 동일과정론 및 격변론이란 무엇일

---

2   동일과정론은 균일론으로도 번역된다. 이 책에서는 동일과정론으로 표기하도록 하겠다.

까? 동일과정론이란 지질학적 변화가 긴 시간에 걸쳐서 균일한 비율로 일어난다는 이론이다. 반면 격변론이란 지질학적 사건이 긴 시간에 걸쳐서 균일하게 발생하는 것이 아니라 특정한 시간대에 집중적으로 발생한다는 이론이다.

쉬운 예를 통해서 동일과정과 격변에 대해 좀 더 알아보도록 하자. 어떤 젊은이가 좋은 직장에 입사했다. 상여금을 포함해 연봉이 5천만 원이나 되고 복리 후생 제도도 꽤 괜찮은 좋은 직장이다. 비록 공휴일이지만 1월 1일을 입사 기준일로 삼는다면, 그해의 마지막 날인 12월 31일까지 이 청년의 급여 통장에 회사로부터 입금된 돈은 얼마일까? 물론 정확하게 5천만 원의 급여가 통장에 입금되었을 것이다. 이런 식의 접근이 바로 균일론적인 접근이다. 이 접근은 긴 시간에 걸쳐서 벌어지는 사건에 대해 빠른 접근과 쉬운 해석을 제공할 수 있는 장점을 가지고 있다.[3] 따라서 동일과정론적인 접근은 지질학에만 국한되지 않는다. 그것은 여러 과학 분야뿐 아니라 특히 공학 같은 응용 과학에서도 다양하고 복잡한 자연계의 양태를 우회해서 파악하고자 하는 현상에 손쉽게 접근할 수 있으며, 긴 시간대에 걸쳐서 발생하는 현상에 대해서 통시적인 조망(projection)을 할 수 있는 근본적인 방법으로 이용되고 있다.[4]

하지만 이 청년이 입사한 바로 그해 여름에 자동차를 구매하려고 한

---

3 동일과정론을 단위 시간당 일정한 크기의 변화가 일어나는 것으로 이해하는 경향이 많다. 하지만 나는 그것보다는 동일과정론을 장시간에 걸쳐 누적된 변화의 크기를 찾아내는 방법론이라고 이해하는 것이 더 타당하다고 생각한다.

4 Davis A. Young & Ralph F. Stearley, *The Bible, Rocks and Time* (Downers Grove: IVP, 2008), 461.

다면 앞서 설명했던 방법으로는 충분치 않다. 구체적인 현금 유동성(cash flow)을 상세히 살펴봐야 한다. 이 청년의 급여 통장에는 연간 총 5천만 원이 입금된다. 하지만 청년의 급여 통장에는 매 순간순간 일정한 비율로 급여가 입금되는 것은 아니다. 일 년을 구성하는 31,536,000초마다 1.59 원씩 또박또박 입금되어 일 년에 5천만 원이 만들어지는 것이 아니라는 뜻이다. 통장 내역을 살펴보면 매월 급여 지급일에 통장 잔고가 격변적으로 증가하는 것을 발견할 수 있다. 특히 상여급을 받는 달에는 격변적인 증가율이 더욱더 커지게 된다. 이렇듯 매월 격변적으로 입금되는 금액과 지출되는 금액을 파악해서 정확한 현금 유동성을 계산해야지만 자동차를 구매할 수 있을 것이다. 그가 자신의 연봉이 자동차 가격보다 높다고 자동차를 구매하는 시점에서 전개되는 구체적인 현금의 흐름과 계좌의 현황을 고려하지 않고 덜컥 일시불로 계약을 한다면 그는 자칫 잘못하면 신용불량자가 될 수도 있다. 이러한 방법이 격변적인 사건(events)을 고려한 접근이라고 할 수 있다.

구체적인 지질학적 사례를 살펴보자. 어느 지질학자가 강을 끼고 있는 어떤 지역의 지층을 연구했다. 그는 몇 년간에 걸쳐 지층의 침식률을 관찰한 결과, 평균적으로 일 년에 1mm씩 침식이 이루어지고 있다는 것을 발견했다. 그렇다면 이 지역은 10년 전에는 지층의 표고가 1cm 정도 더 높았을 것이다. 100년 전에는 현재보다 10cm 정도 더 표고가 높았을 것이고 1,000년 전의 지층의 표고는 당연히 현재보다 1m 더 높았으리라는 것을 쉽게 계산해낼 수 있다. 시간을 좀 더 거슬러 올라가서 10,000년 전 과거로 돌아가 지층을 살펴본다면 지층의 표고는 현재의 표고보다 10m 가 높았을 것이고 그 10m의 흙과 암석은 10,000년의 세월 동안 침식을 당해 현재의 지층을 이루게 된 것이다. 이것이 바로 동일과정론이 제공하는 지질학적 해석이다.

반면에 격변론은 지질학적 사건들이 동일한 비율로 일어나는 것이 아니라 특정한 시간에 집중적으로 발생한다는 해석이다. 앞서 살펴본 동일과정론과 똑같이 강을 끼고 있는 지역의 예를 들어보자. 일 년에 1mm의 침식이 평균적으로 발생하지만 이러한 침식이 일 년 내내 동일한 비율로 발생하는 것은 아니다. 건기에는 침식이 거의 일어나지 않다가 우기에 집중적으로 침식이 발생한다. 몇 년 동안은 가물어서 그다지 침식이 발생하지 않았었다. 하지만 어떤 해의 우기에는 이전 몇 년간 내리지 않았던 비까지 모조리 내렸는지 큰 홍수가 발생해서 연 평균보다 많은 토사가 침식되어 쓸려내려가게 된다. 이것이 격변적인 해석이다.

창조과학회에서는 현대 지질학이 동일과정론이라는 패러다임에 매몰되어 있기 때문에 결코 격변설을 받아들일 수 없다라고 말한다. 또한 그들은 동일과정론이 반성경적인(anti-biblical) 무신론이라고 주장하고 있다. 그리고 이러한 동일과정론의 원천적인 뿌리는 항상 그들이 전가의 보도처럼 사용하는 "진화론"이라고 주장한다. 물론 고생물학 같은 경우는 지질학과 생물학의 경계를 넘나드는 통섭성을 지니고 있고 진화론이 그 기축을 이루는 이론이지만, 근본적으로 암석을 연구하고, 지층을 연구하고, 지구의 화학적 조성과 물리적 성질을 규명하는 지질학의 근원이 생명 현상의 다양성을 연구하는 진화론이라는 창조과학회의 주장을 어떻게 받아들여야 할지 판단이 서지 않는다. 사실상 18세기에 지질학 태동기를 살았던 그리스도인 지질학자들이 노아의 홍수에 따른 단일 대격변을 가지고 화석의 형성을 설명하려 했으나 전혀 맞지를 않아서 포기하고 말았던 일은 과학사에서 널리 알려진 사실이다.[5] 이것은 심지어 다윈의 진화론이 태동하기 전의 일이었다. 다윈이 진화론의 서막을 알리는『종의 기원』을 출간한 때는 19세기 중반인 1859년이었다.

창조과학회는 동일과정론이 그들의 성경 해석과 다른 오래된 지구를 지지하는 이론이라 간주하고 동일과정론을 공격하고 있다. 그리고 격변론은 오래된 지구가 아닌 6천 년 수명의 젊은 지구를 지지하는 이론이라고 여기는 것 같다. 물론 이것은 틀린 생각이다. 격변론은 지구의 나이가 6천 년이라는 것을 지지하는 이론이 결코 아니다. 과거 19세기에 격변론을 주장했던 프랑스의 G. 퀴비에와 그의 제자 J. L. R. 아가시 같은 지질학자들조차도 지구의 나이를 아주 오래된 것으로 파악했었다. 왜냐하면 지구가 아주 급격한 속도로 산맥을 융기시키고 평야를 만들어낼 수 있다는 것이 지구의 나이가 젊다는 것을 보여주는 증거는 아니기 때문이다.[6] 지금도 우리가 관찰할 수 있는 지구의 변화는 순간순간에 걸친 격변을 통해 집중적으로 발생하고 있다.[7] 따라서 지질학계의 논문을 살펴보면 동일과정적인 해석이 줄어들고 격변적인 해석이 늘어나고 있으므로 자신들의 젊은 지구론이 맞다는 창조과학회의 주장은 일고의 가치도 없다. 격변적인 해석이 젊은 지구를 논증하는 것도 아니고, 또 격변적인 해석을 하는 논문들이 늘어난다는 것은 지질학적 연구가 지구 지층과 지질에 대해서

---

5 Donald Prothero, *Evolution* (New York: Columbia Univ. Press, 2007), 59.

6 Stephen Jay Gould, 홍욱희 & 홍동선 옮김,『다윈 이후』(서울: 사이언스북스, 2008), 213.

7 Stephen Jay Gould, 이철우 옮김,『시간의 화살, 시간의 순환』(서울: 한국연구재단, 2012), 175.

통시적인 조망을 하는 단계를 넘어서 굉장히 정밀한 단계에까지 접어들었다는 것을 보여주는 사례일 뿐이다.

따라서 동일과정론을 공격하면서 마치 사찰 입구에 떡하니 세워놓은 사천왕처럼 격변론을 성경의 진리를 수호하는 수호신 취급을 하는 것은 그 준거부터가 잘못되어도 한참 잘못된 것이다. 지질학자들은 동일과정과 격변, 두 가지 방법을 모두 사용해 연구한다. 그리고 그들은 우리 인류가 발딛고 서 있는 지표 및 지구에 대한 올바른 해석을 제공한다. 하지만 창조과학회에서 제공하는 해석들은 경이롭고 아름다운 지구의 모습들을 성경의 문자적인 표현에 억지로 끼워 맞추기 위해서 왜곡한 것들이다. 바로 이런 점이 현대 지질학계에서 창조과학의 주장을 거부하는 첫째 이유다. 아니, 이는 비단 현대 지질학계에만 해당되는 것이 아니라 모든 과학 분야에서 공히 창조과학을 받아들이지 않는 이유에 해당할 것이다.

화석의 형성에 대해 간단히 살펴보자. 창조과학회에서는 화석이 출토되는 순서가 노아 홍수 때에 생물들이 매몰된 순서라고 주장한다. 그들에 따르면 먼저 매몰된 생물은 아래 지층에서, 나중에 매몰된 생물은 위 지층에서 발굴된다. 따라서 아래 지층에 매몰될 생물들은 낮은 곳에서 서식하고, 홍수가 발생했을 때 신속하게 대피할 수 없으며, 죽은 후 사체가 물에 잘 뜨지 않고 가라앉는 종류라는 것이 이들의 주장이다.[8] 이 모든 조건에 부합하는 생물은 과연 어떤 종류일까? 아마도 조개류일 것이다. 조개류는 강이나 바다의 바닥에 서식하고, 홍수가 나서 토사가 덮칠 때 결코 도망칠 수가 없으며, 또 딱딱한 껍질 때문에 사체가 절대로 물에 뜰 수 없기

---

8   양승훈, 『창조와 격변』, 188.

때문이다. 노아 홍수의 단일 격변을 주장하는 창조과학회의 설명대로라면 조개는 지구 상에 존재하는 지층 중 가장 아래쪽에만 존재해야 한다.

조개의 화석은 5억 년 전 까마득한 옛날, 저 아래쪽에 깔려 있는 캄브리아기 지층에서 처음 등장한다. 그리고 창조과학회의 해석이 옳다면 그 위의 지층에서는 조개의 화석이 더 이상 나타나서는 안 된다. 과연 실제로도 그럴까? 유감스럽게도 그렇지 않다. 조개의 화석은 그 이후로도 계속 나타나며 최근에 생성된 지층에서도 조개의 화석을 발견할 수 있다. 아직도 조개류가 멸종되지 않고 우리 곁에 있기 때문이다. 그러므로 우리는 구수한 홍합탕과 시원한 재첩국 등을 즐길 수 있다.

그런데 현대로부터 먼 과거에 생성된 아래 지층일수록 그 속에서 발견되는 조개의 모습은 지금 우리 주변에서 쉽게 찾아볼 수 있는 조개의 모습과 전혀 다른 생소한 모양을 하고 있다. 하지만 상대적으로 가까운 과거에 생성된 위 지층일수록 그 속에서 발견되는 조개의 화석은 지금 우리 주변에 있는 조개의 모습과 점점 더 비슷해지고 있다. 창조과학회의 해석이 맞는다면 최근에 생성된 위 지층에서 발견되는 조개 화석은 도대체 어떻게 생성된 것일까? 창조과학의 해석대로라면 위 지층은 홍수가 일어나자마자 생성된 지층이 아니다. 그것은 발이 있어서 높은 곳으로 도망쳐 탁류를 피할 수 있는 동물들이 마지막에 파묻힌, 홍수 시기 후기에 생성된 지층인 것이다. 그럼 이런 지층에서 어떻게 조개의 화석이 발견되는 것일까? 물속을 헤엄치는 조개였을까? 아니면 그 조개들은 자기 몸에 달려 있는 부족을 가지고 마치 육상 선수가 달리듯이 홍수의 격랑을 피해서 높은 곳으로 달음질할 수 있었던 녀석들이었을까?

석유 산업은 지구 지각과 지질에 대한 올바른 해석을 통해 제공되는 지질학 이론을 바탕으로 이루어진다. 석유 자체가 화석이기 때문이다. 따라서 화석을 이용해 지층의 연대를 연구하는 생물 층서학(Biostratigraphy)이야말로 현대 석유 산업에서 핵심적인 역할을 수행한다. 이 생물 층서학의 이론을 바탕으로 석유 탐사와 시추 방법이 얼마나 정교하게 개발되었는지를 보여주는, 젊은 지구론 입장을 가진 창조과학과 관련된 에피소드 하나를 소개하고자 한다.

1900년대 초에 안식교도인 조지 맥크리디 프라이스(George Macready Price)는 노아 홍수에 의해 전 지구의 모든 지층이 단번에 형성됐다는 홍수 지질학(Flood Geology)을 처음으로 제창한다. 그는 정식으로 지질학 교육을 받은 사람은 아니었지만 안식교의 창시자인 앨렌 화이트(Ellen G. White)에게 영향받아 전 지구적인 노아 홍수에 의해 현재 지구 상의 모든 지층과 화석이 형성됐다는 것을 과학적으로 밝혀내겠다는 열의에 넘쳐 있었다. 프라이스의 추종자이자 그의 학생이었던 해롤드 클락(Harold W. Clark)은 1938년 오클라호마 주와 북부 텍사스에 있는 유전 지대를 자세히 견학하고 엄청난 충격을 받았다. 그는 지금껏 홍수 지질학을 철석같이 믿었는데 그 믿음이 산산조각날 수밖에 없는 현장을 목격한 것이다. 당시 클락이 받았던 충격을 프라이스에게 서신으로 보냈던 내용을 여기 인용한다.

암석들은 우리가 예상했던 것 이상으로 훨씬 더 확고한 순서로 배열되어 있습니다. 『새로운 지질학』(New Geology)에서 제창한 이론들은 실제의 현장 조건과는 전혀 부합하지 않았습니다.…중서부 전역에 걸쳐서 수백 마일을 넘는 거대한 지판 위에 정연한 순서로 암석들이 배열되어 있습니다. 수천 개의 유정(油井) 코어(core)들이 이를 뒷받침해주고 있습니다. 텍사스 동부만 해도 2만5천 개의 깊은 유정이 있습니다. 중서부에 있는 10만 개 이상의 유정들은 유기적인 연관 관계가 밝혀진 연구 결과에 따른 데이터들을 제공하고 있습니다. 석유 회사의 지질학자들의 고생물학적인 탐사에 의해서 수백만 달러의 예산을 들여서 유정이 시추되고 있고, 과학은 정확한 예측을 제공하고 있습니다. 지층 상의 미생물의 화석이 묻힌 순서는 놀랄만큼 균일합니다.…미국, 유럽 혹은 상세한 연구가 이루어지는 어디든지 동일한 순서를 찾아낼 수가 있습니다. 이러한 석유 지질학은 우리가 20여 년 동안 꿈도 꾸지 못했던 방법으로 지구의 속살을 드러내고 있습니다.[9]

위의 편지 글은 지질학이 제공하는 지층과 그 속에 매장된 화석 연료에 대한 해석이 얼마나 정확하며, 이에 반해 창조과학회에서 제공하는 해석은 얼마나 얼토당토않은지를 잘 보여주는 사례라고 할 수 있다.

현대 지질학을 포함한 모든 정상 과학 분야에서 창조과학을 받아들일 수 없는 두 번째 이유는 다음과 같다. 요한복음 8장에는 간음하다 붙잡힌 여인의 일화가 나온다. 서기관들과 바리새인들이 간음하다가 현장에서 붙잡힌 여인을 예수 앞으로 끌고 왔다. 그리고 그들이 예수께 묻는다.

모세는 율법에 이러한 여자를 돌로 치라 명하였거니와 선생은 어떻게 말하겠

---

9   Ronald Numbers의 창조론자들에 소개된 일화를 Donald Prothero의 *Evolution* (New York: Columbia Univ. Press, 2007)에서 재인용한다. 59을 참조하라. 혹은 『창조론자들』, 310을 참조하라. 위의 번역은 Donald Prothero의 *Evolution*의 영어 원문을 내가 번역한 것이라 『창조론자들』의 번역과는 다소 상이하다.

나이까?(요 8:5)

사실 이 상황은 치밀하게 짜인 아주 교활하고 정교한 덫이었다. 예수의 가르침을 듣기 위해 모여든 사람들 한가운데로 끌려온 여인은 어떤 상태였을까? 서기관들과 바리새인들에 의해 마치 개가 끌려오듯이 질질 끌려온 여인은 이곳저곳 살이 긁히고 또 찢겨서 피를 흘리고 있었을 테고 머리는 풀어졌고 얼굴은 두려움과 수치심으로 인해 눈물범벅이었을 것이며, 아마 돌에 맞아 죽을 걸 잘 알고 있었기에 죽음의 공포로 인해 오들오들 떨고 있었을 것이다. 나는 이 이야기를 읽을 때마다 눈물이 난다. 저 여인의 모습이 바로 나의 모습과 똑같을 수 있기 때문이다! 나도 저 여인처럼 매섭게 정죄당하고 멸망할 수밖에 없는 운명이었건만 예수님의 은혜와 구속으로 인해서 정죄함을 벗어날 수 있었음을 뼈저리게 깨닫곤 한다.

여인의 가련한 모습을 본 사람들은 어떤 느낌이었을까? "간음하다 붙잡혀온 여인이니 돌로 사정없이 치면 된다." 그들은 이런 생각에 사로잡혀 살기등등해 있었을까? 꼭 그렇지만은 않았을 것이다. 사람은 누구나 곤경에 빠진 사람을 측은히 여기는 동정심이란 게 있기 마련이다. 아마 이 사태의 주모자인 사두개인들과 바리새인들을 빼고는 예수의 주변에 모인 대다수 사람이 그 여인에 대해 일말의 연민과 동정심을 갖고 있었을 것이다.

만일 이러한 상황에서 예수께서 "돌로 치라"고 말씀하셨다면 상황이 어떻게 전개됐을까? 아마 많은 사람이 예수에게 실망하고 떠났을지도 모른다. 또 만일 예수께서 그렇게 말씀하셨다면 사람들은 예수를 로마 총독부에 고소했을 것이다. 그 당시에 사법적인 형을 집행할 수 있는 권한을 가지고 있었던 것은 로마 정부뿐이었으니까 말이다. 이에 반해 만일 예수께서 "돌로 치지 말라"고 말씀하셨다면 그는 모세의 율법을 어겼다는 비난과 함께 유대교 최고 법정인 산헤드린 공회에 고소당했을 것이다.

이러한 양수겸장의 진퇴양난 상황에서 예수가 하셨던 말씀은 다음과 같았다. "너희 중에 죄 없는 자가 먼저 돌로 치라"(요 8:7). 그리고 이 말씀을 들은 사람들은 양심의 가책을 느껴 돌을 버리고 하나둘씩 떠나갔다.

기독교를 아주 싫어하는 사람이 있다. 이 사람은 기독교를 비난하고 중상모략하는 것을 평생의 과업으로 생각하는 사람이다. 그는 요한복음 8:7을 가지고 예수를 비난하고 기독교도 공격한다.

예수는 잔인하고 무자비한 사람이다. 자신을 지킬 수 없는 연약하고 불쌍한 여인을 "돌로 치라"고 했다. 보라! 요한복음 8장에 "돌로 치라"고 분명히 써 있다.

자, 과연 그가 이렇게 주장하고 돌아다닌다면 그 주장이 정당하다고 할 수 있을까? 당연히 아니다. 예수가 하신 말씀 중에서 "너희 중에 죄 없는 자가 먼저"는 싹둑 잘라낸 다음 "돌로 치라"는 부분만 쏙 뽑아내어 예수를 가리켜 잔인하고 무자비한 사람이라고 비난하는 것은 사람들을 기만하는 행위에 불과하다.

문제는 이런 유의 행위가 창조과학회 내부에 만연하다는 것이다. 창조과학을 설파하는 책 가운데 『노아 홍수 콘서트』라는 책이 있다. 한번은 내가 일부러 시간을 내서 그 책에 등장하는 참고 자료들을 조사해본 적이 있다. 과학 정론지와 유명한 과학자의 저서를 중심으로 참고 자료들을 조사했다. 참고 자료의 원래 출전을 살펴보니 예상했던 대로 전부 다 원저자의 의도와 정반대로 왜곡해놓은 것을 발견했다.

일례로 『노아 홍수 콘서트』 277쪽과 278쪽에는 데이비드 라우프(David Raup) 교수의 글을 인용해서 방사성 연대 측정을 공격하고 있다. 『노아 홍수 콘서트』에 적힌 표현을 다음과 같이 직접 인용한다.

시카고 대학교의 고생물학자인 라우프는 일관성 없는 방사성 동위 원소 연대측정을 다음과 같이 지적했다. "지질학적 연대 측정에서 방사성 동위 원소의 사용은 많은 문제점을 갖고 있다. 그 방법은 부정확하고 많은 근본적 오차를 내포한다.…한 암석에 대한 일련의 측정 연대들이 아주 다른 결과를 보여준다."

『노아 홍수 콘서트』에서 언급되었듯이 데이비드 라우프 교수는 시카고 대학교의 저명한 고생물학자였고 2015년에 타계했다. 그런 학자가 방사성 연대 측정법을 거부한다? 도무지 말이 안 되는 이야기다. 그래서 원서를 찾아보니 저명한 과학자들의 글을 모아 1983년도에 출판한 *Scientists Confront Creationism*이라는 제목의 책에 문제의 글이 수록되어 있었다. 우리 말로 책 제목을 번역한다면 『과학자들, 창조과학에 직면하다』 정도가 될 것이다. 『노아 홍수 콘서트』에 나오는 참고 자료 소개에는 이 책 제목은 없었고 라우프 교수가 썼던 장의 제목인 "창조과학에 대한 지질학적·고생물학적 논증"(The Geological and Paleontological Arguments of Creationism)만 소개되어 있었다. 『노아 홍수 콘서트』의 저자는 자신이 인용한 참고 도서조차도 읽지 않은 것 같다. 그 책의 저자가 실제로 책을 읽었다면 책 이름조차 소개를 안 했을 리가 만무하기 때문이다. 그 대신 아마도 미국창조과학 단체인 ICR나 AIG에서 돌아다니는 자료를 가져다가 편집한 것이 아닌가 추정된다. 아무튼 라우프 교수의 원글은 다음과 같다.[10]

지질학적 연대 측정에서 방사성 동위 원소의 사용은 많은 문제점을 갖고 있다. 그 방법은 부정확하고 많은 근본적 오차를 내포한다.…한 암석에 대한 일련의 측정 연대들이 아주 다른 결과를 보여줄 수 있다.[11] 왜냐하면 누출이나 오염, 혹은 다른 동위 원소가 다른 사건들을 측정하려는 암석에 기록해놓을 수 있기 때문이다. 모든 동위 원소 연대 측정법 중에 탄소 연대 측정법의 신뢰도가 가장 낮을 것이다. 하지만 이것은 가장 최근의 지질학적 역사를 알려줄 수 있기에 많은 사람이 관심을 보이는 방법이다. **그러나 이러한 많은 난제에도 불구하고 방사성 동위 원소 측정법은 통계적으로 잘 작동한다. 암석의 연대를 정확히 측정한 사례들은 넘쳐난다.**

굵은 글씨로 표현한 문장은 쏙 뺀 상태에서 글의 극히 일부만 인용해 사람들에게 그릇된 정보를 주는 것과 "너희 중에 죄 없는 자가 먼저"는 빼

---

10 David Raup, "The Geological and Paleontological Arguments of Creationism," *Scientists Confront Creationism*, (ed. by Laurie Godfrey, W.W. Norton & Co., 1983), 155-156.

11 Raup 교수의 원 글에는 "may"가 들어 있다. 따라서 『노아 홍수 콘서트』에 있는 "다른 결과를 보여준다"가 아닌 "다른 결과를 보여줄 수 있다"가 올바른 번역일 것이다(This means that a series of dates run on a single rock "**may**" produce quite different results).

버리고 "돌로 치라"만 가지고 예수님의 말씀을 왜곡하는 것과 뭐가 다를까? 둘 다 기만적 행위임이 분명하다.

ICR 같은 그들만의 리그에서 나온 문헌을 인용하면 됐지, 굳이 왜 세계적인 석학의 문헌을 왜곡하여 인용해서 제 손으로 문제를 만드는 걸까? 창조과학회 측은 툭하면 세계적인 석학들마저 진화론적 패러다임에 사로잡혀서 진실을 바라볼 수 있는 눈이 먼 사람들이라고 교회 내에서는 그토록 공격하면서도, 비록 악의적인 왜곡이자 속임수이긴 하지만 이런 대가들의 지지가 절실히 필요한 것일까? 들여다보면 볼수록 이들의 본심을 알 수가 없다.

"단편적인 한 가지 사례를 가지고 창조과학 전체를 매도하지 말라"고 질책하실 창조과학 추종자들께 한 말씀 더 드리겠다. 창조과학 지지자들은 권위 있는 과학자의 저서나 유명 과학 저널에서 인용된 『노아 홍수 콘서트』의 참고 자료들이 모두 이런 식의 왜곡으로 점철되어 있다는 것을 직시해야 한다. 만일 이 모든 사례를 모아서 편집한다면 별도의 도서 한 권이 탄생할 것이라고 생각한다. 과연 이처럼 기만으로 가득한 책이 학문적인 가치가 있을까, 아니면 신앙적으로 가치가 있을까?

한국창조과학회 웹사이트에도 온통 이러한 사례들이 넘쳐난다. 그중 하나를 소개하고자 한다. 「타임즈」(Times)가 강력하게 비판한 진화론의 문제점들"이라는 검색어로 인터넷 창을 치면 한국창조과학회가 게시한 원글 및 창조과학을 추종하는 사람들이 원글을 퍼나른 개인블로그가 나타난다. 글의 저자는 1993년 10월 11일 자, 1994년 3월 14일 자, 그리고 1995년 12월 4일 자, 세 번에 걸쳐 「타임즈」가 진화론에 대해 강력하게 비판했다고 주장하고 있다.

나는 그중에서 1994년 3월 14일자 「타임즈」 기사를 조사해보았다. 「타임즈」는 "어떻게 인류는 기원했는가"(How man began)라는 제목으로 80쪽에서 87쪽에 걸쳐 총 8쪽을 할애한 특집 기사를 게재했다. 나는 이 기사를 자세히 정독해보았지만 거기에 진화론에 대한 비판은 전혀 없었다. 오히려 이 기사는 인류 진화사와 관련한 연구에 대해 소상히 설명하고 아직까지 풀리지 않는 수수께끼 및 향후 연구 방향 등을 소개했다.

하지만 창조과학회의 홈페이지에 게재된 "「타임즈」가 강력하게 비판한 진화론의 문제점들"이란 제목의 포스팅에는 "그 기사 중 가장 중심 부분인 네안데르탈인에 대한 글을 소개한다"면서 네안데르탈인에 관한 내용만 중점적으로 기재되어 있다. 그러나 「타임즈」에 게재된 원 기사에서는 총 8쪽 중 네안데르탈인에 관한 부분은 2쪽도 채 되지 않는다. 문제의 글이 「타임즈」 기사의 가장 핵심 부분이 아닌데도 중심 부분이라고 우기는 것도 문제지만, 창조과학회 홈페이지에 게재된 글은 거의 대부분이 「타임즈」에 전혀 나오지도 않은 진화론에 대한 원색적인 비난들로만 채워져 있다. 그리고 「타임즈」의 결론을 이렇게 번역해놓았다.

현재로서는 원숭이가 진화되어 사람이 되었다는 주장은 사실 데이터에 입각한 과학적 주장이 아니라 한낱 상상에 불과하다.

그리고 뒤이어 「타임즈」의 결론에 대한 자신의 느낌을 다음과 같이 서술하면서 글을 맺는다.

이러한 결론은 진화론을 주장하는 "과학자"들에게는 말할 수 없는 모욕이다.

또한 그것은 그들의 생업에도 큰 지장을 줄 수 있다. 과학이 아닌 상상 따위로 알려지면 더 이상 연구비, 교수 승진 등을 기대할 수 없기 때문이다. 그럼에도 그 이후 「타임즈」 독자란에 아무런 항의도 없는 것을 보면 이러한 모욕적인 기사에 대해 별달리 항의할 근거도 없는 것 같다.

내가 여기에 「타임즈」 기사의 원글을 소개한다.

다음 번 발굴되는 화석은 아마 인류의 진화 계통도에 대한 알려지지 않은 가지를 끄집어내어 우리를 미궁 속에 빠뜨릴 수도 있고, 혹은 인류 진화의 다른 중간 경로를 차지하는 새로운 조상을 제시할 수도 있다. 데이터는 빈약하지만 상상력이 충만한 이 매혹이 넘쳐나는 분야에 대한 단 한가지 확실한 점은, 앞으로 우리가 맞이하게 될 놀라운 경이감이 아직도 많이 남아 있다는 점이다.[12]

나는 위의 문단을 어떻게 하면 "현재로서는 원숭이가 진화되어 사람이 되었다는 주장은 사실 데이터에 입각한 과학적 주장이 아니라 한낱 상상에 불과하다"로 번역할 수 있는지 도저히 이해할 수 없다. 기사의 논지를 엉터리로 왜곡, 번역하고 "진화론을 주장하는 과학자들에게는 말할 수 없는 모욕" 그리고 "이러한 모욕적인 기사에 대해 별달리 항의할 근거도 없는 것 같다"라고 결론을 맺는 것이 신앙인으로서 어떻게 가능한지도 모

---

12 The next fossil find could even point to an unknown branch of the human family tree, perhaps another dead end or maybe another intermediate ancestor. The only certainty in this data- poor, imagination- rich, endlessly fascinating field is that there are plenty of surprises left to come.

르겠다. 아니, 신앙 이전에 기본적인 양식이 있다면 이런 일을 자행할 수 없을 텐데 말이다. 나는 이 일이 아마도 ICR이나 AIG 같은 미국창조과학 단체의 자료를 「타임즈」의 원문과 대조해보지도 않고 고스란히 옮겨다 웹사이트에 게재해서 벌어진 해프닝이라고 좋게 생각하고 싶다. 물론 이렇게 좋게 생각한다고 해서 이 글을 쓴 사람의 잘못이 면피되는 것은 아니다. 자신의 글의 출처가 되는 문헌조차도 확인하지 않은 잘못, 그리고 그 일로 야기된 무수한 오해와 왜곡들은 결코 가벼운 문제가 아니다. 이 글의 저자에게 항의 메일을 보냈던 어느 생물학자에게 "자신은 이 분야에 대해서 갑론을박할 전문성이 없으므로 틀렸으면 무시하라"는 상상을 초월한 답신 메일이 돌아왔던 일화를 고려한다면, 그는 애당초 「타임즈」원문을 확인할 생각이 전혀 없었던 것으로 여겨진다.

성경의 문자적 표현과 다른 설명을 제공하는 현대 과학은 틀린 것이고 또한 반드시 틀려야만 한다는 강박에 사로잡혀 있는 창조과학은 자연 현상에 대한 객관적인 해석 차제를 성경의 문자적 표현에 맞춰 주관적으로 왜곡하고 있다. 이런 유의 과학 활동을 우리는 "유사 과학"(pseudoscience)이라고 부른다. "유사"라는 말은 진품이 아닌 가짜이며 짝퉁이라는 의미를 가지고 있으므로 유사 과학이라고 완곡하게 표현했지만, 보다 직설적으로 표현하자면 "사이비 과학"이라고 할 수 있다. 이러한 퇴행적 사이비 과학 활동이 신앙이라는 명목하에 교회를 통해서 계속 전파된다면 그리스도의 몸 된 교회는 10년 뒤, 혹은 20년 뒤에는 최소한의 과학적 상식도 거부하는 반이성적 집단으로 낙인찍혀 이 땅에서 더 이상 일말의 선한 영향력도 행사할 수 없게 될지도 모른다는 것은 나만의 기우가 아닐 것이다.

창조과학회는 현대 지질학이 진화론적 패러다임에 경도되어 격변적인 현상을 받아들이지 않고 지구의 역사를 동일과정론으로만 파악하려고 한다고 주장한다. 하지만 이것은 사실을 왜곡한 주장이다. 동일과정은 결코 반격변(anti-catastrophy)을 뜻하는 것이 아니다. 우리 몸의 여러 지체가 한 몸을 이루듯이 동일과정과 격변은 다같이 인류가 지구의 역사를 파악하는 데 꼭 필요한 중요한 방법론이라는 것을 주님의 몸 된 교회의 지체들이 깨닫는다면, 젊은 지구론에 기반한 창조과학회의 왜곡된 주장을 넘어서 지질학을 비롯한 현대 과학 전반이 함의하는 성과에 대한 이해의 폭을 심화시킬 수 있을 것으로 생각한다.

에필로그
아론의 송아지를 해체하며

혹시 독자들은 평판지구학회(Flat Earth Society)에 대해 들어본 적이 있는 가? 평판지구학회는 성경의 문자적인 표현 대로 지구가 솥뚜껑처럼 편평하다고 믿고 있는 사람들이 만든 단체다. 이 단체는 편평하게 생긴 지구의 솥뚜껑 꼭지점에 해당하는 중심에 북극이 있고 그 북극을 중심으로 오대양 육대주가 방사상(放射狀) 형태로 부채살처럼 펼쳐져 있다고 주장한다. 이 단체는 2014년 7월 기준으로 회원 수가 약 500명을 상회했다고 한다. 중세 이전의 사람들이 배를 타고 먼 바다로 나가면 낭떠러지 아래로 떨어져 죽는다고 생각했던 식의 지구의 생김새를 믿고 사는 사람들이 21세기에도 500명 이상 존재한다는 사실이 이해되는가? 이들은 지구가 둥글다는 현대 과학의 증거들을 아무리 많이 보여주어도 전혀 받아들이질 않는다. 오히려 그 증거가 분명히 잘못됐다고 주장한다. 성경이 틀릴 리가 만무하다는 것이 그 이유다. 성경에 분명히 지구가 편평하다고 나와 있기 때문에 성경의 표현과는 다른 설명을 제공하는 현대 과학이 명백하게 틀렸다는 것이 이들의 주장이다. 이들은 과학이 지금보다 더 발달한다면 틀림없이 지구가 편평하다는 증거를 찾아낼 것이며, 그때가 되면 사람들이 지금 현대 과학이 주장하는 지구가 둥글다는 설명이 얼마나 허황된 것이었는가를 깨닫게 될 것이라고 강변한다.

　이런 평판지구학회의 주장에 당혹감을 느끼시거나 혹은 조소를 보낼지 모르는 창조과학, 특히 젊은 지구 지지자들에게 한 말씀 올리겠다. "평판지구학회의 주장이나 젊은 지구를 추종하는 창조과학회의 주장은 똑같이 성경의 문자적인 해석에 집착하는 근본주의적 신념에 경도된 비과학적이고 비상식적인 것이다." 만약 평판지구학회 회원 중 어떤 사람이 지구가 둥글지 않고 편평하다는 주장을 지질학회나 천문학회에 안건으로 제출한다면 학회가 그 주장을 진지하게 상대해줄까? 이런 터무니없는 주장은 애당초 학회 안건으로 올라올 수조차 없을 것이다. 지구가 편평한가, 아니면 둥그스름한 구형인가는 이미 수 세기 전에 밝혀진 과학적 사실이므로 더 이상 과학계의 논쟁거리가 될 수 없기 때문이다. 우주의 나이가 138억 년이라는 것도 20세기 초반부터 후반까지 80년 가까이 혹독한 검증 과정을 거쳐 확증된 과학적 사실이다. 만약에 우주의 나이와 지구의 나이가 6천 년이라는 창조과학회의 주장이 과학계 내에서 열띤 토론과 논쟁의 대상이라고 생각하는 그리스도인들이 있다면 하루빨리 그 생각을 버릴 것을 권하는 바다. 우주와 지구의 나이가 6천 년에 불과한가, 아니면 아주 오래되었느냐를 논하는 것은 마치 지구가 편평한가 둥그런 공 모양인가를 논하는 것과 똑같은 무의미한 일이기 때문이다.

　우리가 사는 지구 상에 펼쳐진 생명 현상의 다양성을 설명하는 진화론도 마찬가지다. 진화론은 인간의 존엄성을 훼손하는 것이 아닌가 하는 막연히 심정적인 거부감 때문에 많은 그리스도인이 진화론을 거부한다. 하지만 진화론은 1859년 찰스 다윈의 『종의 기원』이 출간된 후로 지금까지 150여 년간 이런 심정적인 거부감을 가진 사람들을 포함한 과학자 집단의 혹독한 검증을 거쳐 증명된 과학 이론이다. 물론 어떻게 최초의 생명이 지구 상에 출현하게 되었는가에 대한 궁금증과 관련해 모든 퍼즐 조각이 다 맞춰진 것은 아니다. 하지만 그 최초의 생명체에서 현재 지구 생태계를 이루는 다양한 생명군들이 나오게 됐다는 설명은 이미 다양한 방법으로 검증이 이루어졌고 지금도 더욱 소상한 부분까지 계속 검증이 진행되고 있다.

과학적으로 이미 확고히 결론이 난 사안에 대해서 성경의 문자적인 표현에 집착해 가타부타를 논한다는 것은 참으로 무의미한 일이다. 교부 시대의 아우구스티누스 때부터 현대에 이르기까지 교회의 성경 해석의 전통은 문자적인 표현에 일방적으로 천착한 것이 아니었다. 기독교 전통은 상징이나 비유 같은 문학적인 요소, 역사적 정황이나 시대적 배경을 고려한 다양한 해석을 통해 하나님께서 우리에게 가르쳐주시고자 하는 메시지를 파악해왔다.

창조과학 유의 문자적인 성경 해석은 얼핏 보기엔 성경의 절대성을 강조하는 것처럼 보일지도 모른다. 하지만 그 성경의 절대성이 현대 과학이 제공하는 정량적 사실성을 통해 확보될 수 있다는 생각은 결코 성경의 절대성을 강조하는 것이 아니다. 오히려 그런 생각은 성경의 권위를 인간의 이성을 통해 전개되는 과학적 활동에 종속시키는 일이다. 물속에 담겨 있는 물체를 물 밖에서 바라보면 굴절에 의해 왜곡되어 나타난다. 40여 명의 다양한 저자들이 1,600년이란 긴 세월에 걸쳐 각자의 삶의 정황과 시간대를 통해서 만났던 하나님에 대한 경험과 그 하나님께 받은 말씀으로 이루어진 것이 성경이다. 우리가 이 성경을 현대라는 단편적인 시간 단면과 그 위에 덧대어진 현대 과학이라는 굴곡진 렌즈에 투과된 일그러진 상으로 바라본다면 결코 올바르게 이해할 수 없을 것이다.

자료를 고증하고, 역사적 정황이나 시대적 배경을 연구하며, 성경 사본과 관련한 고문헌을 분석하고, 상징이나 비유 등을 해석하는 것은 성경 말씀을 있는 그대로 받아들이지 못하는 불경스러운 행위가 아니다. 오히려 제한된 인간의 언어와 문자는 하나님의 장엄한 메시지를 충분히 담아낼 수 없다는 깨달음이 그런 행위 안에 담겨 있다.

"무슨 말도 안 되는 소리를 하는가? 전능하신 하나님의 말씀이 그 말씀을 받아서 기록한 인간 때문에 완벽하지 않다는 뜻인가? 그것은 마치 당신이 고급 만년필로 쓴 글은 알아보고 몽당 연필로 쓴 글은 알아볼 수 없다는 것과 똑같지 않소?" 이렇게 나에게 조소를 보낼 창조과학 추종자가 있을지도 모르겠다. 이런 생각을 갖고 있는 이들에게 분명히 이야기하겠다. 진짜 문제는 만년필과 몽당 연필 같은 "필기도구"가 아니다. 그 필구도구를 사용해서 하나님의 말씀을 기록하는 "사람"이 문제다. 하나님께서는 성경의 저자들을 그분이 부르시는 대로 일방적이고 수동적으로 받아 적기만 하는 필기도구 취급을 하시는 분이 결코 아니다. 성경 저자들은 그들의 삶 속에서 자신들을 만나주시고, 또 자신들과 동행하신 하나님에 대한 경험을 기록했다. 인간과 인격적으로 교제하기를 원하시는 하나님은 결코 우리를 그분의 말씀을 기록하는 필기도구나 타자기로 사용하지 않으신다.

교회는 종말에 완성될 영원한 하나님 나라를 지향하는 동시에 지금 이 땅에서 그 나라를 시연해야 할 책임이 있다. 그런 막중한 책임 중 하나가 바로 무소불위의 힘을 휘두르고 있는 현대 과학을 어떻게 올바로 사용할 수 있는지에 대해 분명한 해답을 제공하는 것이다. 그리고 이를 위해서는 창조과학 유와 같은 퇴행적 활동을 끊어내고 과학에 대한 바른 이해를 정립해야 한다. 과학에 대한 바른 이해 없이는 과학을 바르게 사용할 수 없기 때문이다.

진화론을 통해서 제공되는 혜택과 편익에 대해 올바로 이해하려는 노력은 하지 않고, 진화론이야말로 무신론적이며 인간의 존엄성을 파괴하는 이론이라고 무작정 목소리를 높이는 것이 한국교회의 현실이다. 독자들은 2002년도에 중국에서 최초의 발병 환자가 발생했고 2003년도에는 중국을 넘어 동남아 국가들과 미국 및 캐나다까지 전파되어 많은 사상자를 내었던 "중증 급성 호흡기 증후군" 사스(SARS; Severe Acute Respiratory Syndrome)를 기억할 것이다. 2003년 3월, 이 정체불명의 바이러스에 감염된 환자의 조직을 처음 건네받은 캘리포니아 주립대학교의 샌디에이고 캠퍼스 연구팀은 가장 먼저 DNA 미세 배열(DNA Microarray) 기법을 통해서 이 새로운 종류의 바이러스의 진화적 계통을 연구했다. 사스가 기존의 바이러스와 어떤 진화적인 분기점을 통과해 다른 계통으로 진화되어왔는가에 대한 연구가 이 바이러스의 격퇴를 위한 치료제와 백신을 개발하는데 결정적으로 중요했기 때문이다.

진화를 짧은 말로 정의하면 변이를 동반한 유전이라고 할 수 있다. 변이를 통해 세대를 거치면서 유전적 다양성이 증가한다. 이러한 생태계의 유전적 다양성의 증가 때문에 인류가 가장 곤혹스러움을 겪는 분야는 단연코 병리학 분야라고 할 수 있다. 항원들의 다양성을 증가시키는 진화적 메커니즘에 대응해서 항체를 개발하는 일은 앞으로 인류의 생존과 직결될 수도 있다.[1] 따라서 인간 병원균에 대한 진화적 경로를 파악하는 것이

---

1   National Academy of Sciences & Institute of Medicine, "Science, Evolution and Creationism."

미래의 병리학 연구와 제약 산업의 핵심인 것은 너무도 자명하다. 한국교회가 이처럼 미래 인류의 생존과 직결된 진화론을 "사탄의 이론", "무신론적인 신념"으로 치부하는 오해의 끈을 포기하지 않는다면 과학 문명의 이기를 바탕으로 운행되는 이 시대를 어떻게 변화시키고 나아가 이 땅에 하나님 나라를 확장하는 소명을 감당할 수 있겠는가? 그러므로 현대 과학이 함의하는 바를 올바로 이해하는 소양을 갖추는 것이야말로 우리 시대의 그리스도인들이 갖춰야 할 필수적인 덕목이라고 생각한다.

현대 과학에 대한 이해를 바탕으로 교회가 어떠한 영성과 소명감을 가지고 과학과의 관계를 새롭게 자리매김하며, 현대 과학을 하나님 나라의 확장을 위해 적극적으로 사용해야 하는가에 대해 몇 가지 나누고 싶다.

첫째는 "생태학적인 영성"을 갖추는 것이다. 앞서 언급했던 바와 같이 뉴턴으로 대변되는 근대 과학 혁명 이후 자연을 기계로 인식하는 기계론적 자연관이 나타났다. 기계로서의 자연은 인간의 착취와 수탈의 대상으로 전락해버렸고 인간은 자연을 부와 재화를 획득하는 착취의 대상으로 삼았다.[2] 하지만 이제 교회는 생태학적 영성을 바탕으로 자연을 착취와 수탈의 대상이 아닌 공존의 대상으로 여길뿐더러, 자연과 상생하는 일에 현대 과학이 사용될 수 있도록 청지기적 역할을 감당해야 한다.

나는 극단적인 젊은 지구론을 주장하는 한 창조과학회 웹사이트에서 "식물은 생물이 아니다"라는 글을 보고 경악을 금치 못한 적이 있다. 그 글은 "육체의 생명은 피에 있음이라"는 레위기 17장의 말씀에 근거했다.

---

2 Jürgen Moltmann, 김균진 옮김, 『창조 안에 계신 하느님』(서울: 한국신학연구소, 2007), 42.

그 글을 쓴 사람은 피가 없는 식물은 생물이 아니며, 단지 우리의 먹거리에 불과한 녹색 것들(green things)에 불과하다고 주장하고 있었다. 식물은 생명이 없고 단지 인간의 먹거리에 불과하다는 주장은 단언컨대 18세기의 뉴턴 학설 신봉자(Newtonian) 시대 이후로 형성된 그 어떤 기계적인 세계관보다도 더 극단적이고 왜곡된 자연에 대한 이해라고 할 수 있다. 생명이 피에 있다는 생각은 고대의 히브리적 사고방식이다. 레위기에서 피에 생명이 있고, 또 동물을 잡아서 먹거리로 취할 때는 피를 빼고 흙으로 덮으라고 기록한 이유는 우리에게 생명의 존엄성을 가르쳐주기 위함이지, 결코 생물 분류학에 대한 지식을 알려주려는 것이 아니다. 이처럼 성경의 문자적 표현에 집착하면 그릇된 세계관에 빠지고 만다. 결론적으로 교회는 자연에 대한 착취와 수탈의 악순환을 끊어내고 자연과의 공존과 상생의 선순환을 만들어나가는 데 현대 과학을 사용할 줄 아는 영성을 갖춰야 할 것이다.

둘째는 사회 윤리적인 영성이다. 과학의 진보는 인류에게 새로운 윤리적 과제와 도전을 던져주고 있다. 그리고 그 도전의 양상은 윤리적인 판단을 선뜻 내릴 수 없을 정도로 더욱 복잡하고 미묘해지고 있다. 한 가지 예를 들어보자. 벽돌을 쌓을 때 그 모습을 유심히 살펴보면 일정한 패턴을 발견하게 될 것이다. 벽돌을 쌓을 때는 항상 다음 그림과 같이 이음새

를 지그재그로 배치한다.

결코 이음새를 나란히 맞춰가며 벽돌을 쌓는 법은 없다. 만일 이음새를 나란히 맞춰서 벽돌을 쌓는다면 다음과 같은 모습의 벽이 만들어질 것이다.

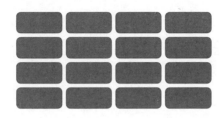

이런 식으로 벽돌을 쌓는다면 구조물의 취약 부위가 일치한다. 그렇게 되면 마치 동그랗게 파인 절취 구멍을 따라서 우표를 한 장 한 장 찢어내듯이 벽돌의 이음새를 따라서 구조물의 파괴가 손쉽게 일어날 수 있다. 이렇듯 이음새를 나란히 배열한 구조물을 구성하고 있는 벽돌의 강도가 이음새를 얼기설기 배치한 구조물에 사용된 벽돌보다 훨씬 강하다고 할지라도 구조적으로는 훨씬 더 취약할 수밖에 없다.

이 개념을 염두에 두고 지금부터 서술하는 사례에 대해 생각을 나누어보자. 2005년 인간 게놈 프로젝트에 따라 인간 세포에 있는 30억 쌍의 염기 서열을 밝혀냈다. 하지만 그 30억 쌍의 염기 서열의 유전적 메커니즘이 완벽하게 규명된 것은 아니었다. 만일 가까운 미래에 30억 쌍의 인간 염기 하나하나가 어떤 형질을 발현시키는지, 인류의 모든 유전적 메커니즘이 완벽하게 규명된다면 다음과 같은 일이 벌어질 수도 있다.

가까운 미래에 세계에서 벌어질 일이다. 아기를 임신한 젊은 부부가 산부인과 병원을 찾았다. 태어날 아기의 유전자를 전부 검사한 산부인과 의사는 젊은 부부에게 다음과 같이 소견을 말해준다. "축하드립니다. 건강한 아드님을 얻으시게 되셨군요." 젊은 부부의 얼굴에 미소가 떠올랐다. 하지만 계속되는 의사의 말을 들으며 그 미소는 사라지고 만다. 의사는 A, G, T, C의 네 가지 알파벳 대문자가 끊임없이 반복되는 유전자 염기 서열의 한 부분을 가리키며 다음과 같이 말을 잇는다. "대체적으로 아주 건강한 아기지만, 이 부분은 유전적으로 약간의 문제가 있습니다. 아드님이 성장해서 장년이 되었을 때 고혈압이나 당뇨 같은 성인병이 발병할 확률이 0.1% 정도 됩니다. 아주 낮은 수치이니 그다지 걱정할 필요는 없습니다만, 원하신다면 우리 병원이 보유하고 있는 맞춤 유전자로 치환시켜드릴 수 있습니다. 그러면 태어나는 아기는 장년이 되어서도 성인병에 대한 걱정 없이 건강하게 살 수 있지요.[3]

이런 일이 실제로 벌어진다면 출생을 앞둔 아기의 부모들은 비용이 아무리 많이 들더라도 아기의 건강을 위해 "유전자 치환술"을 통해서 아기에게 맞춤 유전자를 끼워넣으려고 할 것이다. 그리고 이러한 일이 일상화된 사회에서는 우리 인류의 유전적 다양성은 점점 줄어들고 모두가 흡사한 유전자를 갖게 될 것이다. 한 사람, 한 사람은 더 건강하고 우수한 형질을 지니게 될 것이 분명하다. 하지만 획일화된 유전적 형질이 지금까지 경험하지 않았던 새로운 환경에 노출된다면 어떤 일이 벌어지게 될까?

---

3 최재천의 『다윈지능』(서울: 사이언스북, 2015), 제4장 "변이, 변화의 원동력"에 나오는 예화를 요약해서 재구성했다. 이 책은 유전적 다양성이 감소된다는 것이 개체군의 생존에 얼마나 치명적인가를 잘 설명하고 있다.

앞서 언급한 "사스"는 기존의 코로나 바이러스가 새로운 종으로 진화하여 일으킨 질병이다. 만약에 미래 세상에서 건강하고 명석한 아이들을 얻기 위해서 치환된 유전자를 공격하는 변종 병원균이 발생한다면 인류는 어떻게 될까? 인류가 유전적인 다양성을 가지고 있다면 이 병원균의 공격으로부터 피할 수 있는 길을 찾을 수 있을 것이다. 하지만 유전자 치환 기술 등에 의해 모두가 획일화된 유전자를 가진다면 인류는 자칫 멸망할지도 모르는 치명적인 상황에 처할 수도 있다. 마치 벽돌이 한 장 한 장의 강도는 강할지라도 이음새가 나란한 구조물로 축조되면 그 내구성에 치명적인 약점을 노정하듯이, 비록 개개인으로서의 인류는 우수한 형질을 지닐지 몰라도, 개개인이 모인 개체군으로서의 인류는 공멸할 위기에 봉착할 수 있다.

가까운 미래에 이런 복잡미묘한 상황이 벌어진다면 교회는 세상을 향해 어떤 조언을 해야 할까? 한 사람 한 사람의 건강과 행복을 위해서는 이러한 유전자 치환술이 도움이 될 수 있다. 하지만 그것은 전체 인류의 공익에는 잠재적인 해로 작용할 수 있다. 유전학과 관련된 의료 윤리 이외에도 과학 기술력의 독점으로 인한 부의 불평등 문제, 나아가 첨단 과학을 인명 살상 무기 개발에 사용하는 전쟁과 폭력의 문제에 이르기까지 그리스도의 몸 된 교회는 현대의 첨단 과학이 야기하는 사회 윤리적 문제에 대해 해답을 제시할 수 있는 전문적인 식견과 영성을 가져야 한다. 앞서 지적했던 생태학적 영성도 넓은 의미에서는 이런 사회 윤리적 영성에 포함된다고 할 수 있다.

셋째는 종말론적인 영성이다. 창조에서 구원에 이르는 하나님의 구속 사역의 최종적인 완성이자 하나님의 온전한 다스림이 이루어지는 것이 바로 종말이다. 종말은 하나님 나라의 궁극적인 완성이다. 종말을 성취하시는 분은 물론 하나님이시다. 동시에 하나님께서는 그 종말을 실현해나갈 동역자로 우리들을 부르셨다. 예수 그리스도가 다시 오실 때 완성될 하나님 나라에 동참하는 사람들이 모인 곳이 바로 그리스도의 몸으로서의 교회다. 그러므로 교회는 이 땅에서 하나님 나라의 완성인 종말을 지향하는 공동체인 것이다.

여전히 상당수 그리스도인들이 종말을 미래에 도래할 "하나님 나라"라는 공간적인 장소로 이해하고 있다. 하지만 하나님 나라는 공간 개념보다는 "하나님의 다스리심"이라는 주권의 개념으로 이해하는 것이 더 정확하다. 하나님의 통치 아래서 창조세계 전체가 그리스도와 연합하여 샬롬을 누리는, 즉 이사야서 11장의 예언이 성취되는 것이 하나님 나라의 완성이다. 그러므로 하나님의 선하신 종말론적인 통치를 이 땅에 널리 전파할 수 있도록 현대 과학을 하나님의 뜻에 합당하게 사용하는 종말론적인 영성의 개발이 이 시대의 그리스도의 몸 된 교회 지체들에게 시급히 요청된다.

지금까지 제시했던 생태학적 영성, 사회 윤리적 영성, 종말론적 영성은 다분히 층위적 개념이다. 생태학적 영성은 사회 윤리적 영성에 포함될 수가 있고 사회 윤리적 영성은 결국 종말론적 영성으로 심화되어야만 한다.

현대 과학을 하나님 나라의 완성을 위해 사용할 수 있는 영성은 현재 대다수 교회가 채택하고 있는 창조과학이라는 유사 과학의 미망에서 벗어나야 비로소 가능하다는 것이 내 생각이다. 성경의 문자적 표현에 집착하는 것은 "살아 있고 운동력이 있어 좌우에 날선 어떤 검보다도 예리한" 하나님의 말씀을 인간의 제한된 언어와 경험 속에 가두는 행위다. 이러한 예는 앞서 언급했던 것처럼 출애굽 당시에도 있었다. 이스라엘 벡성들은 자신들을 애굽에서 인도해낸 모세가 시내 산에서 내려올 기미가 안 보이자 자신들을 애굽에서 인도한 신을 만들라고 아론을 닦달한다. 아론은 금을 부어 송아지 형상의 우상을 만들었다. 이스라엘 백성들은 송아지 형상을 보고 "이스라엘아! 이는 너희를 애굽 땅에서 인도하여 낸 너희 신이로다"하며 그 송아지 우상에게 번제와 화목제를 드리며 그 앞에서 먹고 마시고 뛰어놀았다. 아론이 다른 형상 대신 송아지 우상을 만들었던 이유는 그것이 애굽에서 접했던 익숙한 우상이었기 때문이다. 송아지는 애굽의 프타(Ptah) 신의 형상이다.[4] 출애굽한 히브리인들은 모세의 공백으로 인한 불안감을 극복하기 위해 익숙한 대상을 형상화하여 하나님을 대신하려고 했다. 그러나 하나님을 눈으로 볼 수 있는 대상으로 만드는 행위는 전지전능하시고 무소부재하신 하나님을 세상에 있는 무수한 존재들 가운데 하나로 전락시키는 행위에 불과하다.[5] 이스라엘 백성들이 하나님의 임재를 눈으로 확인하고자 했던 시도는 결국 하나님의 임재를 제한시키는 행위로 귀결되었다.[6]

젊은 지구론으로 대변되는 창조과학과 출애굽 당시 송아지 우상을 숭배한 이스라엘을 병치해서 비교해본다면 "어찌 저리도 똑같은 양태를 보일 수 있나"라는 탄식이 절로 나온다. 전지전능하시고 무소부재하신 하나

---

4   G. K. Beale, 김재영 & 성기문 옮김, 『예배자인가, 우상숭배자인가?』(서울: 새물결플러스, 2014), 124.

5   Paul Tillich, *Systematic Theology* Volume I (Chicago: The University of Chicago Press, 1961), 172.

6   J. Richard Middleton, 이용중 옮김, 『새 하늘과 새 땅』(서울: 새물결플러스, 2015), 131.

님을 송아지 형상 속에 가두었던 이스라엘 백성들처럼, 젊은 지구론을 금과옥조로 여기는 창조과학도 인류의 모든 역사와 언어를 관통하는 하나님의 말씀을 제한된 문자의 틀 속에 집어넣는 우를 범하고 있기 때문이다. 더욱이 시대착오적인 문자적 해석의 정당성을 과학적 사실성에서 찾으려는 시도는 문자의 틀 속에 가둔 하나님의 계시를 더더욱 형해화(形骸化)시키는 행태라고 할 수 있다.

과학 혁명 이후 급속히 발달한 현대 과학은 현 시대에 가장 강력한 영향력을 행사하는 실체다. 과학과 맞서거나 혹은 과학을 등지거나 외면하고서 교회가 문화 명령을 수행하는 것은 거의 불가능하다. 교회가 하나님 나라의 대사관으로서 문화 명령을 수행하기 위해서는 현대 과학에 대한 바른 이해가 뒷받침되어야 한다. 또한 영원하고 무한하신 하나님의 말씀을 제한된 인간의 문자 속에 가두는 문자주의적 해석의 오류가 시정되어야 한다. 이 시대의 교회는 과거 시내 산에서 내려온 모세가 금송아지를 불살라버렸듯이, 문자주의라는 금고리를 과학적 사실성이라는 용광로에 던져 만든 새로운 아론의 송아지를 해체해야 한다. 교회 안에 만연한 아론의 송아지의 현대적인 변형체가 해체될 때, 현대를 살아가는 그리스도인들이 인류 전체의 역사와 언어를 관통하는 하나님의 계시와 제대로 만날 것이며 하나님 나라의 궁극적인 완성에 기여할 수 있는 생태학적·사회윤리적·종말론적 영성을 함양할 수 있을 것이다.

아론의 송아지
젊은 지구론에 대한 합리적 비판

Copyright ⓒ 임택규 2016

1쇄 발행 2016년 12월 30일
3쇄 발행 2019년 7월 3일

지은이   임택규
펴낸이   김요한
펴낸곳   새물결플러스

편 집   왕희광 정인철 박규준 노재현 한바울 정혜인
          이형일 서종원 나유영 노동래
디자인   윤민주 이새봄 황진주
마케팅   박성민 이윤범
총 무   김명화 이성순
영 상   최정호 조용석 곽상원
아카데미   차상희

홈페이지   www.holywaveplus.com
이메일   hwpbooks@hwpbooks.com
출판등록   2008년 8월 21일 제2008-24호
주 소   (우) 04118 서울특별시 마포구 마포대로19길 33
전 화   02) 2652-3161
팩 스   02) 2652-3191

ISBN 979-11-86409-88-6 93230

책값은 뒤표지에 있습니다.

이 도서의 국립중앙도서관 출판예정도서목록(CIP)은 서지정보유통지원시스
템 홈페이지(seoji.nl.go.kr)와 국가자료공동목록시스템(nl.go.kr/kolisnet)
에서 이용하실 수 있습니다. CIP2016031758